国家文化产业资金支持媒体融合重大项目

高等职业教育教学改革特色教材
财务会计类

Shuishou Jichu

税收基础

第三版

宋 燕 张 亮 主 编
刘彩霞 汤玉梅 张 娟 副主编

东北财经大学出版社
Dongbei University of Finance & Economics Press 大连

图书在版编目（CIP）数据

税收基础 / 宋燕，张亮主编．—3版．—大连：东北财经大学出版社，2022.8

（高等职业教育教学改革特色教材·财务会计类）

ISBN 978-7-5654-4579-8

Ⅰ.税…　Ⅱ.①宋…②张…　Ⅲ.税收管理-中国-高等职业学校-教材　Ⅳ.F812.423

中国版本图书馆CIP数据核字（2022）第131162号

东北财经大学出版社出版

（大连市黑石礁尖山街217号　邮政编码　116025）

网　址：http://www.dufep.cn

读者信箱：dufep@dufe.edu.cn

大连日升彩色印刷有限公司印刷　东北财经大学出版社发行

幅面尺寸：185mm×260mm　字数：277千字　印张：12.25　插页：1

2022年8月第3版　2022年8月第1次印刷

责任编辑：张旭凤　责任校对：王　娟

封面设计：冀贵收　版式设计：原　皓

定价：28.00元

教学支持　售后服务　联系电话：（0411）84710309

如有印装质量问题，请联系营销部：（0411）84710711

第三版前言

“税收是国家的血脉”，国家提供的一切公共服务如国防、教育、医疗、卫生等，都离不开税收的支持。美国著名政治家富兰克林曾说“唯纳税与死亡不可避免”。随着经济社会的逐步发展，税收在国民经济和社会发展中发挥的作用越来越大，人们对税收知识的需求也越来越迫切。

习近平总书记强调：“财政是国家治理的基础和重要支柱，科学的财税体制是优化资源配置、维护市场统一、促进社会公平、实现国家长治久安的制度保障。”《中华人民共和国国民经济和社会发展第十四个五年规划和2035年远景目标纲要》明确提出了建立现代财税体制的目标要求、主要任务和实现路径。全社会对税收问题越来越重视，税收理论研究越来越深入。对于财经类专业的学生来说，学习和掌握税收基础知识尤为重要，不仅可以进一步理解国家宏观、微观税收政策，而且可以培养分析税收问题的马克思主义税收观和方法论。

税收基础既是高等院校财经商贸大类多个专业的一门专业基础课，也是财经类院校非财经商贸大类专业的通识课程。为了贯彻落实国家关于大力发展职业教育、培养高素质技能型人才的战略部署，我们在行业专家的指导下，从人才培养的目标和教师的教学需求出发，编写了本书。本书具有以下特点：

第一，内容精简，重视基础。本书紧密结合税法变化和当前税制改革内容，联系财税工作实际，注重基础性具体操作知识，主张理论“管用、够用、实用”，引领学习者逐步掌握职场中所需要的涉税计算与缴纳等税务基础技能。

第二，思政浸润，设计活泼。本书课程思政以社会主义核心价值观为主体，在税收基本理论阐释中潜移默化地融入“富强、和谐、平等、公正、法治、爱国、诚信”等思政元素；以学生为中心，在各主要章节设计了“税海拾贝”和“互动话题”栏目，既通过税收故事宣讲中华优秀传统文化和社会主义核心价值观，又通过师生互动对热门的税务问题加以分析和认知引导，春风化雨，润物无声。

第三，例题丰富，练习到位。首先，重要知识点都设有例题，分布广泛；其次，每章都配备了足量的“课后练习”。“课后练习”设置循序渐进，由表及里、由浅入深，尽量避免过于简单或过于复杂的情况，可以满足不同层次的教学需要。

本书突出了职业教育特色，将学历教育与职业培训相结合，具有较强的职业导向性，既可作为高等院校的教学用书，也可作为培训的入门用书，同时还是一本涉税人员了解税制、学习税法的自学用书。

本书由湖北财税职业学院副教授、税务师宋燕任第一主编，张亮任第二主编，刘彩霞、汤玉梅、张娟任副主编。具体分工如下：刘彩霞编写第一章；刘彩霞、孙睿编写第二章；文丹、沈颖喆编写第三章；彭晖、黄喆编写第四章；宋燕、张娟编写第五章；汤玉梅、丁婷玉编写第六章；邓晴、胡蝶编写第七章。全书最后由张亮、刘彩霞修改、总纂并定稿。

由于编者水平有限，书中疏漏之处在所难免，恳请读者在使用过程中提出宝贵意见和建议，以便修订改进，联系邮箱为18150234@qq.com。

编　者

2022年5月

目 录

第一章 税收概述 …… 1

第一节 税收的概念 …… 1

第二节 税收的产生与发展 …… 4

第三节 税收的本质与特征 …… 13

第四节 税收的职能与作用 …… 21

第二章 税收与经济社会发展 …… 31

第一节 税收与经济 …… 31

第二节 税收与社会民生 …… 36

第三节 税收与政府公共服务 …… 39

第四节 税收与政治 …… 40

第三章 税收原则 …… 45

第一节 税收原则的概念 …… 45

第二节 税收的财政原则 …… 49

第三节 税收的公平原则 …… 51

第四节 税收的效率原则 …… 53

第四章 税收负担 …… 58

第一节 税收负担的概念 …… 58

第二节 税收负担的确定 …… 62

第三节 税收负担的转嫁与归宿 …… 65

第五章 税收制度 …… 74

第一节 税收制度与税法 …… 74

第二节 税制构成要素 …… 75
第三节 我国现行税法体系 …… 83
第四节 税制结构 …… 88
第五节 我国税收管理体制 …… 92
第六章 中国现行税收实体法 …… 101
第一节 增值税 …… 101
第二节 消费税 …… 109
第三节 企业所得税 …… 116
第四节 个人所得税 …… 132
第五节 其他各税 …… 138
第七章 中国现行税收征管法 …… 159
第一节 税务管理 …… 159
第二节 税款征收 …… 164
第三节 税务检查 …… 171
第四节 法律责任 …… 176
主要参考文献及资料 …… 188

第一章
税收概述

学习目标

1.掌握税收的定义和内涵。
2.了解税收产生与发展的演变历程。
3.掌握税收的本质与特征。
4.掌握税收的职能与作用。

学习重点

1.税收的定义与内涵。
2.税收产生的前提条件。
3.税收的本质。
4.税收的“三性”。
5.税收的财政职能与调节职能。

第一节　税收的概念

一、税收的定义

对于什么是税收，古今中外有不少学者都给出了自己的定义，但这些定义表述很不一致。除了每人对税收的理解角度不同和表述方面的文字差异外，这主要是因为税收本身是一个发展的概念。因此，不同时期的学者对税收的认识和理解自然就有差异，而这种差异在很大程度上反映了税收的发展过程。例如，1776年亚当·斯密在《国富论》中把税收定义为“人民拿出自己一部分私人收入给君主或国家，作为一笔公共收入”，并强调国家经费的大部分必须取自于各种税收。这一定义除了说明税收的纳税主体是“人民”外，侧重反映了税收是一种“公共收入”，以满足国家经费之需。1892年英国财政学家巴斯特希尔进一步认识到税收是一种强制性征收行为。他认为，“税收是人民或私人团体为供应公共机关的事务费用而被强制征收的财富”。日本学者汐见三郎则指出税收是凭借“财政权”征收的，而且论述角度也从纳税主体转向征税主体，他在其《租税之基本知识》一书中对税收作了如下定义：“‘租税’乃是国家及公共团体为了支付其一般经费，依财政权向一般纳税人民强制征收之财。”显然，这里的“财政权”所指的是区别于“财产权”的行政权力。而英国学者西蒙·詹姆斯等在1978年初版、1983年再版的《税收经济学》中将税收的无偿性纳入定义，认为“税收是由政权机构实行不直接偿还的强制性征收”。

我国自改革开放以来对税收理论的研究十分活跃，对税收含义的认识在吸收西方税收理论成果的基础上，又进一步强调了税收的法律特征。至此，对税收的定义虽然在文字表述上仍有不同，理解的角度也同样存在差异，但对税收含义的认识已基本达成共识：第一，税收的征收主体是国家，征收客体是单位和个人。第二，税收的征收目的是满足国家实现其职能的需要（西方学者更强调“公共需要”）。第三，税收征收的依据是法律，凭借的是政治权力，而不是财产权利，因此，征税体现了强制性特征。第四，征税的过程是物质财富从私人部门单向地、无偿地转给国家。第五，从税收征收的直接结果看，国家以税收方式取得了财政收入。

因此，我们可以给出税收的完整定义如下：

税收是国家（政府）为了维持其运转（或实现其职能），以及为社会提供公共服务（满足公共需要），凭借公共权力，以实现国家公共财政职能为目的，按照法律所规定的标准和程序，参与国民收入分配，由政府专门机构向全体社会成员（个人和法人）就其财产或特定行为实施强制、非罚与不直接偿还的金钱或实物课征的一种形式。

国家取得财政收入的手段多种多样，如税收、发行货币、发行国债、收费、罚没等，但税收是国家最主要的一种财政收入形式。税收由政府征收，取自于民、用之于民。

各国各地区税法不同，税收制度不同，分类不同，概念不尽相同。在中国，各个朝代、各个地区对税的称呼也有差异。历史上，税收有许多名称，如贡、助、彻、赋、租、税、捐、课、调、役、银、钱等，其中被广泛使用的是贡、赋、租、税、捐几种。这些名称不仅反映了不同时期税收的经济内容，也从一个侧面反映了税收的发展史。

税制即指税收制度，由纳税人、课税对象、税目、税率、纳税环节、纳税期限、计税依据、减免税和违法处理等要素构成；税种指税的种类，差异表现为纳税人和课税对象的不同。

马克思指出：“赋税是政府机器的经济基础，而不是其他任何东西。”“国家存在的经济体现就是捐税。”恩格斯指出：“为了维持这种公共权力，就需要公民缴纳费用——捐税。”19世纪美国大法官霍尔姆斯说：“税收是我们为文明社会付出的代价。”这些都说明了税收对于国家经济生活和社会文明的重要作用。

【税海拾贝1-1】

“赋”和“税”的解读

税收在我国历史上的称呼较多，一般多谓“赋税”。

古代因军事、战争而发生的征用为“赋”，与后代的田赋是两回事。后来的“一条鞭法”“摊丁（兵役）入地”，将“赋”按人、户计征改为按土地田亩计征，形成后代的田赋制度。“赋”由“贝”和“武”两部分组成。“贝”代表货币，古代曾以贝壳作为货币，至今含有价值因素的汉字，多由“贝”组成，如买卖（買賣）、赚赔、贵贱等。从词典解释来看，军事、投击为“武”，如武装、武器、武术等。史料介绍，人民在生产、生活中常遭遇无法预见的事件，发生不安定、不安全的事故，人们在向国家纳“赋（贝）”后，国家组织武力保卫、保护人民的安定、安全，使之安居乐业。我国汉字在最初形成时以象形文字为主，后在发展和完善过程中，又不断融入音、义。“税”由“禾”和“兑”组成，“禾”者为农产品，古代实物税负主要为从土地收获的谷物。“兑”者兑换也，即交换之意。人民将生产的谷物交纳给国家，换取国家保护人民的生产、生活平安。

赋，金文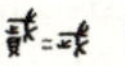（武，兵役）+（贝，钱财）。武，既是声旁也是形旁，表示战备、兵役。造字本义：代替兵役的税款。

税，篆文（禾，庄稼、谷物）+（兑，交换）。兑，既是声旁也是形旁，表示兑换。造字本义：用谷物兑租赋。

二、税收的内涵

对税收的内涵可以从以下几个方面来理解：

1.征税的主体——国家或政府

具体地说，税收的征收办法是由政府制定的，征税活动是由政府组织进行的，取得的税收收入是由政府统一支配管理的。这里的“政府”包括中央政府和地方政府。

2.征税的目的——满足公共需要

国家征税的目的是满足社会成员获得公共产品的需要。公共需要或公共物品与劳务，是不能靠市场机制形成的，必须由政府提供。政府提供公共物品与劳务也要花费人力、物力、财力等，而政府本身不从事生产，不创造财富，所以它必须以某种形式取得收入，这样税收就产生了。

3.征税的依据——国家政权

国家征税凭借的是公共权力（政治权力）。税收征收的主体只能是代表社会全体成员行使公共权力的政府，其他任何社会组织和个人都是无权征税的。与公共权力相对应的必然是政府管理社会和为民众提供公共产品的义务。

在经济领域，社会财富的分配一般依据两个权利：财产所有权和劳动力所有权。显然国家是不可能有劳动力所有权的，但它有财产所有权，可以直接参与生产经营成果的分配，这就意味着国家只能参与有国有资产投入的企业的收益分配，但这种分配的面太狭窄，无法满足国家提供公共物品与劳务的需要。所以，必须有一个凌驾于这两种权利之上的权力作为依据，使得国家能够在最广大的范围内取得收入，这种权力就只能是以国家暴力机器（军队、警察、法庭、监狱等）为依托的国家政权了。

4.征税的手段——以法律为依托，强制无偿征收

税收必须借助法律形式进行。政府为了向社会提供公共物品与劳务，必须取得公共物品与劳务的价值补偿。然而由于公共物品与劳务的利益外在性，它无法通过市场以价格的形式得到补偿，所以必须通过政府无偿取得的税收收入来补偿。税收是无偿取得的，因此必须强制征收，但税款的征收不能是随意的，而必须以法律的形式制定一个标准，规定征纳双方的权利和义务。有关税收的法律法规对课税人（政府）和课税对象（纳税人）双方都有约束力。这一方面约束了政府滥用课税权，另一方面也约束了纳税

人随意逃税，保证了政府能够定期获得足够的财政收入以满足公共开支的需要。

5.征税的对象——全体社会成员

全体社会成员包括每个个人和各类经济组织（自然人和法人）。由于全体社会成员都享受了国家提供的公共物品与劳务，按照“谁受益谁负担”的原则，全体社会成员理所当然地应该补偿国家为提供公共物品与劳务所耗费的成本，补偿方式就是履行纳税义务。

6.征税的形式——实物、力役和货币

税收是国家筹集财政收入的主要方式。从历史发展的历程来看，税收的基本形式主要有三种：实物形式、力役形式和货币形式。

在奴隶社会和封建社会初期，自然经济占主导地位，商品经济不发达，税收征收形式以实物和力役为主。实物形式就是向国家缴纳实际产物，一般是玉米、小麦、谷物等粮食作物；力役形式就是向国家无偿提供自己的劳动力，即所谓“布缕之征”“粟米之征”“力役之征”。货币征收形式仅限于对商业、手工业征收的商税、物产税等方面，在当时并不占主要地位。

随着商品经济和社会的发展，到明清时代，商品经济日益发达，逐渐占据统治地位，税收征收形式也逐步过渡到以货币形式为主，而且这也逐渐成为世界各国使用最广泛的征税形式。

7.征税的本质——一种特定的产品分配关系

“分配”在经济学中是指确定社会产品归谁占有和占有多少。在社会产品初次分配后，根据财产所有权和劳动力所有权，国家将原来属于个人和企业所有的新创造的价值分割一块出来归国家占有，这样取得的收入就是税收。显然国家取得税收收入的过程，也是国家参与社会财富二次分配的过程，因此，税收的本质是一种分配关系。

【互动话题1-1】

税收无处不在，你能找到我们身边有关税收存在的依据吗？你愿意做一个合法的纳税人吗？

第二节　税收的产生与发展

税收既是一个经济范畴，也是一个历史范畴，它是人类社会发展到原始社会末期，出现私有制以后，随着国家的产生而产生的。国家不从事物质资料生产，税收为其执行社会职能提供物质基础，其凭借政治权力参与社会剩余产品分配。

在早期的母系氏族社会，生产力水平很低，主要依靠妇女采集天然的果实为生，个体离开了集体是无法生存的，所以，那时人们没有剩余产品也没有其他的非物质要求，当然也没有税收问题。随着生产力的发展，进入父系氏族社会，人们的生存主要依赖男人狩猎，并逐渐有了剩余产品。一开始剩余产品数量不多，为整个氏族所共有，主要为氏族集体所用，如祭祀、与其他氏族的战争等。但随着生产力水平的进一步提高，一部分人开始离开集体单独生活，个体家庭出现了，其狩猎或种植的食物则归己所有，进而私有财产出现了。由于人的劳动能力有差异，氏族内部开始有了贫富分化，同时有的氏族首领利用自己职务之便将氏族共有的财产据为己有，这部分人逐渐成了富裕的具有特权的阶层。随着贫富分化的加剧，阶级对抗出现了，当阶级对抗到了不可调和的时候，富人阶层建立了国家机器，用来镇压穷人的反抗。而国家机器的存在需要大量的人力、物力和财力，于是税收便应运而生。

一、税收产生的一般前提条件

（一）物质条件——广泛的剩余产品的出现

剩余产品的出现是税收产生的一个基本前提条件，如果没有剩余产品，就不会有后面一系列情况，也就不会出现税收。剩余产品是指全社会一定时期内生产的总产品扣除补偿经济活动中的物化劳动耗费和活劳动耗费以后的剩余部分，税收分配的物质来源只能是剩余产品，因为社会产品必须首先满足维持简单再生产和人们生存的需要。当然，税收并不是在剩余产品一出现的时候就产生了，它的出现还经历了一个漫长的过程。也就是说，剩余产品只是税收产生的条件之一。

（二）经济条件——独立的经济利益主体（财产私有化）

人类社会发展到原始社会中期以后，发生了两次社会大分工，出现了以个体家庭为单位的个体生产，而分工和交换的发展，又加速了财产的私有化，即经济利益主体独立化。其结果是各经济组织和社会成员，为维持生产和生活的客观需要而分离成两部分：一部分是生产过程中直接耗用的生产要素（生产工具、劳动力、劳动对象），这部分的再生产可以在各经济组织内部完成——在内部分配；另一部分是各经济组织和社会成员共同享用的公共设施和公共服务（如战争、祭祀），它的再生产过程要由社会公共职能机构来完成——在外部分配，因为它是全体社会成员共同享用的。这种外部分配一开始以“贡”的形式出现，当它凭借强制性的公共权力并按事先规定的标准来进行时，就成了税收。因此，经济利益主体的独立化，也是税收产生和存在的条件之一。如果经济利益主体不独立，生产资料仍是共同占有、共同消费，则维持生产和生活的社会总需要就不会有内外之分，当然也不会有内部分配和外部分配，更不会有税收产生了。

（三）社会条件——经常化的公共需要（阶级对抗）

税收的目的是满足公共需要，如果没有公共需要，税收也就没有必要存在。在人类社会早期，氏族组织的发展和剩余产品的出现，逐渐产生了生产活动以外的共同利益和公共事务，如祭祀、战争等，有些公共事务必须从劳动成果中分出一部分来专门满足其需要。当这种需要经常化以后，它就要求这种分配从满足生产和生活的分配中独立出来，成为一种固定的分配，这就为税收的产生准备了社会条件。同样，这也只是税收产生的条件之一，因为满足社会公共需要的方式不只是税收一种。

（四）政治条件——强制性的公共权力（国家政权）

由于税收是社会产品占有权和支配权的单方面转移，所以必须有一种超越财产所有权和劳动力所有权的力量介入，这就是政权。国家机器的运转需要大量的人力、物力和财力，也派生出庞大的“公共需要”，这样税收就应运而生，所以说，国家强制性的公共权力是税收产生的决定性条件。

税收产生的这四个条件中，剩余产品的出现和国家政权是两个基本前提条件。需要注意的是，国家与税收的关系并不是因果关系，而是互为前提，相互依存。如果没有国家，税收就失去了强有力的后盾，就无法正常收纳；而如果没有税收，国家机器就无法正常运转，所以二者是互相依存的关系，是社会经济发展的必然结果。

二、我国税收演变历史

我国税收起源于原始社会晚期向奴隶社会变革的时期，完善于奴隶社会晚期向封建社会变革的时期。税收由不完全形态到完全形态，经历了发展演变的漫长过程，历时1 600多年。

从社会发展看，原始社会生产力低下，共同劳动，共同生活。原始社会晚期，社会生产力发展，农业的发展，畜牧业、原始手工业的出现导致了社会分工的产生，劳动生产率有所提高，产生了剩余产品，从此有了生产资料和剩余产品的私人占有，出现贫富差距，直至产生阶级。为了把阶级利益冲突限制在一定“秩序”范围内，需要有执行这一社会职能的、凌驾于社会之上的力量，出现了管理公共事务的国家雏形。随着生产力的发展，社会矛盾激化，推动社会变革，原始社会向奴隶社会发展。尧舜禅让，夏禹传子家天下，为加强统治力量，国家产生。国家不从事物质资料生产，为了提供其执行社会职能所需物质基础，凭借政治权力参与社会剩余产品分配，税收应运而生。

（一）税收雏形阶段——贡、助、彻

税收是人类社会发展到一定阶段，伴随着国家产生而产生的。据史籍记载，夏王朝是我国最早出现的奴隶制国家，夏代开始就有了税收的雏形。《史记》记载：“自虞、夏时，贡赋备矣。”据《中国历代食货典》卷一百一十赋役部记载的上古时代赋役二则，其中之一就是“帝喾高辛氏正畛均赋”，将“均赋”列入“赋役部”，可见高辛氏时代就有税收的雏形，距今已逾4 000年。高辛氏即帝喾（如图1-1所示），相传为黄帝曾孙，是上古时期“三皇五帝”中的第三位帝王，“生而神灵，自言其名”。帝喾前承炎黄，后启尧舜，奠定华夏基根，是华夏民族的共同人文始祖。

图1-1　帝喾画像

夏朝实行井田制，土地是国有的（“溥天之下，莫非王土，率土之滨，莫非王臣”），但土地和奴隶并非全部集中在国王手中由国王直接经营，而是大部分赐给诸侯

臣下作为俸禄。这些诸侯大臣虽然不拥有土地所有权，不能自由买卖土地，但却拥有土地使用权和土地上产物的所有权，所以这种公田上收获的粮食要以税收的形式上缴一部分给国王作为财政收入。此种上缴，已经具有了“税”的一些特征，即是以国家的政权作为后盾的。《尚书》记载，禹别九州，随山浚川（大禹在外地视察时，每到一地就把人民组织起来，按照地形开凿和疏浚河流，此时政府已将水利作为其公共事务），任土作贡（禹要求各地的奴隶主必须向国家缴纳贡品，贡品主要是当地的土特产品）。司马迁在《史记》中也说：“自虞、夏时，贡赋备矣。”这些都说明夏朝已经出现了赋税。据《史记》载，早期的贡赋包括两方面内容：一是与耕种土地相联系的贡，主要是对农产品征收，即自由民耕种土地向国王的贡纳。“相地宜所有以贡”，一般是根据土地若干年的收获量，定出一个平均数，按平均数上缴一定比例（10%左右）。二是与主从关系相联系的贡，主要是由各地方臣属向中央贡献的土特产品，称之为“土贡”，如兖州的漆丝，青州的贡盐、海物等。土贡没有固定性，土特产品多时多贡，少时少贡，遇到天灾人祸，也有不贡的情况，因而贡赋收入很不稳定。土贡到了商朝和周朝时，有了很大的发展，分为九类，称作“九贡”，贡品包括牲畜、丝织品、用器用具、服饰、珠宝、珍品等。

到了商朝，贡演变为助法，是以助耕形式纳税，当时实行井田制（如图1-2所示），将土地分为公田和私田，平民无偿地耕种公田，公田上的收获全部归王室所有。周朝时，助法又演变为彻法，即每户平民耕种土地，要将一定的产量交纳给王室。“民耕百亩者，彻取十亩以为赋”。彻法按土地数量进行课征，比贡和助法有了很大进步。

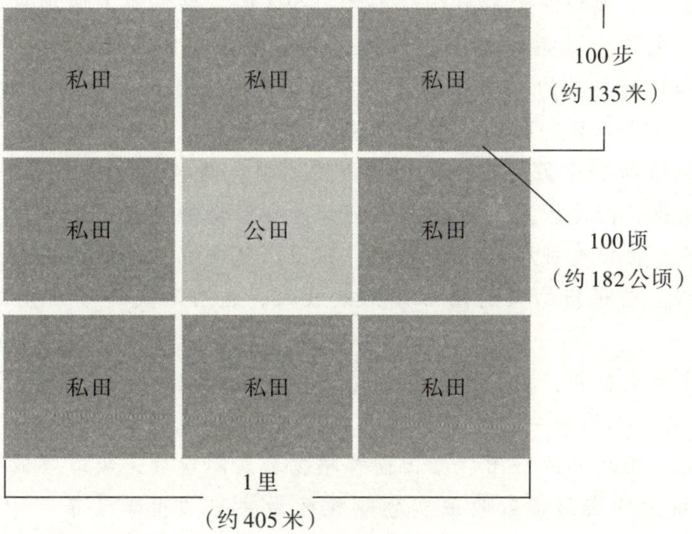

图1-2 商朝井田制

这就是《孟子·滕文公上》所描述的“夏后氏五十而贡，殷人七十而助，周人百亩而彻，其实皆什一也”，说明贡、助、彻都是什一税。

由于在奴隶社会，国王既是最大的奴隶主，也是最高的统治者，所以国王对土地经营者的征收既有地租的特征，也有税的特征，是租税不分的。所以我们说，贡、助、彻只是税收的雏形。

（二）最早的农业赋税制度——鲁国的初税亩

有历史典籍可查的对土地产物的直接征税，始于公元前594年（鲁宣公十五年）鲁国实行的初税亩，按平均产量对土地征税。此后，“赋”和“税”就往往并用了，统称赋税。自战国以来，中国封建社会的赋役制度主要有四种：战国秦汉时期的租赋制（征收土地税和人头税）、魏晋至隋唐的租调制（征收土地税、人头税和劳役税）、中唐至明中叶的两税法（征收资产税和土地税）、明中叶至鸦片战争前的一条鞭法和地丁合一（征收土地税）。

春秋以前，我国实行井田制，土地归王室所有，到春秋时期，由于生产力的发展，特别是铁制农具的广泛使用，在井田外开垦的私田越来越多，私田的收获全部归私田所有者。私田的不断扩大冲击到奴隶制的经济基础。当时的一个主要诸侯国鲁国，为了增加财政收入，抑制私田开垦，在鲁宣公十五年（公元前594年）开始对私田征税，宣布无论公田私田，一律按亩征税，称为初税亩。初税亩在我国历史上被看作是从奴隶社会进入封建社会的标志，同时也是我国农业赋税从雏形阶段进入成熟阶段的标志。

【税海拾贝1-2】

认识初税亩

初税亩是春秋时期鲁国在宣公十五年（公元前594年）实行的按亩征税的田赋制度，它是承认私有土地合法化的开始。公元前594年，鲁国为了增加收入，规定不论公私田，一律按亩收税。此后，楚国、郑国、晋国等国家也陆续实行了税亩制。春秋时期，由于牛耕和铁制农具的应用和普及，农业生产力水平提高，大量的荒地被开垦后，藏匿在私人手中，成为私有财产；同时贵族之间通过转让、互相劫夺、赏赐等途径获得的私有土地急剧增加。在实行初税亩田赋制度之前，鲁国施行按井田征收田赋的制度，私田不向国家纳税，因此国家财政收入占全部农业产量的比重不断下降。鲁国实行初税亩，即履亩而税，按田亩征税，不分公田、私田，凡占有土地者均按土地面积纳税，税率为产量的10%。初税亩的实行增加了财政收入，适应和促进了新生的封建土地占有关系。

初税亩从字面上解释：初，为开始的意思；税亩是按土地亩数对土地征税。具体方法是：“公田之法，十足其一；今又履其余亩，复十取一。”对公田征收其收成的十分之一作为税赋，对公田之外的份田、私田同样根据其实际亩数，收取收成的十分之一作为赋税。这种按耕地的实际亩数收取实物赋税的做法与“桓管改革”中的“均田分力”“相地衰征”有很大的相似之处，但也有一定的区别。“桓管改革”后的“均田分力”与“相地衰征”政策仍是建立在土地国有的基础之上的，而鲁国初税亩的实施等于承认了土地的私有。“桓管改革”后的农业税收征收的前提是农户租用了属于国家的土地，税收还带有“地租”的性质；而初税亩则是在认可了土地私有的前提下，凭借国家政治权力向土地所有者征收的税赋。也就是说，初税亩更接近于现代的税收，所以大多数研究者倾向于把鲁国的初税亩作为我国农业税征收的起点。

（三）我国最早的工商业税收——关市之赋、山泽之赋

在原始社会末期，手工业已从农业中分离出来。到奴隶社会初期，商业与农业和手工业相分离，成为独立的社会分工部门。到了商朝，中国古代工商业已有一定发展，既有专门从事手工业劳动的手工业者，也有专门从事买卖活动的商人。但在奴隶制时代，工商业主要为奴隶主贵族所经营，“工商食官”，手工业劳动者和商业劳动者都是官府的奴仆，是奴隶制国家的手工业奴隶和商业奴隶。由于工商业主要由奴隶制国家经营，直接为统治阶级的奢侈生活服务，赢利直接为国家所得，所以当时国家对工商业并不征税。后来私人工商业有所发展，国家对私人工商业即加以管理，如在来往关卡和市场上对经商人员和商品加以检查等，但起初也不征税。这就是中国历史上传为美谈的“市，廛而不税；关，讥而不征”（《礼记·王制》）。这里的廛是指空地；讥，就是检查、盘问。这句话的意思是说，官府在市场上给商人以空地储存货物，但不对商品征税；关卡上也只检查不征税。到西周后期，官府工商业逐渐衰落，私人工商业日益发展，工商业者的利润收入和财富积累已相当可观，超过了农业生产者，因而逐渐成为国家的征税对象。战国中期著名思想家孟轲说过这样一段关于古代商税起源的话：远古的时候，市是交易场所，由国家命官治理，原先并不课税。但有些唯利是图的商人，总是站到市场的高处，左右探望，观测行情，时刻企图把市场上一切有利的买卖都垄断到自己手里，时人认为这是一种卑贱的行为，所以开始对商人征税。孟轲关于商税起源的这种说法虽然不足为据，但也在一定程度上反映了私商利润增多，因而引起了国家的重视，成为税收的对象。古人所说的商，不仅指商人，有时也包括手工业者，因为手工业者所从事的生产也是商品生产。他们经常亲自去市场售卖自己的产品，买进原料，他们的手工业生产活动往往和商业活动结合在一起。因此，古人所说的商贾，往往也包括手工业者在内。据《周礼》记载，西周已开始征关市之税和山泽之税。商人经过设于道路要隘和诸侯国界的关卡时要缴纳关税，由司关专门掌管收税事宜。商人如果企图不通过关卡或逃避缴税，货物将被没收，本人也要受到惩罚。进入市场进行交易时要缴纳各种市税，如摊点税、房屋税、场地税、仓库税等，由廛人具体负责市税征收工作。手工业者和商人开发山林川泽资源，如鱼、盐、木材、皮毛、齿角等，则要缴纳山泽税。关市税的收入专门用来供应天子的饮食和衣服费用，山泽税收入则专门用来办理国家丧葬事宜。工商业成为国家税收来源，是社会经济发展以及工商业在社会经济生活中地位、作用提高的表现，同时也说明国家财政开支增加，仅靠土地税已经不能满足国家机器的需要了。

《周礼·天官·大宰》曰：“以九赋敛财贿：一曰邦中之赋，二曰四郊之赋，三曰邦甸之赋，四曰家削之赋，五曰邦县之赋，六曰邦都之赋，七曰关市之赋，八曰山泽之赋，九曰币余之赋。”文中的九赋指国家的九项税收。其中前六项属于农业税，第七项“关市之赋”和第八项“山泽之赋”大体属于工商业税。这基本反映了西周时期的税收概况。

（四）近现代以来我国税收的发展

随着商品货币的发展，明代开始出现资本主义的萌芽，开启了我国由实物税向货币税的重大转变。清初社会稳定，农业得到发展，农民人口增加，而土地没有增加，不堪重负。为缓解矛盾，清政府宣布“滋生人丁，永不加赋”，推行“地丁合一，摊丁入

地”，废除人头税，取消地主豪绅特权，使财政收入得到增加。

国民党统治时期，由于军阀割据，连年混战，长期处于政局不统一的混乱状态，这段时期也是税收最混乱、赋税最繁重的阶段之一。国民党统治地区，田赋层层加倍征收，四川等地预征多年，苛捐杂税多如牛毛，民怨沸腾。

1949年，中华人民共和国成立，统一了全国税收，建立了社会主义的税收制度。经过不断简化和规范税制，结合改革开放以来我国商品经济发展的现状，以及和国际接轨等情况，本着“统一税法，公平税负，简化税制，合理分权，理顺关系，保证财政收入”的指导思想，我国逐步建立和扩大增值税，实行税款抵扣制度，对奢侈品和高污染、高能耗消费产品开征消费税，合并内外资企业所得税，完善个人所得税制度，改革地方各税。到1994年，基本建立了适应我国社会主义市场经济发展的现代税制体系。

党的十八届三中全会通过的《中共中央关于全面深化改革若干重大问题的决定》是指导新形势下全面深化改革的纲领性文件，它从推进国家治理体系和治理能力现代化，从优化资源配置、维护市场统一、促进社会公平、实现国家长治久安的高度，对深化税制改革做出全面部署，为更好发挥税收在服务发展大局中的作用指明了方向。党的十八大以来，我国税制改革一方面服务于经济实现高质量发展，如全面推开“营改增”试点，简并增值税税率结构，实施更大规模的减税降费，实施综合与分类相结合的个人所得税，大力建设绿色税制，合并国地税，提高征管效率等；另一方面建立健全了现代财税体制。税种立法是建立现代税制的重要特征，自2012年以来我国不断推进税收法治化的进程，目前共有12个税种已完成立法。同时，随着数字经济的发展，我国提出“以数治税”的思想，并逐渐将大数据、区块链等技术运用到税收征管中去，提高征管能力。“十四五”规划针对构建现代税收征管体系提出了“深化税收征管制度改革，建设智慧税务，推动税收征管现代化”的要求。

三、税收的发展

随着社会生产力的发展和社会经济情况的变化，税收也经历了一个从简单到复杂、从低级到高级的发展过程。税收的法制程度、税制结构、征纳形式等几个方面的发展变化，较充分地反映了税收的发展情况。

（一）税收法制程度的发展变化

税收法制程度的发展变化，体现在行使征税权力的程序演变方面，以此为标准，税收的发展大体可以分为以下四个时期：

1. 自由纳贡时期

在奴隶社会时期，国家的赋税主要来自诸侯、藩属自主贡献的物品和劳力。从税收的法制观点看，这种以国家征税权和纳贡者自由纳贡相结合的方式所取得的税收，只是一种没有统一标准的自愿捐赠，还不是严格意义的税收，只是税收的雏形阶段。

2. 承诺时期

随着国家的发展、君权的扩大，财政开支和王室费用都随之增加，单靠自由纳贡已难以维持。于是封建君主设法增加新税，特别是遇到战争等特大事件时，封建君主更需要开征临时税以应急需。当时，由于领地经济仍处主导地位，王权有一定的限制，课征新税或开征临时税需要得到由封建贵族、教士及社会上层组成的民会组织的承诺。

3.专制课征时期

随着社会经济的逐步发展，封建国家实行了中央集权制度和常备军制度。君权扩张和政费膨胀，使国君不得不实行专制课征，一方面笼络贵族和教士，延续其免税特权，以减少统治阶级内部的阻力；另一方面则废除往日的民会税收承诺制度，实行专断课税，不受约束地任意增加税收，税收的专制色彩日益增强。

4.立宪课税时期

取消专制君主的课税特权曾是资产阶级革命的重要内容之一。资产阶级夺取政权以后，废除封建专制制度和教会的神权统治，实行资产民主制和选举制。现代资本主义国家，不论是采取君主立宪制，还是采取议会共和制，一般都要制定宪法和法律，实行法治，国家征收任何税种，都必须经过立法程序，依据法律手段，经过由选举产生的议会制定。君主、国家元首或行政首脑不得擅自决定征税，人人都有纳税义务，税收的普遍原则得到广泛的承认，公众有了必须依照法定标准评定课征的观念。

（二）税收制度结构的发展变化

税收制度结构的发展变化，体现在各社会主体税种的演变方面。历史上的税制结构的发展变化，大体上可以划分为四个阶段：

1.以古老的简单直接税为主的税收制度

在古代奴隶社会和封建社会，由于自然经济占统治地位，商品货币经济不发达，国家统治者只采取直接对人或对物征收的简单直接税。马克思指出：“直接税，作为一种最简单的征税形式，同时也是一种最原始、最古老的形式，是以土地私有制为基础的那个社会制度的时代产物。”比如：按人口课征的人头税；按土地面积或土地生产物课征的土地税；对各种财产征收的财产税，如房屋税等。当时虽然也有对城市商业、手工业及进出口贸易征收的营业税、物产税、关税，但数量很少，在税收中不占有重要地位。

2.以间接税为主的税收制度

进入资本主义社会以后，简单的税制已不能满足财政的需要，因而需要加强对商品和流通行为课征间接税，形成了以间接税为主的税收制度。征收间接税既可以将税收转嫁给消费者负担，又有利于增加财政收入。马克思曾说，消费税只能随着资产阶级统治地位的确定得到充分发展。产业资本是一种靠剥削劳动来维持、再生产和不断扩大自己的持重而节俭的财富。在它手中，消费税是对那些只知消费的封建贵族们的轻浮、逸乐的挥霍的财富进行剥削的一种手段。

3.以所得税为主的税收制度

随着资本主义工商业的发展，社会矛盾和经济危机日益加深，国家的财政支出亦随之增加。资产阶级国家深切体会到广泛而过分地课征间接税，会对资本主义经济发展和资产阶级的经济利益带来不利的影响。首先，对商品的流转额课征间接税，商品在到达消费者手中之前，往往要经过多次流转过程，每次流转都要征税，流转次数越多，征税额越大，商品的价格也越高。这种情况很不利于企业的市场竞争和扩大再生产。其次，对消费品课征间接税，提高了消费品价格，这就迫使资本家必须提高工人的名义工资，而提高工资又会提高生产成本，从而影响资本家的经济利益。而且，过分扩大间接税的课征范围，还会引起无产阶级及劳动人民反抗。资产阶级为了维护本阶级的根本利益、增加收入、适应国家的财政需要，不得不考虑税制的改革。因此，18世纪末，英国首创所得税，之后时征时停，直至1842年将所得税确定为永久税，其后欧洲各国先后仿效，所得税逐渐在税收收入中占有主要地位。

4.以所得税和间接税并重的税收制度

这种税收制度，在发展中国家使用得比较普遍。自20世纪50年代以来，增值税一直是法国的主要税种。由于过高的累进所得税税率不但影响投资者的投资积极性，而且影响脑力劳动者的劳动积极性，因而1986年美国里根政府税制改革以后，发达国家普遍降低个人及公司所得税税率。因为政府的财政支出不能随之减少，所以一方面需要扩大所得税税基，另一方面又只能有选择地增加间接税的征收。于是，一些国家的间接税得以进一步发展。

（三）税收征纳形式的发展变化

税收征纳形式的发展变化，体现为力役、实物和货币等征收实体的发展演变。在奴隶社会和封建社会初期，自然经济占统治地位，物物交换是其主要特征，税收的征收和缴纳形式基本上以力役形式和实物形式为主。在自然经济向商品货币经济过渡的漫长封建社会中，对土地课征的田赋长期都是以农产品为主。尽管对商业、手工业征收的商税和物产税，以及对财产或经营行为征收的各种杂税，有一部分是以货币形式征收的，但在当时货币征收形式还不占主要地位。直到商品经济发达的资本主义社会，货币经济逐渐占据统治地位，货币不但是一切商品和劳务的交换媒介，而且是税收征收缴纳的主要形式。而其他实体的征收形式逐渐减少，有的只在个别税种中采用。

（四）税收地位和作用的发展变化

税收地位和作用的发展变化，体现为税收收入在财政收入中所占比重的变化及其对经济的影响。在封建社会制度下，只有财政收入中特权收入不足时，才征收赋税。但随着资本主义经济发展，资产阶级民主政治取代封建专制制度，特权收入逐渐减少，税收收入在财政收入中所占比重越来越大，成为财政收入的主要来源。在我国，改革开放以来，利润在财政收入中占较大比重的地位被税收取而代之。随着税收地位的变化，税收的作用已从过去筹集资金满足国家各项支出的需要，发展成为调节经济的重要手段。税收在促进资源优化配置、调节收入分配、稳定经济等方面起着重要作用。虽然西方国家再次提出了所谓的税收中性原则，但税收调控经济的作用仍是不容否定的。

（五）税收征税权力的发展变化

税收征税权力的发展变化，体现在国家税收管辖权范围的演变方面。在奴隶社会和封建社会以及资本主义社会初期，由于国家之间经济往来较少，征税对象一般不发生跨国转移，因此，国家税收管辖权只局限于一国领土之内，称为地域管辖权阶段。到了资本主义社会中期，国际交往日益增多，跨国经营逐步发展。这种生产经营的国际化必然带来纳税人收入的国际化。一些国家为维护本国的利益，开始对本国纳税人在国外的收入和外籍人员在本国的收入征税。这实际等于征税权力超过了领土范围，而主要以人的身份和收入来源确定是否属于一国的税收管辖权范围。这种被扩大了的税收管辖权等于延伸了税收征收权力，即从地域范围扩大到人员范围。现在以人员为确定标准的管辖权即居民或公民管辖权，已在各国被广泛应用。

（六）税收名称的发展

税收在历史上曾经有过许多名称，特别是在我国，由于税收历史悠久，名称尤为繁多。使用范围较广的主要有贡、赋、租、税、捐等几种。贡和赋是税收最早的名称，它们是同征税目的、用途相联系的。贡是向王室进献的珍贵物品或农产品，赋则是为军事需要而征收的军用物品。税这个名称始于初税亩，是指对耕种土地征收的农产物，即所谓“税以足食，赋以足兵”。但我国历史上对土地征收的赋税长期称为租，租与税互相混用，统称为租税，直至唐代后期，才将对官田的课征称为租，对私田的课征称为税。捐这个名称早在战国时代已经出现，但长期都是为特定用途筹集财源的，带有自愿性，在当时，实际上还不是税收。明朝，捐纳盛行，而且带有强制性，成为政府经常性财政收入；同时，捐与税难以划分，故统称为捐税。总之，税收的名称在一定程度上反映了当时税收的经济内容，从一个侧面体现了税收发展史。

【互动话题1-2】

本杰明·富兰克林曾经说过，税收和死亡是一个人一生中不能避免的两件事情。请问，你怎么看待这个观点？

第三节　税收的本质与特征

税收是为实现国家职能而获取财政收入的一种主要形式，但并不是唯一形式。那么，税收与其他财政收入形式有什么不同呢？税收又为什么能成为最主要的财政收入形式呢？正确把握税收的本质与特征，对正确和科学理解税收的含义至关重要。

一、税收的本质

税收是国家（政府）公共财政最主要的收入形式和来源。税收本质上是国家为了满足社会公共需要，凭借公共权力，运用法律手段，参与国民收入分配，强制取得财政收入所形成的一种特殊分配关系。它体现了一定社会制度下国家与纳税人在征收、纳税的利益分配上的一种特定分配关系。

税收的本质是国家以法律规定向经济单位和个人无偿征收实物或货币所形成的特殊分配关系。这种分配关系，集中反映了国家与各阶级、各阶层的经济关系、利益关系。具体表现为：分配的主体是国家，它是一种以国家政治权力为前提的分配关系；分配的客体是社会剩余产品，不论税款由谁缴纳，一切税源都是来自当年劳动者创造的国民收入或以往年度积累下来的社会财富；分配的目的是实现国家职能；分配的结果，必然有利于统治阶级，因为税收从来都是为统治阶级的利益服务的。不同的社会经济制度和不同的国家性质，决定了国家税收的不同本质。

（一）资本主义国家税收的本质

资本主义国家税收是资本主义国家财政收入的主要来源，是国家（政府）机器赖以存在并实现一切职能的物质基础。从税收负担来看，不论是直接税还是间接税，都由劳动者来负担。从税收用途来看，资本主义国家通过税收取得财政收入，又通过财政支出为资产阶级利益服务。特别是庞大的军费支出，成了垄断资产阶级发财致富的重要途径。其暴力机关的支出，也是直接或间接地为资产阶级利益服务的。此外，资本主义国家还通过国家干预经济，对那些需要大量投资而私人资本家又不愿投资的项目，如水电站、大坝以及风险较大的尖端技术试验等，通过财政拨款来投资。一方面，税收使成千上亿的国民收入通过资本主义财政的再分配直接转移到资本家的手中；另一方面，税收维护了资本主义制度。资本主义国家税收就其本质来讲，是资本主义国家的经济基础，是资本主义国家对劳动者的额外剥削，是一种超经济剥削关系。

（二）我国社会主义税收的本质

我国是人民民主专政的社会主义国家，在社会主义制度下，实行生产资料社会主义公有制为主体、多种所有制并存。劳动者是国家的主人、企业的主人，国家、企业和劳动者之间根本利益是一致的。因此，我国的社会主义经济制度和社会主义国家性质，决定了我国社会主义税收与资本主义税收有着截然不同的本质。

从我国社会主义税收的来源看，其主要源自社会主义全民所有制的国有企业、集体所有制企业等公有制企业。在我国，公有制经济在国民经济中占主导地位，公有制企业缴纳的税额占税收总额的大部分。我国税收增长，主要依靠社会主义生产的增长，特别是社会主义公有制企业收入的增长。国家对集体经济的征税，实行兼顾国家、集体和个人三者利益的原则。从我国税收的用途来看，我国社会主义税收是为广大劳动者利益服务的，它直接或间接地用于为劳动者造福的各项事业。国家通过税收筹集的资金，按照国家预算的安排，有计划地用于发展社会主义经济，发展社会主义科学、文化、教育、卫生事业，用于加强战备、巩固国防等。这些都是直接关系到劳动者根本利益的。与此同时，国家在生产发展的基础上，不断提高居民的物质文化生活水平。近年来，国家拿出大量资金用于改善城乡居民的物质文化生活，包括提高农副产品的收购价格、实施各种价格补贴、提高工资、安置城镇待业青年和新建民用住宅等。从以上我国社会主义税收的来源和用途可以看出，我国社会主义税收的本质，是国家筹集社会主义建设资金的工具，是为广大居民利益服务的，体现了“取之于民、用之于民”的社会主义分配关系。

二、税收的特征

税收的特征反映了税收区别于其他财政收入形式，从中也可以理解税收为什么能成为财政收入的最主要形式。税收与其他分配方式相比，具有强制性、无偿性和固定性的特征，习惯上称为税收的“三性”。税收三性是一个完整的体系，它们相辅相成、缺一不可。

（一）税收的强制性

税收的强制性是指税收是国家以社会管理者的身份，依据政治权力，通过颁布法律或政令来进行强制征收。税收参与社会物品的分配是依据国家的政治权力，而不是财产权利，即和生产资料的占有没有关系。税收法律作为国家法律的组成部分，对不同的所有者都是普遍适用的，任何单位和个人都必须遵守，不依法纳税者要受到法律的制裁。税收的强制性说明，依法纳税是人们不应回避的法律义务。我国宪法就明确规定，我国公民“有依照法律纳税的义务”。正因为税收具有强制性的特点，所以它是国家取得财政收入的最普遍、最可靠的一种形式。负有纳税义务的社会组织和社会成员，都必须遵守国家强制性的税收法令，在国家税法规定的限度内，纳税人必须依法纳税，否则就要受到法律的制裁，这是税收法律地位的体现。

税收的强制性特征体现在两个方面：一方面税收分配关系的建立具有强制性，即税收征收完全是凭借国家拥有的政治权力；另一方面是税收的征收过程具有强制性，即如果出现了税务违法行为，国家可以依法进行处罚。

1.概念

税收的强制性是指国家征税是凭借国家政治权力，通过颁布法律、法令的形式进行的。税收的法律、法令，是国家法律的组成部分，任何单位和个人都必须遵守，依法纳税，否则就要受到法律的制裁。税收的这一特征包括三层含义：

（1）国家以法律的形式规范了征纳双方权利和义务的对等关系。政府作为征税人，具有向全体社会成员征税的权利，同时承担向全体社会成员提供公共物品与劳务的义务；而全体社会成员作为纳税人，具有分享政府提供的公共物品与劳务的利益的权利，同时有义务补偿政府为提供公共物品与劳务付出的成本，其补偿方式就是向国家纳税。

这种权利和义务关系是对等的，没有哪一方可以只享受权利而不履行义务。

（2）政府征税是凭借国家政权强制执行，而不是凭借财产权或某种协议。由于这种强制是以国家政府作后盾，它的强制力要高于任何规范。例如，合同也有强制性，但合同的强制力要弱于国家政权。

（3）征纳双方的关系是以法律形式确定的，这种法律规范对双方当事人都具有法律上的约束力，任何一方违反税法都要受到法律的制裁。由于国家是一个抽象的概念，所以这里的“征税人”其实是指税法的具体执行者，如税务机关、海关等。

2.原因

税收的强制性是由其无偿性决定的。由于国家是无偿征税，如果没有强制力作保证，税款将很难征收，从而影响财政收入的可靠和稳定取得。恩格斯曾经很形象地说过“收税官和紧跟其后的吓人的法警，这些今日农民最熟悉不过的人，都是古代马尔克社会没有听说过的”。

（二）税收的无偿性

税收的无偿性是就具体的征税过程来说的，表现为国家征税后税款即为国家所有，并不存在对纳税人的偿还问题。

税收的无偿性是相对的。对具体的纳税人来说，纳税后并未获得任何报酬。从这个意义上说，税收不具有偿还性或返还性。但若从财政活动的整体来看，税收是对政府提供公共物品和服务成本的补偿，这里又反映出有偿性的一面。特别在社会主义制度下，税收具有马克思所说的“从一个处于私人地位的生产者身上扣除的一切，又会直接或间接地用来为处于私人地位的生产者谋福利”的性质，即“取之于民、用之于民”。当然，就某一具体的纳税人来说，他所缴纳的税款与他从公共物品或劳务的消费中所得到的利益并不一定是对应的。

税收的无偿性是指通过征税，将社会集团和社会成员的一部分收入转归国家所有，国家不向纳税人支付任何报酬或代价。税收这种无偿性是与国家凭借政治权力进行收入分配的本质相联系的。无偿性体现在两个方面：一方面是指政府获得税收收入后无需向纳税人直接支付任何报酬；另一方面是指政府征得的税收收入不再直接返还给纳税人。税收无偿性是税收本质的体现，它反映的是一种社会产品所有权、支配权的单方面转移关系，而不是等价交换关系。税收的无偿性是区分税收收入和其他财政收入形式的重要特征。

1.概念

税收的无偿性是指国家征税不支付任何报酬或代价，征税后税款即为国家所有，不再直接归还给纳税人。

具体来说，这一概念隐含了两层含义：

（1）税收对某一具体纳税人而言是无偿的。这是税收最本质的特征，也是税收“三性”中的核心，即政府与具体纳税人之间的权利和义务关系是不对等的，政府向纳税人征税不是以具体提供公共产品为依据，而纳税人向政府纳税也不是以具体分享多少公共产品为前提的。

（2）税收对全体纳税人而言又是有偿的。因为国家提供的公共物品与劳务是由全体社会成员享受的，按照“谁受益谁负担”的原则，国家在提供这些公共物品与劳务时所付出的成本，当然也应由全体社会成员来补偿，而能使全体社会成员都参与补偿的形式就只有税收了。因此我国的税收性质是“取之于民，用之于民”。

2.原因

税收的无偿性是由税收收入使用（即财政支出）的无偿性决定的。国家财政支出大多采取无偿的方式，如行政机构、司法机构、军队国防、公安警察等的经费拨款，一般是纯消费性的，是一种价值的单方面转移，而这些机构是国家职能的具体执行机构，是代表国家向全体社会成员提供公共物品与劳务的。由于公共物品与劳务的利益是无法划分的，也无法以价格的方式加以区分，所以某一具体纳税人在享受国家提供的公共物品与劳务时是无偿的。而国家本身不创造财富，为了保持财政的收支平衡，只能以无偿的方式取得收入，在这些方式里覆盖面最广的就是税收。所以说，税收的无偿性是由财政支出的无偿性决定的。

（三）税收的固定性

税收的固定性是指课税对象及对每一单位课税对象的征收比例或征收数额是相对固定的，而且是以法律形式事先规定的，只能按预定标准征收，而不能无限度地征收，即纳税人、课税对象、税目、税率、计税依据和期限等，都是税收法令预先规定了的，这使得税收成为政府的一种固定的连续收入。征税和纳税双方都必须共同遵守，非经国家法令修订或调整，征纳双方都不得违背或改变这个固定的比例或数额以及其他规定。

当然，税收的固定性不是绝对的，随着社会经济条件的变化，具体的征税标准是可以改变的。比如，国家可以修订税法，调高或调低税率等，但这只是变动征收标准，而不是取消征收标准。所以，这与税收的固定性并不矛盾。

1.概念

税收的固定性是指在征税前，政府以税法的形式，预先规定征税的标准，并按此标准征收。它也包含三层含义：

（1）以税法的形式明确了纳税人、征税对象、应征税额等内容。这些内容既然是以税法的形式加以规定的，一般来说是不能随意变更的。

（2）税收的征收标准在一定范围（一个国家或地区）内是统一的。

（3）征纳双方的税收法律关系，在一定时期内是相对稳定的。税法与所有法律一样是有连续性的，在税法存续期间，其内容大体不变，如某个税种的纳税人、征税对象、税目、税率等内容，一般是固定的，以便征纳双方共同遵守。但这并不是说税法是一成不变的，正好相反，它其实是不断变化的，因为任何一项法律都有一个从不完善到完善的过程，而且社会也是不断发展变化的，税法也需要不断修改和完善。

2.原因

税收的固定性，是由其无偿性和强制性共同决定的。税收是强制、无偿地征收的，而且依据的是国家政权，所以如果没有一个事先确定的标准，很可能造成税收的滥征，加重纳税人的负担，甚至激起人们的不满和反抗，导致社会动荡不安。从世界发展历史来看，更朝换代多以苛捐杂税为导火线。多个朝代在一开始时，开国君主大多实行轻徭薄赋，但随着君主的交替，后代的君主往往大兴土木，由于古代君主的权力是至高无上的，他可以随意要求增加税收，不必征得任何机构或个人的同意，于是税收不断增加，当税收负担超过了纳税人的承受能力时，就容易爆发战争。为了避免这种情况的发生，必须事先确定一个税收标准，让征纳双方共同维护，以保持社会稳定。

三、税收“三性”之间的关系

税收的“三性”集中体现了税收的权威性。维护和强化税收的权威性，是我国当前税收征管中一个极为重要的问题。

税收具有的三个特征是互相联系、缺一不可的，同时具备这三个特征的才叫税收。税收的无偿性决定了征收的强制性，而无偿性同纳税人的经济利益关系极大，因而要求征收的固定性，这样对纳税人来说比较容易接受，对国家来说可以保证收入的稳定。税收的特征是税收区别于其他财政收入形式（如上缴利润、国债收入、规费收入、罚没收入等）的基本标志。税收的特征反映了不同社会形态下税收的共性。

税收的三个基本特征是统一的整体。其中，强制性是实现税收无偿征收的强有力保证，无偿性是税收本质的体现，固定性是强制性和无偿性的必然要求。这三个特征是税收的基本特征，缺一不可，也是税收与其他财政收入相区别的基本标志。其关系是无偿性决定强制性，它们又共同决定了固定性。在这三个特征中，无偿性是核心。

【税海拾贝 1-3】

在飞机上巧妙避税的富翁

据新华社专电，一位富翁时常乘坐私人飞机进出英国空域，在空中度过午夜，不为享受奢侈，只求合法避免纳税。

按照规定，每年在英国平均停留时间超过91天，需要纳税。

英国前首相卡梅伦的前助手莎拉·萨瑟恩披露，一位支持保守党的富翁“有时乘喷气式飞机飞出去，半夜后飞回来，所以，就不算一整天”。

媒体记者今年早些时候乔装改扮，在瑞士苏黎世与萨瑟恩吃饭，“钓”出这条消息。英国《每日邮报》9日援引萨瑟恩的话报道，那名富翁先乘坐直升机前往英国首都伦敦以北的卢顿机场，然后换乘私人喷气式飞机离开英国空域，在飞机卧室内睡一晚。

那位富翁非常有钱，只要能尽量在英国“白待”，逃避大笔税收，不在乎飞行花费，曾放言“你可以每周在私人喷气机上睡3晚，想干什么就干什么，整个世界都是你的”。

2010年以前，进入或离开英国的当天不计入停留时间，因而那名富翁每飞一晚可以“节省”两天。英国税务当局随后修改规定，如果当天入境，待到午夜，算作一天。

资料来源 佚名. 英国一名富翁私人飞机上睡觉避税［EB/OL］.［2012-04-10］. https: //www.yicai.com/news/1611395.html.

四、税收与其他财政收入形式的比较

税收是财政收入的主要形式，从组织收入的角度看，它同其他财政收入形式的作用一样，都能使国家在一定时期内取得财政收入，满足国家公共需要。但税收的三个特征，决定了它与其他财政收入形式又有区别。

（一）与国有资产收益的区别

税收与国有资产收益都是参与企业纯收入分配的形式，是在生产过程中由劳动者的剩余劳动创造的，因此二者的分配内容是相同的。二者的区别在于：

1.分配的广度不同

由于税收凭借的是国家政权，其分配具有广泛性。不论是企业单位还是个人，也不论企业的经济性质和国籍，凡符合税法上规定的征税范围，税收都可以参与其收入的分配。而国有资产收益凭借的是资产所有权，因而除国有企业以及国家参股企业外，对其他企业和个人，国家不能以所有者身份参与其纯收入的分配。

2.征收的手段不同

税收以税法为依据，实行强制征收，纳税人若违反税法，要受到法律的制裁。而国有资产收益属于同一所有制内部的利益分配，不带有强制性。

3.固定性不同

税收是按规定标准征收，具有固定性，能排除一些客观因素的影响，使国家及时、足额地取得财政收入。而国有资产收益却是企业实现利润多则收益多，利润少则收益少，稳定性较差。

（二）与财政性收费的区别

这里的“费”专指政府机关为单位和居民个人提供某种特定的服务时，所收取的工本费、手续费，包括事业收入、规费收入和资源管理费收入。它与税的区别主要在于：

1.征收主体不同

税收由各级财税机关、海关征收，而费由经济部门和事业单位收取。

2.偿还性不同

税收是纳税人对国家法律上赋予义务的履行，国家不付任何代价。而费是以国家提供某种特定的服务为前提，是有代价的，或者说是有偿的。

（三）与财政发行的区别

财政发行是指用发行货币的办法来弥补财政赤字或增加财政收入，是一种超经济发行，其结果必然是货币贬值和物价上涨。

它与税的共同之处是都具有无偿性和强制性。财政发行只要开动机器印制钞票即可增加财政收入，国家基本不需付出代价。它的强制性虽不明显，但却很强，因为不管你是否愿意，你手中收入都贬值了，因而人们称之为“隐蔽的税收”。

它与税的区别在于：

1.物质基础不同

税收形成的财政收入是以社会产品为基础，有相应的物质资料作保证。税收在参与社会产品分配过程中形成的货币运动，同时伴有相应的物质运动。而财政发行是一种超经济发行，它所形成的财政收入没有相应的物质作基础，因而形成的是一种虚假的购买力，从而表现为货币贬值，物价上涨。在商品的数量和流通速度不变的情况下，增加纸币发行，就会造成社会上的货币流通量超过它的需要量，如原来社会上存在1亿的货币量，就有1亿的商品数量，二者正好平衡，现在增发100万货币，但仍是1亿的商品数量，则：

$$每单位商品价格=\frac{1亿+100万}{1亿}=1.01$$

原来买1单位商品需要1单位货币，现在却要1.01单位的货币，所以表现为货币贬值，物价上涨。

2.固定性不同

财政发行作为一种非生产性发行，其主要目的是弥补赤字，因此只有在必要时国家才会采用这种形式取得收入，其收入是不固定的，也没有一个事先确定的标准。而税收收入是有固定性的。

财政发行因其取得收入的成本低廉，简单快捷，可以为国家迅速筹集到所需要的资金。但它所引起的货币贬值、物价上涨等后果，可能会造成恶性通货膨胀，破坏正常的社会经济秩序，影响人民生活，危害社会治安。因此，相比财政发行，只有税收才是筹集财政资金的正当渠道和基本手段。

（四）与国家信用的区别

国家信用是指国家以债务人的身份取得或以债权人的身份提供的信用，这里主要是指为了经济建设和财政预算的需要，国家以债务人的身份，运用发行公债、国库券、国外借款等方式筹集资金的一种借贷关系。由于公债是要还本付息的，最终仍然要以征税方式取得的财政收入偿还，因而又称“税收的预征”。

税收与国家信用的区别主要有三点。

1.强制性不同

国家信用作为一种信用关系，发行方与认购方在法律上处于平等地位，因此只能坚持自愿认购的原则，而不能强迫购买。税收则是一种强制性征收，必须坚持依法办事，依率计征的原则。

2.偿还性不同

国家信用反映了认购方和国家之间的债权债务关系，是有借有还的，要还本付息。而税收是无偿征收的。

3.固定性不同

国家信用由于是自愿认购，因此认购者可以多购也可以少购，它所形成的财政收入也是不稳定的。而税收收入由于有事先确定的标准，所以具有固定性。

（五）与罚没收入的区别

罚没收入一般是指对违反国家有关规章制度的行为进行的一种经济处罚。它与税收一样，都具有无偿性和强制性。

它们的主要区别在固定性上。罚没收入是以发生违法行为为前提的，有违法行为才有可能有罚没收入，因而不具备连续性和固定性。而税收是按规定标准无偿取得的，具有连续性和固定性。

（六）与专卖收入的区别

专卖收入是指国家对某些商品在生产、收购、运输、销售的一个或几个环节进行垄断经营和管理所取得的一种专项财政收入。

1.强制性不同

专卖收入是国家通过对某些商品的生产、收购和销售，实行完全或非完全的垄断而获得的高额利润，它反映的是商品交易中的买卖关系，不带有强制性。而税收反映的是一方强加于另一方的征纳关系，具有明显的强制性。

2.偿还性不同

在专卖过程中，国家一手收钱一手交货，通过出售某种货物来取得收入，是有偿的。而税收则是无偿的。

3.固定性不同

专卖收入要受到物品种类的限制，还要受到专卖物品成本变化的影响，因此其收入不固定。而税收的课征对象广泛，又是按预定标准征收的，收入比较稳定。

【互动话题1-3】

19世纪美国法官霍尔姆斯说：“税收是我们为文明社会付出的代价。”请问，你怎么看待这个问题？

第四节 税收的职能与作用

一、税收的职能

税收职能是税收本身所固有的职责与功能，具体说就是税收所具有的满足国家需要的能力，它所回答的是税收能够干什么的问题。

税收职能的特征在于它的内在性和客观性。内在性是指税收职能是税收本质的具体体现，它存在于税收的本质之中，是税收本质最集中、最具体的体现。客观性是指税收职能不以人的主观意志和外在客观经济条件为转移。

税收最主要的职能是财政职能和经济职能。税收的财政职能是指经济决定财政的一面，经济是基础，财政是否充裕取决于经济。而税收的经济职能是指税收反作用于经济的一面，税收来源于经济，但绝不是消极地反映经济，税收政策的好坏，又必然反过来对经济的发展产生直接的影响。

（一）财政职能

1.概念

税收的财政职能，是指税收具有组织财政收入的功能，即税收作为参与社会产品分配的手段，能将一部分社会产品由社会成员手中转移到国家手中，形成国家财政收入的能力，亦称“收入手段职能”。国家为了实现其职能，需要大量的财政资金。税收作为国家依照法律规定参与剩余产品分配的活动，承担筹集财政收入的重要任务。税收自产生之日起，就具备了筹集财政收入的职能，并且是其最基本的职能。

筹集国家财政收入是税收的首要职能，有人将其简称为税收的财政职能或财政收入职能。由于税收分配是一种无偿分配，税收收入又具有及时、充裕、稳定、可靠的特点，因此，税收一直都是政府财政收入的主要来源。特别是在现代经济中，绝大多数国家的财政收入的80%以上都是通过税收筹集的。

税收的财政职能决定了税收在财政中的重要地位。税收与财政同属于分配范畴。虽然税收是财政的一个有机组成部分，但它又具有相对的独立性，在财政分配关系中具有独特的地位。这种独特的地位，不仅表现在税收具有独特的调控功能，而且表现在税收活动对财政的意义重大。第一，税收是财政最重要、最稳定的收入来源。税收收入具有无偿性、固定性、强制性的特点，收入可靠稳定，也无须像国债收入那样还要偿还，而多税种、多税目、多层次全方位的课税制度，为广泛地大量地聚集财政资金提供了条件；税收按年、按月、按旬、甚至按日征收，均匀入库，也有利于财力调度，满足日常财政支出。第二，税收有利于规范、明确政府与企业之间的财政分配关系。在市场经济条件下，税收应是政府参与企业利益分配的最根本、最规范的分配方式。税收分配，不仅有利于政企分开，也有利于企业进行公平竞争。第三，多税种、多层次的税源分布，有利于各级政府之间的财源分享。如今分税制已成为世界通行的财政管理体制模式。

税收之所以具有财政职能，是因为税收是以国家的政治权力为依据的强制的、无偿的分配形式，可以将一部分社会产品由分散的社会成员手中转移到国家手中，形成可供国家支配的财政收入，以满足国家行使职能的需要。

税收的财政职能是随着税收的产生而产生的，在税收漫长的发展过程中，它经历了由实物到货币的演变形式，但始终作为国家取得财政收入的重要手段而存在，并将随着国家的存在而存在下去。

2.特点

（1）适用范围的广泛性

由于税收是国家凭借政治权力向纳税人进行的强制征收，因此，从纳税人看，包括国家主权管辖范围内的一切企业、单位和个人，没有所有制、行业、地区、部门的限制。从征税对象看，征税范围也十分广泛，既包括对财产征税，还包括对某些特定目的和行为征税。

（2）取得财政收入的及时性

税法中明确规定了纳税义务成立的时间和纳税期限，保证了税收收入及时、均衡入库。比如，流转税以纳税人实现销售收入为纳税义务成立的时间，纳税人只要实现销售收入，不论盈亏与否都要依法纳税；又如，纳税结算期和缴款期的规定，对纳税人缴纳税款的时间给予了严格的限制，有利于国家及时取得财政收入，以保证财政支出的正常进行。

（3）征收数额上的稳定性

税法明确规定了各税种的纳税人、征税对象和税率，确定了各税种在国民收入分配中的相对比例，并且由于税收具有固定性特征，因此税收在征收时间上具有连续性，保证了国家财政收入的稳定性。

（二）经济职能

1.概念

税收的经济职能是指税收在组织财政收入的过程中，改变国民收入原有的分配格局，从而对经济产生影响的能力，亦称“调节手段职能”。国家要执行其管理社会和干预经济的职能，除需筹集必要的财政资金作为其物质基础外，还要制定一系列正确的经济政策，以及体现并执行诸政策的各种有效手段，才能实现。税收作为国家强制参与社会产品分配的主要形式，在筹集财政收入的同时，也改变了各阶级、阶层、社会成员及各经济组织的经济利益。经济利益的多寡，诱导着社会经济行为。因此，国家要有目的地利用税收体现其社会经济政策，通过对各种经济组织和社会成员进行经济利益的调节，使他们的微观经济行为尽可能符合国家预期的社会经济发展方向，以促进社会经济的顺利发展，从而使税收成为国家调节社会经济活动的重要经济杠杆。税收自产生之日起，就有调节社会经济的杠杆功能。但它的实现，却受到不同社会形态下国家政治经济状况及国家任务的影响。社会主义市场经济体制下国家宏观调控体系的建立，对实现税收调节社会经济的职能，既提出了强烈要求，也提供了可能的条件。

2.内容

税收作为政府调控手段之一，其调控目标自然与政府的总体经济目标相一致。经济增长、物价稳定、充分就业和国际收支平衡是传统的四大宏观经济调控目标，因此，它们也往往成为重要的税收调控目标。当然，诚如诸多宏观经济学方面的论著所说的，这四大经济目标之间是存在一定矛盾的，因此，同时实现四大目标一般被认为是不现实的。实际上，在不同时期经济环境不同，政府的调控目标自然也有所侧重，如在通货膨胀严重的情况下，稳定物价往往就成为主要的调控目标，而在经济衰退的情况下，刺激经济增长则往往成为政府关注的焦点。因此，就税收政策而言，其要实现的目标在不同时期也是有所侧重的。

为实现调控目标，可供选择的税收手段很多，但从根本上说，不外乎两种：增税和减税。而具体的增税、减税措施则五花八门：开征新税、扩大征收范围、提高税率、减少优惠等都能起到增税的效果；而税种停征、提高起征点或免征额、调低税率及实行各种各样的税收优惠等都具有减税作用。

无论是增税还是减税，都是一个相对概念，具体可以通过税负这一量化指标来衡量：税负提高，则增税；税负下降，则减税。税收总量政策通过宏观税负的增减变化来反映，税收的结构政策则通过税负的区别对待来实现。

调控政策之所以能起作用，是因为政策手段与政策目标之间存在内在的必然联系。这种联系的实现过程就是通常所说的传导机制。税收调控手段——增税或减税，与各种税收调控目标之间也存在内在的必然的联系。简言之，增税，在总量上具有紧缩效应，在结构上表现为抑制性调节；减税，在总量上具有扩张效应，在结构上则表现为鼓励性调节。税收之所以具有这种内在作用，是因为：第一，政府的储蓄、消费倾向与企业、个人的不同，因此，税款从企业、个人手中转向政府，势必影响社会的总储蓄、总消费水平，从而影响社会总供求水平。第二，税收影响纳税人的切身利益，增税使纳税人税后可支配收入减少，减税则意味着税后可支配收入增加。因此，增税和减税所引起的税收成本的增减（对投资而言，无论是间接税还是直接税，税收实质上都是投资成本的一部分；就消费而言，无论是价内税还是价外税，税收都是消费者承担的价格的一部分），势必直接影响纳税人的投资或消费行为。第三，税收调控政策本身具有示范和引导效应，政府采取增税措施来实施调控，表明政府在总量上欲实行紧缩政策，或在结构上实施限制性政策，从而引导企业和居民的投资和消费行为。比如，在对外开放、吸引外资的起步阶段，涉外税收政策的示范作用明显，涉外税收优惠往往成为实行对外开放、鼓励外资引进的象征。第四，在宏观税负不变的情况下，对某一方面开征新税或增税，意味着可以相应降低其他方面的税负；反之，对某一方面停征或减免税，则其他方面需负担更多的税收。因此，利用税收可以有效地校正经济的外部性问题，即通过征税（或增税）可以使外部成本内在化，如对污染征收污染税或环保税可以增加排污成本；通过税收优惠可以使外部性效益内在化，譬如，对植树造林方面的税收减免，与正常税负相比，就相当于得到一笔补贴而增加收益。从中也可以说明，税收政策对环境保护进而对实现可持续发展目标都具有重要意义。

税收经济职能的一个重要方面是对社会财富分配的调节。在市场经济条件下，收入的初次分配主要取决于两个因素：①所拥有的经济资源的多少，这里的经济资源包括财产、劳动能力、受教育程度等；②上述资源在市场上的价格。人们所拥有的经济资源的多少，并不完全取决于人们自己的主观努力，如劳动能力，年幼的孩子和年老的老人基本没有劳动能力，这与他们本身的主观努力无关，而是一种自然规律。这种由于人们对经济资源的占有不同，而造成的社会财富的分配悬殊，显然是不公平的，是一个严重的社会问题，国家有必要介入调整，使社会财富的分配趋于公平。但国家调节社会财富分配不公，不能采取强制行政剥夺的办法，因为私人的合法财产是不可侵犯的，因而只能采取经济手段如税收手段来影响分配。

一般来说，在常用的三种税率形式中，由于累进税率调节社会财富分配不公的作用比较好，所以常被各国加以运用。

3.税收调控的局限性

税收具有较强的调控功能，但税收不是万能的，税收调控不仅受到诸多外部条件的影响，而且其本身也存在局限性。这种内在局限性主要表现在：

（1）税收成本是投资成本的重要组成部分，因此，税收是投资决策时所要考虑的重要因素。而税收调控是通过具体的税收法律、法规体现出来的，法律、法规有其内在的稳定性和严肃性，这决定了税收调控政策不宜（也不易）多变，应具有相对的稳定性，因此，一般只适合于中长期的调节，而不宜用于短期调节和临时调节。

（2）税收调控空间有限。税收调控受纳税人的承受能力和政府的财政能力的双重制约，因此，现实中增税或减税的政策出台都须慎重考虑。

（3）税收调控在操作上的制约。一般来说，税收调控政策的干预性越强，其调控内容和调控过程也越复杂，其所带来的负效应也就越大，其直接操作成本往往也随之增加。

税收调控的局限性决定了税收政策的运用还需要与其他宏观经济政策进行有机地配合。

二、税收的作用

（一）税收作用的概念

税收作用是税收职能在一定政治经济条件下所具体表现出来的效果。

税收的作用，在不同的经济条件下，会随着不同历史时期的经济条件和政治经济任务的变化而变化：①在生产力水平低的条件下，税收收入规模小，税收的作用也小；②在商品经济不发达，税收采用实物交纳的情况下，税收作用的范围也小；③在商品经济发达的社会里，税收全部采用货币交纳形式，税收的作用范围就大大地扩大了。

在不同的社会制度下，由于社会的经济基础与上层建筑不同，税收的作用也不同。例如，在我国社会主义市场经济条件下，国家可以直接运用税收杠杆，来促进经济发展，税收的作用比以往任何私有制社会发挥得更充分、更好。

（二）税收作用的内容

1.组织财政收入，保证国家实现其职能的资金需要

税收的这一作用是与其财政职能相对应的，在任何社会形态下税收都具有这一作用，只不过因经济发展水平、经济运行机制、财政收支状况的不同，其作用程度也不同而已。在实践中，各国的税收收入在其财政收入中一般均占80%～90%的比重。因为，在财政的诸多收入形式中，只有税收是稳定、可靠的收入，并且不需要偿还，是国家的

永久性收入。

2.税收是国家对经济实行宏观调控的重要经济杠杆

在我国社会主义市场经济条件下，税收延伸到社会经济生活的各个领域，通过税收调节经济更加必要、广泛和深入，税收成为国家对经济实行宏观调控的重要经济杠杆。

（1）调节社会总需求与总供给的平衡。社会总需求与总供给的平衡，不仅要求总量一致，还要求结构一致。如果总需求大于总供给，会出现物价上涨和通货膨胀；如果总需求小于总供给，则会出现经济萧条和失业。税收对这些情况均可以进行调节：可以运用税收总量进行调节，也可以运用税收政策进行调节。总需求大于总供给时，一方面增加税收总量加大供给，另一方面运用税收政策限制消费与投资。总需求小于总供给时，一方面减少税收总量压缩供给，另一方面运用税收政策鼓励消费与投资。

（2）实现资源的优化配置。资源优化配置是指通过对现有的人力、物力、财力等社会经济资源的合理分配，实现资源结构的合理化，使其得到最有效的使用，获得最大的经济效益和社会效益。市场经济下的资源配置主要是发挥市场的基础性作用，但是市场调节有一定的盲目性，需要国家从全社会的整体利益出发，通过宏观调控实现资源的合理配置。

①调节生产结构。生产结构包括生产力地域结构、产业结构以及再生产各环节之间关系诸方面，税收对这些方面都有重要调节作用。

A.从生产力地域结构看，生产力在各不同地区的配置，不仅受自然资源条件、交通运输条件、经济协作条件等客观因素的影响，而且还受税收政策的影响。如果各地区税收政策没有差别，生产力就会涌向客观条件较好的地区，出现各地区经济发展不平衡的现象。如果在税收政策上根据各地区不同情况区别对待，对客观条件较差的地区给予一定优惠待遇，可以促进这些地区的经济发展，使生产力地域结构更加合理。如我国在西部开发过程中，就对西部地区给予了许多优惠政策。

B.从产业结构看，合理的产业结构，对提高宏观经济政策效果、促进国民经济的良性循环具有重要意义。调整产业结构，不外乎两种途径：一是调整投资结构，因为产业结构是由投资结构决定的，通过征税可以引导方向。各种产业的发展，在很大程度上取决于该产业的盈利水平。税收对产业的盈利水平具有重要影响。在价格不变的情况下，增加税收会减少利润，从而限制某种产业的发展；反之，减少税收会增加利润，从而鼓励某种产业的发展。例如，我国对农业长期以来实行“轻税”的“增产不增税”的政策，在促进农业发展中起到了重要作用。二是调整资产存量结构，改变现有产业的生产方向。过去对企业实行“关、停、并、转”的行政手段已经不能满足当前市场经济的要求，主要应通过市场竞争、优胜劣汰来进行，采取有利于竞争和对不同产业区别对待的税收政策，可以发挥一定的调节作用。

C.从再生产各环节关系看，正确处理生产与流通的关系，是保证再生产顺利进行的重要条件。而生产与流通的关系，又主要表现为工业与商业的关系。税收可以影响工商业的利润水平，对工商业结构具有重要的调节作用。我国在社会主义改造时期，在税收上采取了“工轻于商”的政策，有力地促进了工业的发展。

②调节消费结构。税收不仅可以调节生产结构，还可以调节消费结构。商品的消费

结构，除取决于购买者的消费偏好之外，还受商品的比价关系及消费者购买力影响。通过对产品消费课税，即对购买或使用的某种商品课税，可以改变商品的比价关系，影响购买者或使用者的物质利益，改变产品的需求结构和消费结构。例如：有甲、乙两种商品，它们的生产工艺、外观功能、生产成本、盈利水平等基本相同，现在若对甲产品征税，使其价格提高，则消费者会转而购买乙产品。

③调节分配结构。税收在调节生产与消费关系方面，除了通过调节生产与消费来发生作用外，还可通过控制分配结构，调节积累与消费基金的比例来产生作用。例如，通过对个人所得征税，可以控制消费基金的数额。积累基金主要用于购置生产资料，消费基金主要用于购置生活资料。控制了积累基金与消费基金的数额，就可以影响生产资料与生活资料的供求关系，影响生产与消费的关系。

3.调节收入分配不公

（1）调节企业利润水平（级差收入）。每个企业都是相对独立或完全独立的商品生产者和经营者，都实行盈亏责任制或自负盈亏，都要以自己的利润作为发展生产和改善生活的主要来源。因此利润的多少，直接关系到其切身利益，利润水平是否合理，成为能否加强经营管理并在同等基础上开展竞争的重要因素。

合理的利润水平应该能够反映企业主观努力的大小，与企业经营管理的好坏相适应。如果企业经营管理得好，利润就高，反之则少。但在现实经济生活中，企业利润水平的差异是由很多因素造成的，如经营管理水平、价格、自然资源、技术设备、地理位置等，其中有很多是客观因素。由这些客观因素造成的企业利润水平不合理的差异，我们一般称为级差收入，它不反映企业主观努力情况，也不反映企业的经营管理水平。经营管理水平高的企业，可能会因为客观条件较差而利润较少，经营管理水平低的企业，有可能因为客观条件较好而利润较高，这显然是不合理的，会造成企业之间的苦乐不均，挫伤企业的积极性。因此，为了促进企业公平竞争，保证不同的企业能有一个平等的竞争环境，国家有必要对企业的级差收入进行调节，即通过征税，把级差收入集中到国家手中，排除客观因素对企业利润水平的影响。如对利用自然资源而造成的级差收入，可以通过征收资源税来调节。

（2）调节个人收入差异。改革开放以来，我国在收入分配上采取效率优先、兼顾公平的原则。劳动者个人报酬体系要引入竞争机制，打破平均主义，实行多劳多得，合理拉开差距。但是也带来一些问题，就是居民的收入差距呈不断扩大的趋势。这一问题如果不能得到正确解决，不仅会影响经济发展，还会带来社会的不安定。税收作为调节个人收入分配不公的最后手段，其作用越来越重要。个人所得税在这方面的作用尤为突出，因为它拥有众多的调节手段，如累进税率、免税、生计费用扣除等手段的运用，可以提高个人所得税调节收入的有效性；财产税对社会财富的调节作用也较大，如房产税、遗产税、社会保险税等。今后，随着个人财富的增多，这些税种的收入会有较大增长，调节作用会更强。

（3）调节地区间收入差距。地区发展不平衡是世界各国，尤其是大国的普遍现象。我国各地经济发展不平衡呈现两个趋势：一是经济发展水平绝对差距不断扩大；二是经济发展水平相对差距不断缩小。而其中人们直接感受最深的是绝对差距的扩大，所以协调地区之间经济的发展，逐步缩小地区发展差距，不仅是一个重大的经济问题，而且具有重要的社会政治意义。在这方面，税收可以发挥积极的调控作用，如给予不同地区不同的税收优惠政策，加快落后地区经济的发展，从而缩小地区间经济发展的差异。

4.维护国家主权，促进对外经济贸易往来

税收在我国对外经济交往中的作用主要表现在以下四个方面：

（1）税收是维护国家权益的重要工具。税收的权力是国家主权的一部分，每一个主权国家都应该行使这个权力。我国在对外经济交往中，通过税收行使国家主权，争取在平等互利的基础上开展国际的经济往来，如对外商在我国取得的收入征税，一方面是遵循国际惯例，另一方面也可以防止我国经济利益外流，维护了国家权益。

（2）保护本国经济。通过关税，对进口的不同商品规定差别税率，体现了国家鼓励和限制的政策，以此来调节进口产品的品种和数量，这样既能达到既保护国内工农业生产，又有利于引进我们所需要的商品的目的。

（3）加强出口商品竞争能力。通过对鼓励出口的商品免征关税和实行消费税、增值税的出口退税，我国出口商品以不含税价格进入国际市场，可以加强我国商品在国际市场上的竞争能力，扩大出口，取得更多的外汇收入。

（4）吸引外资。通过对涉外税种实行各种优惠，可以吸引外国投资者向我国国内投资，引进外国资本以及先进的生产和管理技术，从而促进我国经济的发展。

5.税收是国际斗争与合作的工具

随着经济全球一体化的发展，国际竞争与合作也越来越频繁，在这方面，税收往往成为双方谈判的重要砝码，这尤以关税为最。例如，在我国加入WTO的谈判中，关税就是一个很重要的内容。随着跨国经济的发展，为了维护本国经济利益，打击偷税，国际税务合作越来越重要，如税务资料共享、打击国际避税与逃税等。

6.限制不法经济行为，维护正常经济秩序

税收深入社会再生产过程的各个阶段，在反映信息方面具有广泛性、及时性和可靠性的特点。税收收入的部门结构、产业结构、地区结构和所有制结构，可以全面反映国民经济结构的状况及其发展。同时，税收深入企业经济核算的各个环节，不同税种收入的情况，可以全面反映出企业的生产经营状况。根据这些情况，国家可以制定相应的政策与措施，对国民经济结构及企业生产经营活动进行适当的调节。

另外，在现阶段，经济领域里还存在各种各样的不法行为，如违反财经纪律、侵占国家资财、违反工商管理制度、无证经营或越权经营等，这些行为的存在，会扰乱正常的经济秩序，不利于经济的正常发展。在税收上，通过对纳税人履行纳税义务情况的检查，对违反税法者给予相应处罚，既可以保证国家财政收入的及时取得，也可以发现企业是否存在非法经营等违法行为。这对维护正常经济秩序、打击违法犯罪均具有重要意义。

【税海拾贝1-4】

有趣的动物"税"

大家都知道税收的征税对象是全体社会成员，但很多人都不知道的是，在有的国家，缴税竟和毛茸茸的小动物扯在一起。

老鼠税：在印度尼西亚西部地区，由于鼠患成灾，地方政府下令当地居民必须缴纳老鼠税才能耕作、借贷、出国旅游、结婚和离婚。当地法律规定：每种一公顷稻田要交75只老鼠税，即使结婚或离婚也要交50只老鼠税才能获批准，老鼠死活不限。

牛税：据联合国粮食和农业组织的有关研究称，18%的温室气体可以追溯到牲畜令人厌恶的"副产品"，丹麦税务委员会甚至更进一步追查元凶，认为一头牛平均每年因打嗝、放屁排放4吨甲烷，而同样的时间里，一辆车的排放量仅为2.7吨二氧化碳。为此爱尔兰规定，向每头牛征收18美元的"胀气税"。在丹麦的提案中，这一税款更是高达110美元。

【互动话题1-4】

作为一名公民，在现实生活中，应如何遵守和维护我国的税收体制？

课后练习

一、单项选择题

1.税收是凭借（　　）取得财政收入的一种形式。

A.国有资产所有权　　B.国家为纳税人提供的服务

C.政治权力　　D.人权

2.国家对（　　）具有偿还的义务。

A.税收　　B.财政货币发行　　C.国债　　D.规费收入

3.税收作为取得财政收入的手段，属于（　　）。

A.生产范畴　　B.交换范畴　　C.分配范畴　　D.消费范畴

4.税收的三性包括（　　）。

A.强制性、无偿性、固定性　　B.自愿性、固定性、无偿性

C.强制性、无偿性、波动性　　D.无偿性、自愿性、波动性

5.税收采取的是（　　）方式。

A.强制征收　　B.有偿筹集　　C.自愿缴纳　　D.自愿认购

6.国家征税的目的在于（　　）。

A.制止违法行为的发生　　B.增加企业收入

C.减少货币发行　　D.筹集必要的资金

7.（　　）职能是税收最基本的职能。

A.经济　　B.财政　　C.监督　　D.调节

8.税收职能通常是指（　　）功能。

A.长期形成的　　B.内在的

C.受外界影响形成的　　D.自身固有的

9.国家征税以后，其收入就成为国家所有，不再直接归还纳税人，也不支付任何报酬，这是税收的（　　）特征。

A.无偿性　　B.固定性　　C.强制性　　D.法律性

10.罚没收入不具有（　　）。

A.无偿性　　B.强制性　　C.固定性　　D.原则性

二、多项选择题

1.我国历史上税收的名称除“税”这个词外，还有（　　）。

A.赋　　B.租　　C.捐

D.课　　E.调

2.税收概念的含义包括（　　）。

A.政府征税是为了实现职能而筹集资金

B.征税凭借的是政府的政治权力

C.税收在绝大多数国家是财政收入的主要形式

D.税收的征税对象是全体社会成员

3.税收分配是（　　）。

A.以国家为主体的分配　　B.以国有企业为主体的分配

C.凭借国家政治权力的分配　　D.为了实现国家职能的分配

E.一种特殊的分配

4.税收产生的前提条件主要有（　　）。

A.政治条件是国家的产生　　B.经济条件是私有制的产生

C.法律条件是国家开始颁布法律　　D.法律管理条件是出现了税务机关

5.从税收发展史看，以下税种中，属于古老简单直接税的税种有（　　）。

A.土地税　　B.消费税　　C.人头税　　D.所得税

6.下列关于税收职能的说法中，正确的有（　　）。

A.在不同社会经济条件下，税收的职能一般相同

B.目前国债已成为保证财政收入的重要经济杠杆

C.税收职能与国家职能紧密相联

D.我国社会主义税收调节经济的职能是形成社会主义市场经济运行机制的重要因素

E.税收调节经济的职能是通过调节经济利益关系实现的

7.税收的特征有（　　）。

A.强制性　　B.无偿性　　C.固定性　　D.权威性

8.下列关于税收的强制性含义的表述中，正确的有（　　）。

A.税收的强制性是指纳税人必须依法纳税，否则就要受到法律的严惩

B.税收的强制性是指税收的非自愿性

C.税收的强制性是非惩罚性的

D.税收的强制性缘于税收的无偿性

9.下列关于税收的无偿性含义的表述中，正确的有（　　）。

A.对具体的纳税人来说税收是无偿的

B.对具体的纳税人来说缴纳的税款和他享受的公共物品服务不对等

C.对全体纳税人来说税收是有偿的

D.对全体纳税人来说税收是国家提供公共物品服务的补偿

10.税收与国有企业上缴利润的区别在于（　　）。

A.分配的依据不同　　B.作用的范围不同　　C.财政作用不同

D.物资保证不同　　E.形式特征不同

三、判断题

1.国家征税只能依据政治权力。（　　）

2.税收的固定性是指税法一成不变。（　　）

3.在税法规定的范围内，任何单位和个人都必须依法纳税，否则将受到法律制裁。（　　）

4.税收的无偿性指国家取得税收不需要偿还，但有时需对纳税人支付一定代价。（　　）

5.税收可保证财政收入可靠和稳定增长。（　　）

6.税收与罚没收入都是政府凭借政治权力取得的收入。（　　）

7.税收的职能就是指在外界经济环境影响下所形成的税收功能。（　　）

8.不论什么性质的税收，不论什么样税种，都具有组织收入这一性质。（　　）

9.税收可通过设置不同税种、税目，确定不同的税率，来实现调节社会经济的职能。（　　）

10.调节社会经济是税收的基本职能。（　　）

11.在各种财政收入形式中，只有税收才可能成为稳定可靠的财政收入形式。（　　）

12.就总体而言，特别是在当代社会里，税收主要是政府为了实现社会成员利益最大化，向社会成员提供公共产品而需要由社会成员负担的成本。（　　）

13.税收的特征是税收区别于其他财政收入形式的根本标志。（　　）

四、简述题

1.简述税收的概念与特征。

2.简述现代市场经济条件下的税收的基本职能。

第二章

税收与经济社会发展

学习目标

1. 掌握税收对经济的影响以及制约税收影响经济的因素。
2. 掌握税收对就业水平、物价水平的影响及自动稳定与相机抉择的税收政策。
3. 熟悉税收对政府公共服务的影响。
4. 掌握税收与政治的关系。

学习重点

1. 制约税收影响经济的外在因素及内在因素。
2. 自动稳定与相机抉择的税收政策。
3. 财政是提供政府公共服务的财力保障。

第一节　税收与经济

税收与经济的关系是：经济决定税收，税收反作用于经济，对经济有重要的影响，是现代市场经济条件下调节经济的重要杠杆。

一、经济决定税收

经济是税收得以存在和发展的基础。经济发展的广度和深度决定了税收分配的范围和程度，从根本上决定着新税种的产生、发展和更替。商品生产、贸易的发展和繁荣使对商品课税成为可能，而跨国经济的发展又促使税收分配范围向国际延伸，国际税收也随之产生和发展。不仅如此，税种的构成和税制模式的选择，也在很大程度上受经济发展水平的制约。

第一，经济规模决定税收规模。税收收入增减变动的影响因素十分复杂，但无疑，在稳定的税收政策和既有的征管水平下，经济规模对税收规模有着决定性的影响，经济规模越大，税收规模也越大，反之，税收规模就越小。

第二，经济结构决定税源结构。一是产业结构决定税源结构。比如，“十三五”时期，随着我国经济发展质量不断提升，第三产业税收收入占全国税收比重由2016年的56.5%稳步提升至2020年的58.1%，新兴产业成为税收新增长点。二是所有制结构决定税源结构。改革开放以前，我国公有制经济优势明显，非公有制经济占GDP不到1%，“十三五”时期全国净增涉税市场主体3 341.4万户，全国新办民营经济涉税市场主体5

600.5万户，占全部新办涉税市场主体的97.5%，民营经济的税收贡献不断提升，2020年，民营经济缴纳税收占全国税收比重达60.1%，成为稳定税收的重要支撑。三是地区经济结构决定税源结构。我国东部地区经济发达，来自该地区的税收一直占全国税收的50%以上。“十三五”时期中西部发展更加协调，2020年，来自中西部地区的税收占到了35.5%。

第三，经济状况决定税收征管。一是经济的发展决定征管的范围。如随着跨国、跨地区经营的大企业集团不断涌现，税源的复杂性、隐蔽性和流动性越来越强，国际税收征管日益重要。二是经济多元化，决定税收征管方式和方法的多样性。如对规模限额以上的建账企业实行查账征收，对不建账的小企业和个体工商户则实行核定征收。三是经济发展水平和发展阶段决定征管模式。如改革开放后，我国以经济建设为中心，实行有计划的商品经济，建立了“征收、管理、检查三分离”的征管模式。随着社会主义市场经济体制的确立与发展，又逐步形成“以纳税申报和优化服务为基础，以计算机网络为依托，集中征收，重点稽查，强化管理”的现行征管模式。近年来，我国税收征管体制持续优化，正着力建设以服务纳税人和缴费人为中心、以发票电子化改革为突破口、以税收大数据为驱动力的具有高集成功能、高安全性能、高应用效能的智慧税务，推动税收征管现代化。

二、税收影响经济

随着税收分配广度和深度的增加，税收职能也随之拓展，税收对经济的影响和作用不断扩大，税收对经济的宏观调控作用日益加强。

第一，调节生产结构。生产结构包括生产力地域结构、产品结构或产业结构等多个方面。从生产力地域结构来看，如果各地区税收政策没有区别，生产力就会涌向客观条件较好的地区，就会出现各地区经济发展不平衡的现象。如果在税收政策上根据各地区的不同情况区别对待，对客观条件较差的地区给予一些税收优惠待遇，就会促进这些地区的经济发展，使生产力地域结构更加合理。从产品结构或产业结构来看，税收对产品或产业的盈利水平有着重要的影响。在价格水平不变的前提下，增加税收就会减少利润，从而限制某种产品或产业的发展；反之，减少税收就会增加利润，从而鼓励某种产品或产业的发展。从再生产各环节关系看，税收可以影响工商业的利润水平，对工商业结构具有重要的调节作用。

第二，调节消费结构。消费结构除了取决于购买者的消费偏好以外，还受商品的比价关系和消费者购买力的影响。通过对消费品选择性课税，可以改变各消费品之间的比价关系，进而影响消费者的消费选择；再者，通过对消费品课税，可以相对改变消费者的购买力，进而影响某些消费品的销量。税收通过对消费结构的影响进而影响生产结构，促进生产结构的改善，促进经济的良性发展。

第三，调节分配结构。税收分配活动几乎覆盖经济活动的所有领域，涉及社会再生产的全过程和各个环节。税收对分配结构的调节，主要是通过调节积累基金和消费基金的比例发挥作用的。如对投资固定资产课税，就控制了积累基金的数额；对企业课征较高的企业所得税，就减少了企业的税后利润，进而减少了企业用于投资的资金，减少了企业的积累基金；对个人所得课税，就控制了消费基金的数额。

税收的调节作用并不是无限的，它要受到诸如市场发育程度、通货膨胀、经济一体化、政治等外部因素以及税负转嫁、税收征管能力、税收成本、税收法律意识和纳税意识等内部因素的制约。这些因素可能改变政府制定税收政策和税收制度的意图和目的，致使预定的调节目标受阻或使其调节效果减弱。

进一步理解税收影响经济，可以从以下两个方面进行：

1.国家是利用税收影响经济的主体。

国家对市场经济施加影响，是因为市场的缺陷和失灵。税收是国家用以调节和干预经济的重要手段，是重要的经济杠杆。在这一手段的运用过程中，国家的意图起着重要的作用，国家始终处于主导地位。由于运用税收手段对经济进行调控具有层次性，国家在运用税收影响经济运行的过程中，就必然细化为决策主体和执行主体。

决策主体是国家及其代表。决策主体根据国家需要和客观经济与社会发展形势进行分析判断，以确定其影响的目标，并制定相应的税收法律、法规，进而确定实施税收调控的运行实体。国家决定着税收影响经济的政策导向、预期目标和主要手段，所以国家是利用税收手段影响经济的决策主体。

执行主体是管理国家事务的政府。就税收而言，就是负责进行税收征收管理的政府部门。执行主体在执行税收法律法规的过程中，必须体现决策主体的决策意图，必须依照税法进行征收管理，并及时准确地向决策主体反馈客观经济运行情况。只有税收征收管理部门依法进行征收管理，执行主体与决策主体的行为保持一致，才能保证国家的立法意图得以实现，才能保证税收对经济产生正向影响，实现调控目标，所以执行主体是税收影响经济至关重要的要素。

2.经济发展和社会稳定是利用税收影响经济的终极目标。

任何一个国家和政府都希望实现经济发展和社会稳定，税收作为必不可少的手段，对经济的影响目标必然归结到经济发展和社会稳定上来。在实践中，世界各国政府通常把实现经济发展和社会稳定目标分解为经济稳定与增长、充分就业、物价稳定和国际收支平衡四大目标。在全球经济一体化的环境中，经济发展必然包含宏观经济的稳定和增长以及国际收支平衡的要求。同时，充分就业和物价稳定是社会稳定的重要标志，是实现经济发展的重要保证。在市场经济条件下，税收的影响目标呈现出具体性和层次性，就其宏观层次而言，表现在：

（1）实现资源优化配置和社会经济效益的最大化。

（2）调节收入差别，实现社会公平分配，维护社会稳定，建设和谐社会。

（3）保护生态环境，促进可持续发展。

（4）促进社会总供给与总需求的基本平衡，以促进经济的持续、健康、快速发展。

（5）促进产业结构调整、控制投资规模、协调分配关系、引导消费方向。

（6）使地区税负水平合理化，实现区域经济的和谐平衡发展。

就其微观层次而言，具体表现在：

（1）按照公平税负的原则，为各经济主体营造良好的市场环境。

（2）贯彻政府的产业政策，引导生产要素的合理流动。

（3）贯彻政府的就业与分配政策，发挥税收的激励与刺激作用。

3.税收政策、税收制度及宏观税负是实现税收影响经济的重要手段。

税收政策是指国家根据不同时期的经济形势及社会情况而选择的能与国家的其他经济政策、社会政策相配套的可保持经济发展和社会稳定的一种税收准则。税收政策的核心问题是宏观税负。在一般情况下，政府根据经济周期的现状，采取降低或提高税率的办法，实现紧缩性或扩张性或中性的税收政策，促进社会总供给与总需求在总量和结构上实现基本平衡，从而保障经济稳定增长和社会安定。

税收制度是指国家以法律或法规的形式确定的各种征税办法的总称，它体现国家的税收政策，决定着一个国家的宏观税负。其具体内容包括税种的设置以及各税种的征税对象、纳税人、税率、纳税环节、纳税期限、减免税以及罚则等。通过税种的新设或取消以及各税种要素的变更可以改变国家的公共财力以及纳税人的分配格局和利益格局，从而对经济产生影响。

宏观税负包括税负水平和税负结构两个方面。前者是指一定时期（一般是一年）一个国家的税收收入总额占国民生产总值的比重；后者是指在宏观税负水平一定的前提下，税负在不同纳税人、不同行业、不同产业、不同产品、不同地区间的差异情况。国家可以通过宏观税负水平及其结构的调整，达到既能满足国家的正常需要，又能平衡纳税人之间、行业之间、地区之间、产业之间、产品之间的税负的目的。

税收政策、税收制度和宏观税负相互作用、相互影响，共同组成影响经济的手段体系。

【税海拾贝 2-1】

张居正“一条鞭法”

1581年，明朝赋役制度改革，内阁首辅张居正推行著名的“一条鞭法”。其基本做法是把明初以来分别征收的田赋和徭役合并为一，并入田赋的夏、秋二税中一起征收。每一州县每年需要的力役，由官府从所收的税款中拿出钱来雇佣，不再无偿征调平民。把以前向地方索取的土贡，以及上缴京库备作岁需和留在地方备作供应的费用，都在一条鞭中课征。“一条鞭法”的出现，是我国封建社会赋税史上的一件大事，其积极意义表现在增加了税收收入，均平了税负，简化了税制，由历代对人征税转为对物征税，由缴纳实物转为缴纳货币，有利于促进社会分工和商品经济的发展。

三、制约税收影响经济的因素

税收对经济的影响既有积极的影响，又有消极的影响。

（一）制约税收影响经济的外在因素

1.市场发育程度

税收影响经济是通过参与社会产品的再分配进而改变纳税人的利益格局而实现的，而这种利益格局的改变是以市场经济的存在为前提的。如果市场发育不成熟，市场机制不健全，市场经济主体就很难对税收的影响做出及时、准确的反应。

2.通货膨胀

一方面，通货膨胀影响税收分配，表现在有些税种的实际税负下降，有些税种的实际税负上升，影响税收调控作用的正常发挥；另一方面，税收有可能成为通货膨胀的促进因素，表现在名义税收增加，政府实际支出加大，税负增加引起价格上涨，延迟纳税，欠税情况严重，而政府开支不能停止，因此政府会增加货币投放。另外，在通货膨胀期间，为治理通货膨胀而进行税制改革，也会增加税收的执行成本。

3.经济一体化

经济活动的跨国发展超越了国家税收影响的地域范围，要利用税收来调节经济，需要进行国际协调，需要国与国之间的配合。经济一体化要求税收一体化，要求一国政府充分考虑税制改革对生产要素和商品的国际流动带来的影响，防止资源和税收利益外流；在各国税制存在巨大差异的情况下，跨国经济活动为纳税人进行逃税和避税提供了广阔空间，这样，也会削弱税收影响经济的积极作用，使国家的税法立法宗旨难以实现；经济一体化使国家之间的税收关系更加密切，在制定国内税收政策和税收制度时，要同时考虑资本输出国与资本输入国双方的经济利益和主权。

4.政治因素

对税收调节经济产生影响的政治因素主要有：

（1）政治体制。在大多数国家，政府的征税权是由宪法授予的，因此政府的税收政策、税收制度、征管办法都不得与宪法相违背。

（2）政治基础。税收政策的出台或调整，包括新的税收调节措施，要有广泛支持的政治基础。所以，税收调节经济的实现也就离不开广泛支持的政治基础。

（3）政治干预。税收调节经济作用的实现可能因政治上的直接干预而失效，主要表现为对税收政策的干预和对税收政策实施过程的干预，包括对税收征管工作的人为干预。

（二）制约税收影响经济的内在因素

1.税负转嫁

将税负转嫁出去，会改变政府制定税收政策和税收制度的意图和目的，达不到税收政策和税收制度的调节经济的目标或使其调节影响作用减弱。

2.税收征管能力

征管能力制约税收对经济的影响主要表现在：一是有些税收如财产税、资本利得税和遗产税，因征管能力不强而影响税收调节社会财富再分配的功效；二是客观经济具有复杂多变性，如若征管能力不足，税收调节经济的作用则难以实现。

3.税收成本

从理论上讲，政府征税的目的之一是弥补市场缺陷和改善资源配置，不存在经济成本。但是税法在实施时往往会存在错误和失误，这样不仅起不到积极的作用，反而会对经济发展产生消极的影响；同时，纳税人有时会为了降低税负而逃税和避税，这样也会造成资源的浪费。这些都是税收的经济成本。

4.税收法律意识和纳税意识

税收法律意识是指人们在生产和消费的决策过程中对税法影响的重视程度，也就是人们对税法的敏感程度。市场主体的税收法律意识越浓，对税法的敏感度越高，税收对经济的影响就越容易实现。纳税意识是指纳税人对履行纳税义务的认识程度和自觉程度。人们的纳税意识越强，税法就越容易得到贯彻实施，税收对经济的调节作用也就越容易实现。

【互动话题2-1】

请用生活中的实例说说税收与经济的关系。

第二节　税收与社会民生

广义上的民生概念几乎可以延伸到经济、社会、政治、文化等所有领域，无所不包。狭义上的民生概念主要是指民众的基本生存和生活状态、基本发展机会、基本发展能力和基本权益保护的状况等。就业是民生之本，收入分配是民生之源，社会民生以充分就业和物价稳定为主要内容。税收对社会民生的影响主要表现为对就业和物价的影响。

一、税收对就业水平的影响

现实的国民收入水平往往低于潜在的国民收入水平，表明生产要素没有得到充分利用，因而造成失业。从总供给和总需求的关系看，造成失业的主要原因是有效需求不足。现实中，有效需求不足又是由边际消费倾向递减、资本边际效率递减等因素影响所致。税收收入的变动会直接导致有效需求的变动，并间接影响就业水平。当现实的国民收入水平小于潜在的国民收入水平时，降低税率，减少税收收入占国民收入的比重，增加国民手中的货币持有量，有利于扩大有效需求，增加支出，增加就业；反之，提高税率，增加税额，减少有效需求，减少产出，就会减少就业。

二、税收对物价水平的影响

物价水平是由总需求和总供给共同决定的。供需平衡，既决定了均衡的国民收入水平，又决定了均衡的价格水平。税收对物价的影响主要通过对总需求的影响来完成。当总需求大于总供给时，提高税率，增加税额，抑制有效需求，会抑制价格上升；反之，降低税率，减少税额，扩大总需求，促进价格上升。当原材料价格上升时，工资水平提高冲击成本时，如果提高销售税率和所得税率，会引起成本进一步上升，而导致价格水平进一步上升；反之，降低销售税率和所得税率，可抑制原材料和工资的上升势头，降低成本，实现抑制价格水平上升。例如，我国现将消费税税目调整为15项：取消“汽车轮胎”和“酒”中的酒精；将“化妆品”改为“高档化妆品”；新增“电池”“涂料”税目。

三、自动稳定与相机抉择的税收政策

在市场机制的自发作用下，充分就业和物价稳定并不能自动实现。为了避免经济活动大幅度波动，防止出现“滞胀”现象，政府必须制定一整套的经济政策来调节社会总供给和总需求的关系，消除经济不稳定因素。

假定社会的经济活动是由家庭（消费者）、企业和政府三部门组成的，那么国民收入从分配和使用两方面看具有下列的关系：

从分配来看：Y=C+S+T

从使用来看：Y=C+I+G

式中：C表示消费，S表示储蓄，T表示税收，I表示投资，G表示政府支出。

在三部门经济中，社会总供给和总需求平衡的条件是：C+S+T=C+I+G，由此可以推出S-I=G-T。这个等式说明，如果储蓄和投资不相等，可以通过调整政府收支活动使总供求达到平衡。在储蓄大于投资时，可以通过税收小于政府支出来弥补这一缺口；反之，可以通过税收大于政府支出来调节供求平衡。税收对总供求平衡的调节政策有自动稳定的税收政策和相机抉择的税收政策两种。

（一）自动稳定的税收政策

自动稳定的税收政策是指税收制度本身对经济波动有较强的适应性。当经济处于停滞状态时，税收会自动地减少从而拉升总需求；当经济处于通胀状态时，税收会自动地增加从而抑制总需求。通常认为，税收和国民收入之间呈递增的函数关系，税收的收入弹性为正值。税收收入的弹性越大，其自动稳定的作用就越强。不同税种的收入弹性不相同，直接税的收入弹性大于间接税。因此，直接税（采用累进税率或有起征点的比例税率）的自动稳定效果优于间接税（采用没有起征点的比例税率）；累进程度高的税种的自动稳定效果优于累进程度低的税种。人们把所得税称为“经济的内在稳定器”。

自动稳定的税收政策能比较及时地对经济形势的变化做出反应，但其也有局限性，即只能减轻而不能消除经济的波动。因此，自动稳定的税收政策必须与其他经济政策配套运用。

（二）相机抉择的税收政策

相机抉择的税收政策是指政府根据不同时期的经济形势，运用税收政策有意识地调整经济，消除经济活动中的不稳定因素。相机抉择的税收政策包括税收的增加、减少，或者与之相伴随的政府支出规模的增减。

当总需求不足时，为防止经济的衰退和停滞，应采取减税的办法或辅之以扩大政府支出规模，以刺激总需求的增加。当总需求过旺，发生通货膨胀时，为了抑制物价水平的进一步上升，应采取增税的办法或辅之以缩小政府支出规模，以抑制经济过热。

相机抉择的税收政策，在调节需求的同时，减税、增税、减支和增支的政策也可能导致有效供给的增加，而且不同税种的效应也不相同，所以，在选择税收政策时也要具体问题具体分析，审慎行事。相机抉择的税收政策对经济稳定的效果也会受到许多因素的制约。首先，税收政策时滞的限制。税收政策时滞包括认识、决策、执行、反应等多方面的时滞。其次，紧缩需求的税收政策较刺激需求的税收政策更难得到公众的配合和支持，增大政府操作上的难度，这样的税收政策很难得到顺利贯彻和实施，其作用更难发挥。相机抉择的税收政策也需要与其他的经济政策相配合。

【税海拾贝 2-2】

稳定宏观经济大盘的关键性举措

当前，百年变局与世纪疫情相互交织，经济发展面临需求收缩、供给冲击、预期转弱三重压力。2021年年底召开的中央经济工作会议指出，2022年经济工作要稳字当头、稳中求进，要实施新的减税降费政策，继续做好“六稳”“六保”工作，着力稳定宏观经济大盘。

2022年《政府工作报告》为经济发展提供“稳”的路径，其中包括，实施新的组合式税费支持政策，减税与退税并举，预计全年退税减税约2.5万亿元。

爬坡过坎，方向要明、路径要准。一系列减税降费政策，正是为中国经济爬坡过坎卸担子、强信心。这是党中央、国务院因时应势进行跨周期和逆周期调节的重要举措，是稳定宏观经济大盘的关键性举措。

“减税降费的根本目标是赋能中国经济。”中国财政科学研究院院长刘尚希表示。

回首过往，放水养鱼、精准滴灌，是国家持续推进的税收政策，也是被事实证明了的科学决策——税收的减法，是为了经济增长的加法。

2016年以来，在中国经济持续面临下行压力增大、不确定性增加的宏观背景下，减税降费成为提振市场主体信心、稳定经济大盘的重要举措。在“十三五”时期累计减税降费超过7.6万亿元的基础上，2021年我国新增减税降费超1.1万亿元。

2016年推出包括全面营改增在内的服务于供给侧结构性改革的减税措施，2017年推出小微企业所得税优惠、科技型中小企业研发费用加计扣除等激励措施，2018年启动以减税为导向的深化增值税改革三项措施，2019年实施更大规模减税降费，2020年减税降费措施支持新冠肺炎疫情防控与复工复产，2021年继续实行减税降费举措——一长串的减税降费清单，彰显了政府用紧日子换来百姓好日子的坚定决心。

放水养鱼，水多鱼多。2021年，我国国内生产总值增速为8.1%，在全球主要经济体中名列前茅；全年新增各类市场主体2 887万户，相比2012年年底增长1.8倍；2013年以来新增涉税市场主体在2021年贡献了4.76万亿元税收。

事实证明，减税降费是助企纾困解难最公平、最直接、最有效的举措。与此同时，各类所有制企业普遍受惠保障了公平，直达快享机制保障了效率，重点突出支持中小微企业及个体工商户促进了保就业，突出支持制造业促进了稳增长，有力稳定了宏观经济的大盘。

2022年这个春天，全国1.5亿市场主体又一次迎来超预期的好消息——预计新的组合式税费支持政策将实现全年退税减税2.5万亿元，规模达历史之最。在经济增速放缓、不确定性增加的背景下，再次展现了党中央、国务院的魄力和决心。

资料来源　佚名. 稳定宏观经济大盘的关键性举措［EB/OL］.［2022-04-13］. http://www.jxyy.gov.cn/yyxswj/zwdtz/202204/1c965dc93557452b92e6250886ce23ce.shtml，有删减.

【互动话题 2-2】

为了鼓励大学生自主创业，国家出台了许多税收上的优惠政策。请你从税收与创业的关系的角度进行阐述。

第三节 税收与政府公共服务

政府公共服务是为满足公民的生存、生活、发展等社会性直接需求而提供的公共服务，如公办教育、公办医疗、公办社会福利等。

一、财政是提供政府公共服务的财力保障

财政从实际意义来讲，是指国家（或政府）的一个经济部门，即财政部门，它是国家（或政府）的一个综合性部门，通过其收支活动筹集和供给经费和资金，保证实现国家（或政府）的职能。从经济学的意义来理解，财政是一个经济范畴，是一种以国家为主体的经济行为，是政府集中一部分国民收入用于满足公共需要的收支活动，以达到优化资源配置、公平分配及经济稳定和发展的目标。财政包括财政收入和财政支出两个部分。按财政支出与国家职能关系可将财政支出分为：

（1）经济建设费支出，包括基本建设支出、流动资金支出、地质勘探支出、国家物资储备支出、工业交通部门基金支出、商贸部门基金支出等。

（2）社会文教费支出，包括科学事业费和卫生事业费支出等。

（3）行政管理费支出，包括公检法支出、武警部队支出等。

（4）其他支出，包括国防支出、债务支出、政策性补贴支出等。

由此可见，财政支出的范围基本上就是政府提供公共服务的范围。国家集中的财政收入只有按照行政及社会事业计划、国民经济发展需要进行统筹安排运用，才能为国家完成包括政府提供公共服务在内的各项职能提供财力上的保证。

二、税收是财政收入的主要来源

所谓国家的财政收入，是指国家通过一定的形式和渠道筹集起来的资金，如发行货币获得的收入、公债取得的收入以及税收取得的收入等。总的来说，政府的财政收入包括利润收入、债务收入、税收收入以及其他收入。其中，税收是国家组织财政收入最主要和最普遍的形式，在财政收入中占主导地位，是财政收入最主要的来源。税收是一个国家财政收入最为稳定的部分，作为国家组织财政收入的基本形式，税收是国家发展最基本的物质保障。

【税海拾贝 2-3】

新西兰福利税收

新西兰的社会福利制度由来已久，早在1898年就已为保障老年人的生活引入了养老金制度。与其他国家的社会保障制度不同，新西兰资助资金来源于税收收入。在新西兰没有一个特别的基金会需要工薪族缴纳任何款项。对那些符合资助标准的人来说，接受现金救济是他们应有的权利。这些救济包括抚养补贴和病残抚恤。抚养补贴包括用于维持家庭生活的补贴，以及给予孤儿、丧偶者和无人抚养的儿童的补助；病残抚恤包括

对病人和残疾人的补贴，还有向残疾人提供用于搬家、修理房屋和购买汽车的贷款。在新西兰，60岁（2001年改为65岁）以上的老人可以领取养老金。与工作相关的救济包括培训和失业救济，以及在寻找工作期间给予的补贴。其他的补贴方式有：儿童抚养补贴、葬礼津贴和康复补助。新西兰6～16岁的小孩必须强制接受教育，但是大部分小孩从5岁开始上小学，免费的强制教育最多可延长至19岁。

三、税收是纳税人用来购买政府公共产品和公共服务的款项

在我国，税收是取之于民、用之于民的，国家利益、集体利益和个人利益在根本上是一致的。每个公民都是权利和义务的统一体，财政和税收的关系决定了每个公民在享受国家通过从公民那里取得的以税收收入为主的财政收入为其提供的各种服务时，作为纳税主体应承担的相应纳税义务。因此，税收的本质是纳税人用来购买政府公共产品和公共服务的款项。

另外，在公共产品和公共服务的购买过程中，应当由作为公共产品和公共服务买方的纳税人选择供货方，决定公共产品和公共服务的种类、数量和质量，决定价款的数量和付款的方式，同时对作为公共产品和公共服务卖方的政府的行为进行强有力的制约和监督，使其能为纳税人提供价廉物美的公共产品和公共服务，而不至于恣意行事，损害纳税人的利益。

总的来说，税收和财政是不可分离的，税收是财政收入的一种基本手段，国家财政通过国民收入再分配，缩小公民的收入差距，促进社会公平，保障和提高人民的生活水平，推动社会主义和谐社会的建设。

【互动话题2-3】

《2022年国务院政府工作报告》指出，2021年我国超额完成高职扩招三年行动目标。国家助学贷款每人每年最高额度增加4 000元，惠及500多万在校生。2022年，我国将不断提升公共服务水平，着力解决人民群众普遍关心关注的民生问题，“发展现代职业教育，改善职业教育办学条件，完善产教融合办学体制，增强职业教育适应性”。请你从税收与公共服务的关系的角度阐述你的理解。

第四节　税收与政治

理财治税是安邦治国的基本方略。课税权是一项政治权力，税收直接关系政权的巩固、国家的盛衰、人心的向背和社会的稳定。看不到税收与政治的这种本质联系，就看不到税收发挥经济职能的基础。

早在公元前594年，鲁国宣布初税亩，即履亩而税，取代传统的“藉田以力”的徭役租，废除井田制，私田的私有权被承认合法，领主经济走向崩溃，为地主经济的兴起开辟了道路。明朝万历年间，首辅张居正的“一条鞭法”，客观上促进了明朝中后期商品货币经济的快速发展，削弱了几千年来农民对封建国家的人身依附。

税收也是中国历史上几乎所有暴力革命的导火索。从秦始皇、隋炀帝构筑在繁重租

税徭役之上的万世之梦，到汉惠帝、汉景帝“无为”于轻徭薄赋之下的“文景之治”；从被徭役租税和水旱饥馑逼迫逃遁山泽而重做“荫户”的良民，到无路可走揭竿而起呐喊“均田免粮”的黄巢、宋江，税收成为中国悠久历史中“分久必合，合久必分”的轮回嬗变之机制。

漫漫历史长河的重要转折关头，税收几乎都起到了极大的甚至是关键的作用。众所周知，使英国国王“查理一世上了断头台的英国革命就是从拒绝纳税开始的”（马克思），税收也是1789年法国大革命、美国独立战争的重要原因之一。

税收还促进了国家行政管理方式的重要发展。古罗马为了征税的需要，经常利用人口普查的方法对个人财产进行登记；明朝初年，通过在清查户口基础上编造的“黄册”确定赋役之数，通过在丈量土地基础上绘制的“鱼鳞册”解决土地纠纷，两册互为印证，成为控制黎民百姓和土地财产的有力工具。这些都是封建专制主义中央政治集权的强化在赋税方面的体现。

作为政府的调控杠杆，税收中的“国家干预主义”其实也远远早于所谓“凯恩斯革命”和“罗斯福新政”。在拜占庭的早期和中国的唐代，在人口减少的时候，土地税和人头税就合为一体，以此来把农民束缚于土地之上，把工匠束缚于工场之中；而当人口充足时，这些税项便分离，鼓励人口流动，以便确保边疆人口充实和土地垦植。

税收是政治的产物，直接关系到政权的巩固、国家的兴衰和社会的稳定。国家依税收而生存，税收依国家而存在。

一、税收是政治的产物

从历史角度看，税收这一针对“剩余”的分配，随着国家组织形式趋于稳定，成为国家和经济单位之间分配剩余产品的规范。同时，生产力（科学技术）的迅猛发展也为税收经济的发展提供了充足的物质基础。社会生产力的发展为税收创造了前提，而公共需要这一社会职能的有效供给又赋予税收以政治面目，这就是税收的本质属性，不容颠倒，不能简单直接地把税收归结为政治和国家权力。

二、税收构成国家政权的重要组成部分

税收关系的本质是社会公共需要，征纳的实质是权利与义务的对等。但是，由于存在“搭便车”、“外部性”以及交易费用等因素，在社会实践过程中，只能以国家为主体，通过政治强制的形式，形成税收经济契约关系与政治强制关系的统一。税收以社会职能为依据，但却必须以国家职能做保证，构成国家职能的组成部分，即以政治形式运作，实行无偿性、强制性征税。税收政治通过法治形式（依法治税）确立剩余产品的分配程序和分配比例。

三、税收担负着国家政权调节阶级关系、生产关系、国际关系的职责

税收分配产生于经济分配，但却不同于一般的经济分配，具有在物质上进行政治性分配的职责，作为上层建筑对经济基础发挥能动作用。税收担负着处理阶级关系、调整生产关系、处理国际关系的重要职责。

好的税收就是好的政治。而判断其好坏的标准，一是生产力标准，二是社会公正标准，两者缺一不可。税收不仅仅为财政服务，为经济服务，更是为政治服务。税收问题处理得好，可以得人心，促进政权巩固、社会安定、国家繁荣富强；税收问题处理得不好，则会失人心，甚至使政权垮台。

【税海拾贝2-4】

路易十六上断头台与税收

税收具有很强的政治性，当税收问题处理妥当的时候，可以促进经济繁荣、社会安定；处理不当时，可能阻碍经济发展，引发社会动乱。法国国王路易十六就是因为对税收的问题处理失当，引发了大革命以致国破身亡。

路易十六登基以后，大肆挥霍浪费，结果发生了严重的财政危机。为了摆脱危机，他决定加税。当时的法国人被分为三个等级：第一等级是天主教僧侣；第二等级是贵族；第三等级是平民。然而天主教僧侣和贵族都享有免税权，所以平民负担着沉重的捐税。

为了加税，路易十六于1789年5月5日召开三级会议，宣布既要加重第三等级的税负，又要对享有免税权的第一等级和第二等级征税，因此，立即引起了全国不满。第三等级受到的压迫最深所以反抗也最为强烈，随即成立国民会议，并马上以国家最高立法机关的身份，宣布国王征税是不合法的，还宣布国王无权否决国民会议的决议。第一等级和第二等级的代表们也都加入了国民会议。国民会议又宣布自己是制宪会议，目的是制定一部宪法，建立一个君主立宪的国家。

路易十六决定用武力解散制宪会议。巴黎群众立即举行游行示威和武装起义，1789年7月14日，他们攻陷了巴士底狱，控制了全巴黎，宣布剥夺国王的立法权和司法权。此后，路易十六和王后企图勾结欧洲反动君主来扑灭法国的革命，激起了人民群众更大的愤慨，起义者于1792年8月9日成立了巴黎公社，逮捕了路易十六，击退了普鲁士和奥地利两国组织的干涉军。

1792年9月21日，国民大会召开，通过了废除君主制的决议，第二天宣布建立法兰西共和国。次年，路易十六及其王后被处死。

【互动话题2-4】

税收事业是党和国家事业的重要组成部分。党的十八大以来，以习近平同志为核心的党中央高度重视税收工作，习近平总书记多次作出重要指示批示，强调要发挥税收在国家治理中的基础性、支柱性、保障性作用，为推动税收改革发展提供了根本遵循。请从税收与政治的关系的角度阐述你的认识。

课后练习

一、单项选择题

1.税收政策的核心问题是（　　）。

A.宏观税负　　B.税收制度　　C.经济水平　　D.税收主体

2.税收对经济的影响不包括（　　）。

A.调节生产结构　　B.调节消费结构

C.调节分配结构　　D.调节供求结构

3.税收作为取得财政收入的手段属于（　　）。

A.生产范畴　　B.交换范畴　　C.分配范畴　　D.消费范畴

4.税收采取的是（　　）方式。

A.强制征收　　B.有偿筹集　　C.自愿缴纳　　D.自愿认购

5.税收是（　　）的产物，直接关系到政权的巩固、国家的兴衰和社会的稳定。

A.国家　　B.经济　　C.政治　　D.社会

6.好的税收就是好的政治，而判断其好坏的标准是（　　）。

A.生产力　　B.社会公正

C.公共服务　　D.生产力和社会公正

7.税收关系的本质是（　　）。

A.社会公共需要　　B.国家

C.政治权利　　D.人民

8.财政是随着（　　）的产生而产生的。

A.国家　　B.资本主义生产方式

C.封建制度　　D.社会化生产方式

9.财政分配的主体是（　　）。

A.国家　　B.国有企业　　C.主管部门　　D.个人

10.税收与国民收入之间呈（　　）的函数关系。

A.递增　　B.递减　　C.倍数　　D.倒数

二、多项选择题

1.在实践中，世界各国政府通常把实现经济发展和社会稳定目标分解为（　　）。

A.经济稳定与增长　　B.充分就业

C.物价稳定　　D.国际收支平衡

2.在市场经济条件下，税收的影响目标呈现出具体性和层次性。就其微观层次而言，具体表现在（　　）。

A.按照公平税负的原则，为各经济主体营造良好的市场环境

B.贯彻政府的产业政策，引导生产要素的合理流动

C.贯彻政府的就业与分配政策，发挥税收的激励与刺激作用

D.保护生态环境，促进可持续发展

3.下列关于税收政策的表述，正确的有（　　）。

A.间接税的收入弹性大于直接税　　B.不同税种的收入弹性不同

C.总需求不足时应增税　　D.总需求过旺时应增税

4.当经济衰退时，为刺激需求的增加，通常采取的措施有（　　）。

A.增税　　B.减税

C.扩大政府支出规模　　　　　　D.缩小政府支出规模

5.为提高就业水平，下列说法中正确的有（　　）。

A.应降低税率　　　　　　B.应增加税率

C.应减少税收收入占国民收入的比重　　　　　　D.应增加税收收入占国民收入的比重

6.为抑制物价水平上升，下列说法中不正确的有（　　）。

A.提高税率，增加税额　　　　　　B.降低税率，增加税额

C.抑制有效需求　　　　　　D.扩大有效需求

7.按财政支出与国家职能的关系，可将财政支出分为（　　）。

A.经济建设费支出　　　　　　B.社会文教费支出

C.行政管理费支出　　　　　　D.其他支出

8.政府的财政收入包括（　　）。

A.利润收入　　B.债务收入　　C.税收收入　　D.其他收入

9.下列关于税收的表述，正确的有（　　）。

A.税收是国家调节经济的一个重要手段

B.税收是人们为享受公共物品支付的价格

C.税收体现了征纳双方平等交换关系

D.税收是国家取得财政收入的形式

10.下列关于税收与政治的关系表述，正确的有（　　）。

A.政治是税收的产物

B.税收只能以国家为主体通过政治强制实现

C.国家应依法治税

D.税收担负处理国际关系的职责

三、判断题

1.税收与经济的关系是经济决定税收，税收反作用于经济。（　　）

2.国家是税收得以存在和发展的基础。（　　）

3.经济发展和社会稳定是利用税收影响经济的终极目标。（　　）

4.宏观税负包括税负水平和税负结构两个方面。（　　）

5.累进程度低的税种其自动稳定效果优于累进程度高的税种。（　　）

6.税收是一个国家财政收入中最为稳定的部分。（　　）

7.税收在财政收入中占主导地位，是财政收入最主要的来源。（　　）

8.国家依税收而生存，税收依国家而存在。（　　）

9.税收关系的本质是社会公共需要，征纳的实质是权利与义务的对等。（　　）

10.税收担负着国家政权调节阶级关系、生产关系、国际关系的职责。（　　）

四、简述题

1.简述税收与经济的关系。

2.如何理解“税收是纳税人用来购买政府公共产品和公共服务的款项”？

第三章

税收原则

学习目标

1. 了解古代西方税收原则的代表人物。
2. 熟悉现代西方税收原则的主要内容。
3. 掌握我国税收原则的主要内容。

学习重点

1. 税收原则的概念。
2. 税收的财政原则、公平原则、效率原则。

第一节 税收原则的概念

税收原则，就是政府征税（包括税制的建立和税收政策的运用）所应遵循的基本准则。那么，政府征税究竟需要遵循什么原则呢？从税收发展史看，虽然在不同时期，人们对税收原则存在不同的看法，但总的来说，随着经济的发展、政府职能的拓展和人们认识的提高，税收原则也经历着不断发展、不断完善的过程，而且这一过程仍将继续下去。

一、古典税收原则

（一）威廉·配第的税收原则

重商主义后期的英国经济学家威廉·配第就初步提出了“公平、便利、节省”等税收原则。他认为，公平标准就是课税对任何人都没有偏袒，而且税负不能过重；便利标准就是征税时手续不能太复杂，也不能模糊不清或模棱两可，在纳税形式的选择和纳税日期的确定上应给纳税人以便利；节省标准就是征收费用不能太多，应注意尽量节约。另外，他还反对包税的做法。

（二）尤斯迪的税收原则

尤斯迪认为，税收是当国家的收入不足时，人民分割自己的财产及利益以充实国家的必要经费。但国家征税时，不能使人民负担过重，这是赋税问题的根本。据此，他提出了征税的六条原则：

（1）税收应该采用使国民自动自发纳税的方法。

（2）税收不能侵害人民的合理自由，也不能对产业加以压迫。换句话说，税收应该无害于国家的繁荣和人民的幸福。

（3）税收应该平等课征。

（4）课税应有明确的依据，并且要实行确实的征收，不能发生不正常的情形。

（5）税收应对征收费用较少的物品课征。

（6）税收的征收，必须使纳税容易而便利。

（三）亚当·斯密的税收原则

最先系统、明确地提出的税收原则是亚当·斯密的“税收四原则”，亚当·斯密在《国民财富的性质和原因的研究》中提出平等、确实、便利、节约四大课税原则。

1.平等原则

平等原则即个人为了支持政府，应该按照各自的能力，也就是以个人在国家保护之下所获得的收益按比例缴纳税收。亚当·斯密所主张的平等原则包含三种观念：一是取消免税特权；二是税收应该采取中立的态度，不应干涉社会财富的分配问题，在这种条件下，征税应采用比例税率；三是主张按能力大小分比例课税。

2.确实原则

确实原则即个人应该缴纳的税收，必须明确决定，不可含糊不清，征税者不可肆意征收。

3.便利原则

便利原则即税收的课征，应站在纳税人的立场上，来考虑其适当的缴纳时间、地点以及简便的缴纳方法。

4.节约原则

节约原则又称经济原则，即向国民征税要适量，不能超过一定的量度，如果向国民所征收的税过多，反而不利于国家财政。

（四）西斯蒙第的税收原则

西斯蒙第的税收原则是以亚当·斯密提出的税收四原则为基础，又从经济发展的观点出发，补充了四项原则，分别是：

（1）税收不可侵及资本。

（2）税收不可以总产品为课税依据。

（3）税收不可侵及纳税人的最低生活费用。

（4）税收不可驱使财富流向国外。

（五）阿道夫·瓦格纳的税收原则

税收原则提出者中影响最大的当属集大成者阿道夫·瓦格纳提出的“税收四方面九原则”。

1.财政政策原则

财政政策原则也被称为财政收入原则。瓦格纳认为，税收的主要目的是为国家及其他公共团体筹集所需要的经费。

2.国民经济原则

国民经济原则是指税收应保证国民经济正常发展。瓦格纳认为，税收不可危及税源，在可能的范围内，应尽量促进资本的形成，促进国民经济的发展。他还具体提出了税源选择原则和税种选择原则。

3.社会公平原则

社会公平原则也被称为社会正义原则，具体分为普遍原则和平等原则。

（1）普遍原则，即对一切有收入的国民，都要普遍征税，不能因身份或社会地位特殊而例外，要做到不偏不倚。

（2）平等原则，即不承认收入和财富的自然分配状态是合理的，根据纳税能力的大小课税。

4.税务行政原则

税务行政原则又被称为课征技术原则，具体分为确实原则、便利原则和征税费用节约原则。

（1）确实原则，即税收法令必须简明确实，在解释上不容有质疑的余地。

（2）便利原则，即政府征税应为纳税人的方便考虑，纳税的时间、地点和缴纳方式等都应从方便纳税人的角度出发。

（3）征税费用节约原则，即征收管理费用，应力求节省，以增加国库的实际收入。

二、现代西方税收原则

20世纪以来，当代西方学者在前人提出的税收原则基础上，着重研究了税收对经济和社会的影响问题，他们将过去的税收原则加以综合，提出了当代关于税收的最高三原则，即效率原则、公平原则和稳定原则。

1.效率原则

税收效率原则是指税收制度的设计应讲求效率，必须在税务行政、资源利用、经济运转的效应三个方面尽可能讲求效率，以促进经济的稳定与发展。这包括两层含义：一是要尽量降低纳税人的超额负担；二是要尽量降低征收费用。

2.公平原则

税收公平原则是西方国家设计税收制度的最基本的准则，包括横向公平和纵向公平：横向公平是指有相同纳税能力的人应缴纳相同的税收；纵向公平是指纳税能力不同的人应缴纳数量不同的税收。

3.稳定原则

税收稳定原则是指在经济发展的波动过程中，运用税收的经济杠杆作用，引导经济趋于稳定。具体来说，税收可以通过两个方面来达到经济稳定，即“内在稳定器”作用和“相机抉择”作用。

三、我国的税收原则

我国历史上的征税原则是比较丰富的。归纳起来，大致是从四个方面的需要出发而提出来的。一是从争取民心、稳定统治秩序出发，强调征税要坚持合乎道义、公平、为公为民等原则；二是从发展经济的需要出发，强调征税要坚持适时、有度、培养税源等原则；三是从组织财政收入出发，强调征税要采用普遍、弹性、税为民所急等原则；四是从税务管理的要求出发，强调征税要贯彻明确、便利、统一、有常规、有效益等原则。这些原则之间既有相辅相成、相互促进的一面，又有相互矛盾、相互制约的一面。

税收原则的思想萌芽可以追溯到很早以前。比如，在先秦时期，中国就已提出平均税负的朴素思想，对土地划分等级分别征税；春秋时代的政治家管仲则更明确提出"相地而衰征"的税收原则，按照土地的肥沃程度来确定税负的轻重。此后还有多种税收原则被提出，税收原则的内容不断得到补充和发展。根据上述各项税收原则的内容，结合税收理论和实践的发展，我们从财政、社会、经济三个方面，将新时期税收原则归纳为"财政、公平、效率"三原则。

【税海拾贝 3-1】

中国历史上的税收原则

（一）有义原则。有义原则强调国家征税要合乎道义。孔子说："义然后取，人不厌取。""其使民也义"（《论语》）。这里强调的"义"，就是要行仁政、轻徭薄赋。因为"财聚则民散，财散则民聚"，轻征赋税有利于争取民心，使统治者长治久安。所以，历代思想家都重视这一原则。

（二）有度原则。有度原则强调国家征税要适度。《管子》一书指出，"地之生财有时，民之用力有倦，而人君之欲无穷。以有时与有倦养无穷之君，而度量不生于其间，则上下相疾也"，"国虽大必危"。所以，应坚持"取于民有度"（《管子·权修》）的原则。历代思想家都强调取于民有度，但对有度的标准认识不一致，大都强调征税量不能超过人民负税能力允许的限度。

（三）有常原则。有常原则强调国家定税要有常规，税制要相对稳定。傅玄针对魏晋时期税制兴废无常，影响人民的生产和生活的安定，指出应坚持赋税有常的原则。"国有定税，下供常事，赋役有常，而业不废"。而要做到"制有常"，关键在于中央决策者和地方官吏的行为规范化。傅玄强调税制稳定，但并不反对随着形势的发展对税制作必要的改革。

（四）统一原则。统一原则即全国的税政要统一。商鞅主张全国税政统一。"上壹而民平。上壹则信；信，则臣不敢为邪"（《商君书·垦令》）。就是说，国家税政统一，对所有的人一视同仁，没有歧视，人民就感到赋税公平，就能取信于民，官吏也不便营私舞弊了。

（五）弹性原则。弹性原则强调赋税的征收量有伸缩性，依条件的变化而变化。孟子反对征定额税，主张丰年多征、灾年少征。《管子》将年成分为上、中、下三等，提出不同的年成依不同的税率征收，最坏的年成"不税"或"弛而税"（《大匡》）。至近代，弹性原则成为评税的重要标准。

（六）普遍原则。普遍原则强调征税的面要宽，纳税人要普遍。《周礼》提出，国中从事各种职业的人都要交纳赋税。耕田的贡九谷；经商的贡货物；从事牧业的贡鸟兽；从事手工业的贡器物；连无职业的也要"出夫布"。

（七）均平原则。均平原则强调征税应做到均平合理，但各思想家强调的角度不同。第一种认为，按负担能力征税才算均平合理。第二种认为，征税不分贵贱强弱，一律平等对待方算均平合理。第三种认为，征税既要坚持“横向均平”，又要坚持“纵向均平”，即能力相同的人同等纳税，能力不同的人纳不同的税。

（八）明确原则。明确原则强调让纳税人对征税的有关规定有明确的了解。《管子》指出，让人民知道赋税征收的比重是合适的，“审其分，则民尽力矣。”苏绰认为，贯彻明确的原则，对征纳双方都有利。刘晏在理财治税中，坚持了明确的原则，做到了“知所以取，人不怨”。

（九）适时原则。适时原则强调征税所规定的时间和时限要适当。很多思想家强调征税要适时。孔子提出“使民以时”。荀况提出“无夺农时”。《管子》还认识到，纳税的时限规定应适当，时限越短，纳税人所受的损失越大。纳税人为了在规定的时限内缴纳赋税，在出售产品中不得不接受商人压价的盘剥，时限越短，所受的降价损失越大。

（十）便利原则。便利原则强调定税应尽量给征纳双方以便利。《史记》载，夏禹时就注意定税中方便纳税人，“禹乃行相地宜所有以贡，及山川之便利”。而当商品经济发展到一定程度，货币税取代了实物税，又进一步给纳税人带来便利。杨炎推行的“两税法”，张居正推行的“一条鞭法”，除均平税负、增加财政收入等目标外，还考虑了征纳双方便利的需要，简化了税制。

（十一）为公为民原则。为公为民的原则强调国家只能为公为民而征税。荀悦指出，国君应“有公赋无私求”“有公役无私使”。丘浚强调，国家征税应“为民聚财”。凡所用度，“必以为万民之安”，不能“私用”（《大学衍义补》）。严复提出，赋税收入不应只供少数统治者享受，应“取之于民者，还为其民”，为民兴公利、除公害。

（十二）增源养本原则。增源养本原则强调国家治税中要重视培养税源。荀况认为，生产是财富的本源，税收是财富的末流，国家应“节其流，开其源”。司马光也强调要“养其本原而徐取之”。

（十三）税为民所急原则。税为民所急原则强调选择人民必需的生活、生产用品征税，以保证税收充沛、可靠。在战争年代或财政困难时，从组织财政收入的需要出发，统治者常采用这一原则。桑弘羊在汉武帝对外用兵时，为筹军费实行过盐铁酒专卖，寓征税于价格之中，取得了大量的财政收入。刘晏也认识到：“因民所急而税之，则国用足。”

资料来源 陈光焱. 历史上的治税原则［J］. 涉外税务，1994（6）：35-37.

【互动话题3-1】

社会公平问题历来是影响政权稳固的重要因素之一，“不患寡而患不均”。如何理解现代西方税收原则中的税收公平主义原则？

第二节 税收的财政原则

税收的财政原则是指一国税收制度的建立和变革，都必须有利于保证国家的财政收入，亦即保证国家各方面支出的需要。自国家产生以来，税收一直是财政收入的基本来源。

美国供给学派的代表拉弗教授，长期致力于税收与经济关系的研究。他在对大量材料进行分析、研究的基础上，发现税率与税收收入、经济增长之间存在一种特殊的函数关系：当税率为零时，市场经济活跃或税基最大，但税收为零，税率稍有提高后，税基会相应缩小，但其程度较小，故税收总额还会增加；当税率上升至某一最适度的点时，税收极大化，达到最佳税率。如果超过这一点，继续提高税率，就进入“拉弗禁区”，税基以更大程度缩小，即市场活力或生产加速萎缩，反而导致税收下降；当税率处于禁区的末端，即税率为100%时，税收也相应降至零。因此，并不是税率越高，税收收入就越大。

税收财政原则的核心是保证财政收入，具体可以分为财政的足额、稳定和适度合理两部分。税收财政原则第一层次要求足额、稳定，第二层次要求适度、合理。

一、足额、稳定

财政收入的足额、稳定包括两层含义：一是财政收入的足额问题；二是财政收入的稳定问题。所谓财政收入的足额是指税收要为政府筹集足额的资金，以满足政府向社会提供公共品的财力需要。理解税收足额概念时，不能过于绝对化。因为财政收入额度是由政府提供公共品需要的财力决定的。同时政府提供公共品的财力也要受到财政收入的制约，政府既可以通过增加其财政收入而使财政收入由不足额转为足额，也可以通过减少政府经费支出等使财政收入由不足变为足额。因此，税收的足额是一个相对的量的概念。

所谓财政收入的稳定是指税收收入要相对稳定，把税收同国民生产总值或国民收入的比例稳定在一个适度水平，不宜经常变动，尤其不宜急剧变动，以避免税收对经济正常秩序的冲击。这里需要指出的是税收收入的稳定，也是一个相对的概念，在经济发生重大变革，政府开支体系结构发生重大调整时，税收收入稳定与平衡就会被打破，但这种稳定的打破也必须受到财政税法规定的制约，不能任意扩大。

二、适度合理

财政收入的适度是指税收收入取之有度，税收征收率不能过高，要尽可能避免过多征收而伤害企业和个人的积极性，影响经济持续稳定发展；财政收入不合理的话，最终又影响财政收入的增长。税收征收率即税率，与税收收入之间存在一定的函数关系，说明税率在刺激经济增长中所起的作用。

【税海拾贝3-2】

拉弗曲线

1975年，供应学派的代表人物之一、美国南加利福尼亚大学经济学教授阿瑟·拉弗设计了一条曲线，即拉弗曲线（如图3-1所示）。

拉弗曲线表明：一个国家的整体税率（以下简称税率）和税收收入及经济增长之间存在函数变化关系。两种极端的情况是，税率为100%时，从社会再生产角度来分析，生产就会停顿，政府再也无税源可征，因此同税率为零时的结果相同，税收收入均为零。

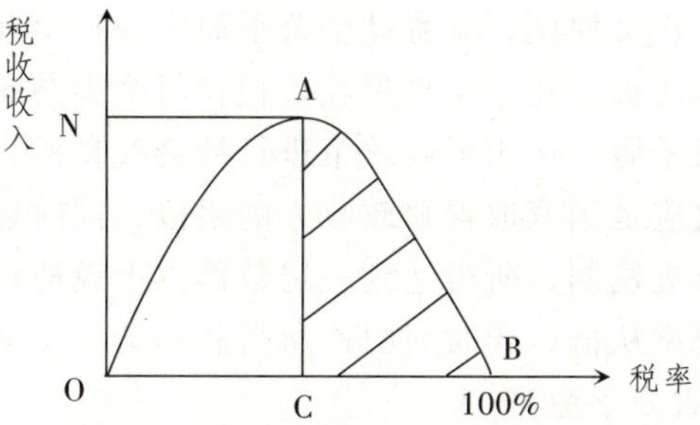

图3-1 拉弗曲线

当税率由零提高，税收收入就会随之而增加，即在O至C之间，税收收入是税率的递增函数；但在税率C至B之间，税收收入是税率的递减函数，税收收入随着税率的继续提高而减少。A点的税率为最适度的税率。因此，税收收入的适度就是在正常税率区域O至C之间，找到一个最为适度的征收点。图中右边阴影部分，拉弗称之为税收禁区，意思是禁区内的税率过高，既妨碍生产，又减少税收收入，故均不可取。拉弗曲线的重要作用，就是说明减税效应和选择最适税率。

税收收入的合理区分是指要科学区分财政收入中税收形式收入和非税收形式收入，避免以税收形式替代非税收形式，或者以非税收形式替代税收形式。在税费不分、收费超过税收的情况下，很难做到税收收入的合理区分，利税不分也会造成同样的结果。

资料来源　高鸿业. 西方经济学（宏观部分）[M]. 6版. 北京：中国人民大学出版社，2014.

【互动话题3-2】

近年来，受经济下行、新冠肺炎疫情冲击等影响，组织收入工作面临较大压力。我国税务部门始终坚持依法依规组织税费收入，坚决不收“过头税费”，连年圆满完成预算收入目标。结合税收的财政原则，请同学们谈谈对“过头税费”的认识。

第三节　税收的公平原则

一、外国税收公平原则

（一）亚当·斯密的公平原则

1776年，亚当·斯密在其经济学名著《国民财富的性质和原因的研究》（简称《国富论》）中提出了税收的四原则理论，其中最重要的是公平原则，包括：①应均衡地把税收负担分摊到地租、利润和工资上，不应该把税收全部集中于利润；②实行按个人收入的比例征税。当然，亚当·斯密的平等原则是从加速资本积累的要求出发的，但也包含着合理负担税收的一般要求。

（二）阿道夫·瓦格纳的社会正义原则

德国社会政策学派领军人物阿道夫·瓦格纳认为，税收不能单纯地理解为从国民生产总值中扣除的部分，除此之外，它还应包括纠正分配不公的积极作用。瓦格纳在其所著的《财政学》中，将税收原则归纳为四大项九小点，即著名的“四方面九原则”税收原则。其中所涉及的社会正义原则，又称社会公平原则或社会政策原则，是指税收应当纠正社会财富分配不公和两极分化，实现税收负担在每个人与每个社会阶级之间的公平分配，从而达到缓和阶级矛盾、运用税收政策进行社会改良的目的。瓦格纳认为，由于财富分配不均，税收不仅应是国家取得财政收入的手段，同时还应是矫正财产分配的工具。因此，他主张实行累进税制，所得达到一定数额以上就应按累进税率征收，高收入者税率从高，低收入者税率从低；同时对财产所得和不劳而获所得课以重税。

（三）现代西方学者的税收公平原则

20世纪以来，许多西方著名学者如萨缪尔森、马斯格雷夫、斯蒂格利茨等都对亚当·斯密以来的税收原则做了补充和延展。他们认为税收公平原则是指政府征税应使各个纳税人承担的税收与其经济状况相适应，即条件相同的纳税人纳相同的税，条件不同的纳税人纳不同的税。税收公平原则包含税收的横向公平和税收的纵向公平。税收的横向公平又称“水平公平”，是指对同等条件纳税人同等课税。在一个国家内，税收普遍课征于一切应纳税的自然人和法人，相同的收入缴纳相同的税收。税收的纵向公平又称“垂直公平”，是指经济能力或纳税能力不同的纳税人应当缴纳不同的税。纳税能力高的多纳税，纳税能力低的少纳税，无纳税能力的不纳税。

二、我国税收公平原则

在社会主义市场经济时期，我国的税收公平原则强调国家征税应使各个纳税人的税负与其负担能力相适应，并使纳税人之间的负担水平保持平衡。税收公平与否，会对社会经济与政治产生重要影响，也是保证税收制度正常运转的必要条件。税收公平不仅是现代税收的基本原则，也是各国政府设计税制所追求的基本目标。从一般经济学意义上说，衡量税收公平原则的标准有两个：一是受益原则，根据纳税人从政府提供的公共物品中受益的多少，判定其应纳税的多少和税负是否公平，受益多者应多纳税，反之则相反；二是能力原则，根据纳税人的纳税能力来判断其应纳税额的多少和税负是否公平，纳税能力强者即应多纳税，反之则相反。税收公平原则主要内容包括普遍征税、平等课征和量能课税三方面。

（一）普遍征税

普遍征税是税收公平的第一层次，表现为“税法面前人人平等”，反映税法的形式正义问题，这是“法律面前人人平等”的价值观在税收中的直接体现。普遍征税在于强调国家征税面要宽、纳税人要普遍。

（二）平等课征

平等课征是税收公平的第二层次，体现税收的实质正义，其公平价值表现为征税公平，即国家在税法中制定什么样的标准征税对纳税人来说才是公平的，也就是传统理论中通常所说的税收横向公平问题。

横向公平是指经济能力相同的人应缴纳相同税收。税收横向公平衡量标准有三种：一是按照纳税人拥有的财产来衡量；二是以纳税人的消费或支出为标准；三是以纳税人取得的收入或所得为标准。

（三）量能课税

量能课税就是要求税收实现纵向公平。税收纵向公平是指经济能力不同的人应缴纳数额不同的税，税法对不同收入水平（支付能力）的纳税人规定不同的负担水平，一般通过累进的所得税制度实现。与比例税率相比，累进税制可使高收入者负担比低收入者更高比例的税额，从而扩大税收在再分配中的比重。收入多者多纳税，收入少者少纳税，体现税收的纵向公平原则。

【税海拾贝 3-3】

“猴子”也纳税

澳大利亚同美国和新西兰一样，都实行以所得税为中心的税收制度，个人凡取得超过416澳元的征税所得的，均有纳税义务。

在澳大利亚的维多利亚州，一个名叫莎梅达的人有一只猴子，能帮她干活。当地税务人员认为这只能开拖拉机送草料，会把饲料放进马槽里，在拖拉机启动前还会检查引擎线路的猴子，是一名熟练的劳动者，平均每月的劳动价值约9 000美元，所以有义务缴纳所得税。

看来，当地税务人员把猴子和人等同起来了。

资料来源　佚名．税收趣事八则［EB/OL］．［2014-11-06］．https://www.jdy.com/news/1110130860.html.

【互动话题 3-3】

甲、乙两个家庭均是两口之家，支出基本相同。假设在甲家庭中，丈夫月薪8 000元，妻子无月薪，共需缴纳个人所得税345元；乙家庭中，丈夫和妻子月薪均为4 000元，共需缴纳个人所得税30元。请同学们结合税收的公平原则谈谈个人所得税可能的改革方向。

第四节　税收的效率原则

一、外国税收效率原则

（一）亚当·斯密的节约原则

亚当·斯密认为：“一切赋税的征收，须设法使人民所付出的，尽可能等于国家所收入的。”亚当·斯密之所以提出这个原则，是因为他看到了当时税收制度存在以下四个弊端：第一，征收赋税可能需要大批官吏，这些官吏不但要消耗大部分税收作为薪俸，而且在正税以外苛索人民，增加人民负担；第二，它可能妨碍人民的创新，使人民对那些会给许多人提供生计的职业有所顾虑，并使本来可以利用以增加就业的基金由于要交纳税额而缩减乃至消灭；第三，对于不幸的逃税未遂者所使用的充公及其他惩罚办法，往往会倾其家产，因而社会便会失去使用这部分资本所能获得的利益；第四，税吏频繁的访问及稽查，常使纳税者遭受不必要的困扰与麻烦。

（二）阿道夫·瓦格纳的国民经济原则

国民经济原则，是指国家征税应该促进国民经济的发展而不能阻碍国民经济的发展，更不能危及税源。国民经济原则包括慎选税源原则和慎选税种原则。慎选税源原则，是指税源的选择必须慎重，应当选择有利于保护税本的税源，以促进国民经济的发展，通常可以作为税源的有所得、资本和财产三大项。瓦格纳认为，最好以国民所得为税源，如果以资本或财产为税源，则可能侵及税本，从而影响国民经济的发展。同时，又不能把所得作为唯一的税源，应适当地选择某些资本或财产作为税源。慎选税种原则是指税种的选择要考虑税源负担的转嫁因素，因为它关系到国民收入的分配和税收负担的公平。瓦格纳认为，国家应根据国民经济的需求尽可能选择税负不易转嫁或税负转嫁明确的税种，选择不影响国民经济发展的客体课税，并使税收负担得到公平的分配。

（三）现代西方学者的税收效率原则

现代西方学者认为，税收效率原则是指政府征税应当有利于社会资源的优化配置和经济机制作用的有效发挥，促进经济效益的提高，同时要节省征管费用，提高税务行政效率。税收效率原则包括税收经济效率原则和税收行政效率原则两个方面。税收经济效率原则是指政府征税应当对资源配置和经济运行产生积极影响，使税收对经济产生的额外负担最小化，最大限度地提高经济效益。税收行政效率原则是指政府应以最小的税收成本获得最多的税收收入。税收成本是指税收征纳过程中所发生的各项费用支出。税收成本可以从税收征收费用与纳税费用两个方面来考虑。征收费用是指税务部门在征税过程中所发生的各项费用，包括税务机关的工作人员的工资等人员经费和办公设备等公用经费两部分。纳税费用是指纳税人履行纳税义务、办理纳税手续过程中所发生的各项费用，包括纳税人雇用税务顾问、会计师所发生的费用，申报纳税所发生的时间和交通费用等。与征税费用相比，纳税费用的计算比较困难，不仅纳税申报的时间无法折算成货币，纳税人心理方面的支出更是无法考量，因此纳税费用又被称为“税收隐蔽费用”。许多国家主要以征收费用占税收收入的比重为依据来考量税收的行政效率，该比重越低，表明税收成本越少，税收的效率越高；该比重越高，表明税收成本越多，税收的效率越低。

二、我国税收效率原则

我国税收效率原则的基本含义有三个：一是行政效率，也就是要求税收在征收和缴纳过程中的耗费成本最小；二是经济效率，也就是征税应利于促进经济效率提高，或对经济效率的不利影响最小；三是生态效率，也就是说税制要有利于保护生态环境，节约资源。

（一）税收行政效率

税收行政效率要求税收行政成本占税收收入的比率最低。税收行政成本包括征收成本和缴纳成本。提高税收行政效率，关键在于控制行政成本。控制行政成本包括两层含义：一是降低税收成本；二是优化税收成本结构。降低税收成本直接体现了税收效率的提高，而优化税收成本结构则是在征税成本总额不变的情况下，通过改变成本结构间接提高税收征管效率。

（二）税收经济效率

税收经济效率居于税收效率原则的更高层次。经济决定税收，税收又反作用于经济，税收分配必然对经济的运作和资源的配置产生影响。

税收经济效率的第一个层次是要求税收额外负担最小。所谓税收额外负担，就是征税所引起的资源配置效率下降，它是税收行政成本以外的一种经济损失。政府应选择合理的征税方式，使税收的额外负担最小。这就要求政府在制定税收决策时保持税收的中性特征。

税收经济效率的第二个层次是要求保护税本。税本就是税收的本源。通常认为，国民生产是税本，国民收入是税源，原则上税收只能参与国民收入的分配，而不能伤及国民生产。税收具有促进经济发展的积极作用，政府征税应尽量避免税收对经济的不利影响，而发挥税收对经济的促进作用。

税收经济效率的第三个层次是要求通过税收分配来提高资源配置的效率。由于现实中存在市场失灵，因此，政府有必要对其进行干预，而税收分配就是政府干预的有效手段。

从税收效率的不同层次可以看出，税收是否有效率，必须结合经济运行本身的效率来考察。如果经济运行本身是高效率的，则应以税收不干扰或少干扰经济运行视为有效率，即以税收的经济成本作为判断税收效率的依据；而当经济运行处于低效率甚至无效率状态，则税收效率应反映在对经济运行的有效干预方面。

（三）税收生态效率

21世纪以来，理论界对税收经济效率原则与税收公平原则进行了创新，提出了税收生态效率。其基本内容是税收政策要有利于保护生态环境，节约资源。税制不应以经济增长为中心而是以可持续发展为核心。

【税海拾贝 3-4】

补二分税款，花去两元邮资

美国得克萨斯州一个名叫德林的人，一天收到当地税务机关的书面通知，要他补交2美分的税款。他立即去交款，但税务官员说，按规定不能收取现金。德林只好跑到邮局去汇款，谁知竟花去了2美元的挂号邮资。为了这2美分的税款，税务局发寄书面通知，也搭上了22美分的邮票。纳税人和税务局所花的费用加在一起，相当于所纳税款的百倍。

资料来源 佚名．税收趣事八则［EB/OL］．［2014-11-06］．https：//www.jdy.com/news/1110130860.html.

【互动话题 3-4】

税收公平原则与效率原则都非常重要，当公平和效率产生矛盾的时候，请同学们谈谈应优先考虑哪一个原则。

课后练习

一、单项选择题

1.被马克思称为“现代政治经济学的创始者”、英国资产阶级古典政治经济学的创始人是（　　）。

A.亚当·斯密　　B.大卫·李嘉图

C.威廉·配第　　D.西斯蒙第

2.提出著名的税收四原则的《国富论》一书，是（　　）的代表作。

A.亚当·斯密　　B.威廉·配第

C.大卫·李嘉图　　D.西斯蒙第

3.瓦格纳的财政税收基本理论，提出了（　　）。

A.三条税收标准　　B.征税的六条原则

C.四方面九原则　　D.税收四原则

4.下列各项中，不属于我国税收公平原则的具体内容的是（　　）。

A.普遍征税　　B.平等课征　　C.量能课税　　D.足额稳定

5.下列各项中，不属于我国税收效率原则的是（　　）。

A.行政效率　　B.经济效率　　C.生态效率　　D.优先效率

二、多项选择题

1.税收的财政原则包括（　　）。

A.公平原则　　B.足额原则　　C.稳定原则

D.效率原则　　E.适度原则

2.现代西方税收原则包括（　　）。

A.税收效率原则　　B.税源选择原则　　C.税种选择原则

D.税收公平原则　　E.税收稳定原则

3.威廉·配第提出的税收标准包括（　　）。

A.效率　　B.公平　　C.便利

D.确实　　E.节省

4.亚当·斯密的代表作《国富论》是一本划时代的著作，其中提出了著名的税收原则，即（　　）。

A.平等原则　　B.确实原则　　C.充分原则

D.便利原则　　E.节约原则

5.根据我国税收工作的具体情况，治税原则大致可概括为（　　）。

A.财政　　B.法治　　C.公平

D.确实　　E.效率

三、判断题

1.美国供给学派的代表拉弗教授认为税率越高，税收收入就越多。（　　）

2.税收的纵向公平是指对同等条件纳税人同等课税。（　　）

3. 税收行政效率要求税收行政成本占税收收入的比率最低。 （ ）

4. 根据纳税人的纳税能力来判断其应纳税额的多少和税负是否公平，税收公平原则的主要内容包括受益原则和能力原则。 （ ）

5. 财政收入的适度是指财税收入取之有度，税收征收率不能高，要尽可能地避免过多征收而伤害企业和个人的积极性，影响经济持续稳定发展，最终影响财政收入的增长。 （ ）

四、简述题

1. 论述亚当·斯密和瓦格纳对于税收原则的基本观点。

2. 在社会主义市场经济体制下，我们应当如何运用税收财政原则？

3. 如何理解税收的经济效率原则？

第四章
税收负担

学习目标

1. 了解税收负担和税负转嫁的含义。
2. 熟悉税收负担的衡量指标和影响税收负担的因素。
3. 掌握税负转嫁的制约因素。

学习重点

1. 税收负担与税负转嫁的概念。
2. 税收负担的衡量指标及影响税收负担的因素。
3. 税负转嫁的方式及税负转嫁的制约因素。

第一节 税收负担的概念

一、税收负担的概念

税收负担简称“税负”，是指纳税人因履行纳税义务而承受的一种经济负担。税收负担是国家税收政策的核心。

税收负担，从绝对额来说，是指纳税人应支付给国家的税款额；从相对额来说，是指税收负担率，即纳税人的应纳税额与其计税依据价值的比率，这个比率通常被用来比较各类纳税人或各类课税对象的税收负担水平的高低，因而是国家研究制定和调整税收政策的重要依据。任何一项税收政策首先要考虑的就是税收负担的高低。税负水平定低了，会影响国家财政收入；定高了，又会挫伤纳税人的积极性，有碍社会生产力的提高。一般来说，税收负担水平的确定既要考虑政府的财政需要，又要考虑纳税人的实际负担能力。

二、税收负担的分类

（一）绝对税负与相对税负

依据税收负担水平衡量方式不同进行划分，税负可分为绝对税负和相对税负。

绝对税负，是用绝对额表示的税负程度。对纳税人个体而言，绝对税负是指在一定时期内所缴纳的税款总额，一般用负担额表示。对全社会所有纳税人而言，绝对税负是指一国在一定时期内的税收收入总额。

相对税负，是用相对额（百分比）表示的税负水平，用纳税人在一定时期内依率计征所缴纳的税额与其实际收益比较，一般称为负担率。若要分析和计量全体国民的相对税负，则将一国在一定时期内的税收收入总额与同期国内生产总值做比较，即税收收入/国内生产总值。

（二）名义税负和实际税负

以纳税人实际承受税收负担的量度为依据划分，税负可分为名义税负和实际税负。

名义税负，是指纳税人在一定时期内依据税法应向国家缴纳的税额，考查的是纳税人的全部税款与其收入的对比关系。

实际税负，是指纳税人在一定时期内实际缴纳的税额，用纳税人在一定时期内的实纳税额占其实际收益的比率来表示。

（三）直接税负和间接税负

依据税收负担是否转嫁的角度划分，税负可分为直接税负和间接税负。

直接税负，是指纳税人向国家缴纳的税款不能转嫁他人，而是由纳税人自己负担。

间接税负，是指税款由纳税人通过各种方式部分或全部转由他人负担。

（四）平均税负和边际税负

从总量和增量的关系角度进行划分，税负可分为平均税负和边际税负。

平均税负，反映的是每单位的税基所承担的税收负担。平均税负可从多个角度进行考察。考察某个税种的平均税负时，将在一定税率条件下的全部税款与课税对象相比较（此时，平均税负与平均税率是一致的），考察某个纳税人的平均税负时，用纳税人在一定时期内缴纳的各种税收的总和与纳税人的全部收入相比较。

边际税负，反映的是最后一单位税基所承担的税收数量。边际税负也可从不同角度进行考察。在考察某个税种的边际税负时，可用边际税率来反映；在分析某个或某类纳税人的边际税负时，一般用纳税人缴纳各种税收总额的增量与纳税人收入增量进行比较。

【税海拾贝 4-1】

听企业算“减税降费账” 谈“转型发展路”

八桂大地，柳江之畔。在工业重镇广西柳州，装备机器的轰鸣声与螺蛳粉特有的酸辣味，显示出这座城市的独特之处。

走进广西柳工集团有限公司厂区内，大型装载机、迷你挖掘机、甘蔗收割机……不同型号的“柳工制造”一字排开，诉说着这家装备制造企业在技术研发与工业应用领域的成就。

“每个螺丝钉都是中国制造。”“老柳工”曾光安介绍。习近平总书记去年考察柳工时，曾光安详细回答了总书记关于装载机零部件技术问题的询问。

2021年4月，习近平总书记时隔4年再次踏上广西土地，来到柳州考察了一“重”一“轻”两个产业：装备制造业与螺蛳粉产业。

党的十八大以来，制造业发展是总书记始终念兹在兹的大事。“制造业高质量发展是我国经济高质量发展的重中之重。”在柳工，习近平总书记再次强调制造业的重要性。

制造业既是高质量发展的重中之重，也是近几年减税降费政策支持的重中之重。

固定资产加速折旧政策扩大到所有制造业领域，研发费用加计扣除比例不断提高，制造业中小微企业缓缴相关税收……制造业始终是近几年减税降费政策的主要受益者。

柳州集团子公司广西柳工机械股份有限公司税务人员刘凤玲介绍，税收支持是柳工不断发展的重要保障。如今，企业享受研发费用加计扣除、西部大开发税收优惠、增值税即征即退等政策。2021年以来，柳工累计享受各类减税降费政策优惠1.4亿元，其中研发费用加计扣除减免税额1 462.85万元。

不仅是装备制造，柳州人把广西制造的“工业基因”还带进了餐饮业，把一碗螺蛳粉做成了大产业。

“党和政府会在民营企业遇到困难的时候给予支持，希望民营企业放心大胆发展。”在螺蛳粉生产集聚地，习近平总书记强调。

当时就在现场的广西善元食品有限公司董事长陈元对这句话印象十分深刻。

“党和政府说到做到。”陈元算起了去年公司的减税账：2021年，公司享受研发费用加计扣除额25万元，享受农产品增值税进项税额抵扣超过80万元，缓缴第四季度相关税费20万元。“这两年在企业发展遇到困难时，一系列政策陆续出台，大大缓解了我们的燃眉之急。”陈元说。如今，公司日销售额平均达到15万元，2021年线上销售同比增长72.25%，线下销售同比增长75.11%。

2020—2021年，柳州税务部门积极落实西部大开发税收优惠、研发费用加计扣除等政策，为螺蛳粉行业减免企业所得税近1 000万元。2021年，柳州税务部门先后帮助18户螺蛳粉生产企业获得“税银互动”贷款8 357万元。

税收发力，“制造”未来。无论是挺起国民经济“脊梁”的装备制造业，还是与百姓生活息息相关的中小微企业，来自税费政策的支持与税费服务的关心，始终陪伴广大纳税人和缴费人一路向前。

资料来源 佚名. 听企业算“减税降费账”谈“转型发展路［EB/OL］.［2022-02-15］. http://www.chinatax.gov.cn/chinatax/n810219/n810724/c5172773/content.html.

（五）宏观税负和微观税负

根据考察税收负担的范围不同进行划分，税负可分为宏观税负和微观税负。

1.宏观税负

宏观税负是指一个国家的税负总水平，通常以一定时期（一般为一年）的税收总量占国民生产总值（GNP）或国内生产总值（GDP）或国民收入（NI）的比例来表示。生产力发展水平、政府职能的范围以及政府非税收入规模等是决定宏观税负水平高低的主要因素。宏观税负问题始终是税收政策的核心，宏观税负水平的合理对于保证政府履行其职能所需的财力，发挥税收的经济杠杆作用有着重要意义。

2.微观税负

微观税负是指某一纳税人在一定时期或某一经济事件过程中，所缴纳的全部税收占同期或该事件的经济收入的比例。微观税负的纳税主体一般是具有某种共同特点或彼此间关系密切的某类纳税人，而不是单个纳税人或无关联性的纳税人。研究微观税负的目的是解决微观经济领域中税收负担的公平合理问题，从而维护市场机制，促进社会主义市场经济体制的完善和发展。

微观税负又被称为狭义税负，是从纳税人的角度考察企业、个人等微观经济主体的税收负担水平。合理确定微观税负比例，有利于调动纳税人的积极性，保持合理的利润水平。

微观税负是纳税人实纳税额占其可支配收入的比重，是单个纳税人的税收负担及其相互关系，反映了税收负担的结构分布和各种纳税人的税收负担状况。微观税负主要有以下几个指标：

（1）企业综合税负率。现代税收体系一般是复合税收体系，由多个税种构成，企业在生产过程中往往要缴纳多种税。企业综合税负率就是指一定时期内，企业实际缴纳的各种税款总额与同期企业的总产值（毛收入）的比率。计算公式如下：

企业综合税负率=企业实际缴纳的各种税款总额/企业总产值（毛收入）×100%

该指标表明国家参与企业各项收入分配的总规模，反映企业对国家所做贡献的大小，也可以用来比较不同类型企业的总体税负水平。其中，企业实际缴纳的各种税款包括流转税、所得税、财产税和行为税等。

（2）企业直接税（收益）负担率。企业直接税负担率亦称纯收入直接税负担率，是企业在一定时期所缴纳的直接税税款占同期企业收益（利润）总额的比率。所得税和财产税作为直接税，一般不会发生税负转嫁，纳税人实际缴纳的税款占其同期收入的比重可以反映企业直接税的负担水平。计算公式如下：

企业直接税负担率=企业实缴所得税和财产税额/企业利润总额×100%

该指标表明企业实现的利润总额中，以直接税的形式贡献给国家的份额。该指标可用于对比不同企业税负轻重，还可用于说明同一纳税人不同历史时期的税负变化，以及说明法定或名义税负水平与纳税人实缴税款的差额。

（3）企业增值负担率。企业增值负担率是企业在一定时期所缴纳的各种税款总额占同期企业实现的增值额的比率。计算公式如下：

企业增值负担率=企业实缴的各项税款/企业实现的增值额×100%

该指标表明在企业创造的增值额中，以税金的形式上缴给国家的份额，以此分析企业在不同时期新增价值中税负的变动情况。

（4）企业净产值负担率。企业净产值负担率是企业在一定时期所缴纳的各种税款总额占同期企业实现的净产值的比率。计算公式如下：

企业净产值负担率=企业实缴的各项税款/企业的净产值×100%

（5）个人所得负担率。个人所得负担率是个人在一定时期所缴纳的所得税款占同期个人收入总额的比率。计算公式如下：

个人所得负担率=个人所得实缴税款/个人收入总额×100%

该指标表明个人在一定时期内的收入负担国家税收的状况，体现国家运用税收手段参与个人收入分配的程度。

【互动话题4-1】

济南市某公司副总经理兼总工程师潘耀民连续三年在济南市两会上提出建议降低

“馒头税”，此事引发社会广泛关注。实际上，“馒头税”是指对馒头生产企业征收的增值税，而并非是专门开征的“馒头税”，2011年税率为17%。后来，国家税务总局山东省税务局有关人士在接受采访时，对该事件做出了解释。

以“馒头税”为例，讨论一下生活中大家对直接税与间接税的税负感受以及纳税人与负税人的区别。

第二节　税收负担的确定

一、税收负担确定原则

（一）国外税收负担原则的发展

国外税收负担原则的有关理论研究基本上是包含在税收原则之中的，可以从税收原则中进行梳理和总结。

1.威廉·配第的税收原则

威廉·配第是英国古典政治经济学创始人，第一次提出税收原则理论，并围绕公平税收负担这一基本观点进行论述，提出税收应当贯彻“公平”“便利”“节省”三条标准。

2.亚当·斯密的税收原则

亚当·斯密是英国古典政治经济学家，提出了著名的税收四原则，即平等、确实、便利、节约。其中平等原则是指公民应根据自己的纳税能力来承担政府的经费开支，按照其在国家保护之下所获得收入的多少来确定缴纳税收的额度，这正是亚当·斯密的税收负担原则，后三项则更多的是从征管角度进行的分析。

3.萨伊的税收原则

法国经济学家萨伊提出税收五项原则：税率最适度原则、节约征收费用原则、各阶层人民负担公平原则、最低程度妨碍生产原则、有利于国民道德提高原则，其中第一项、第三项原则都是针对税收负担而言的。

4.瓦格纳的税收原则

瓦格纳是德国社会政策学派代表人物，其提出的国民经济原则中的慎选税种原则，是指税种的选择要考虑税收负担的转嫁问题，因为它关系到国民收入的分配和税收负担的公平。

瓦格纳提出的社会正义原则，指出税收负担应在每个人和各个阶级之间进行公平的分配，要通过政府征税矫正社会财富分配不均、贫富两极分化问题。

（二）现代税收负担原则的理论分析

现代财政理论中，有关税收负担原则的基本思想有理查德·马斯格雷夫提出的公平原则和效率原则。公平原则是指税收负担的分配应当公平，应使每个人支付合理的份额；效率原则是指税收办法的选择应当尽量不影响有效市场上的经济决策。税收的额外负担应该减少到最低限度。

二、我国确定税收负担的原则

（一）取之有度

虽然国家对财政资金的需要是无限度的，但国民经济的现有水平决定了税收的承受能力。由于国家税收最终总是由纳税人来承担的，在一定的经济发展水平下，经济体系的税收负担能力是有限的，税收负担超过了经济的承受能力，就会损害国民经济的发展。因此，在确定税收负担水平时，要兼顾国家需要和国民经济的承受能力，以促进宏观经济与微观经济的协调发展，培植更加丰茂的税源，促进税收收入的持续发展，否则就会损害国民经济的健康发展。

（二）量能负担

社会总体税负水平的确定要依据国民经济的负担能力，纳税人的个别税负也要依据不同部门、不同行业纳税人的个别负担来确定。

【税海拾贝 4–2】

盘点全美税收负担最重的10个州

4月是美国报税季节，在美国看工薪阶层家庭收入，不在于一年中赚了多少钱，而在于交税后实际拿到了多少钱。不论是企业还是老百姓，都不可避免地在一年中向政府上缴各项税款，不过税在各州的收取并不均衡。

美国的税可分为以下几类：联邦税、州税和地方税。从税种看，有个人收入所得税、公司收入所得税、社会安全福利保障税和健康医疗税、销售税、财产税、地产税、遗产税、礼品税、消费税等。

财经网站WalletHub在比较了全美50个州的个人收入所得税、地产税和销售税这3个主要税种后，选出了2017年全美税收负担最重的10个州：

1. 纽约州（3个主要税种占个人总收入的比例：12.94%）
2. 夏威夷州（3个主要税种占个人总收入的比例：11.27%）
3. 佛蒙特州（3个主要税种占个人总收入的比例：10.75%）
4. 缅因州（3个主要税种占个人总收入的比例：10.73%）
5. 明尼苏达州（3个主要税种占个人总收入的比例：10.24%）
6. 康涅狄格州（3个主要税种占个人总收入的比例：10.23%）
7. 新泽西州（3个主要税种占个人总收入的比例：10.14%）
8. 罗得岛州（3个主要税种占个人总收入的比例：10.09%）
9. 伊利诺伊州（3个主要税种占个人总收入的比例：10.00%）
10. 加利福尼亚州（3个主要税种占个人总收入的比例：9.52%）

资料来源 佚名．盘点全美税收负担最重的10个州［EB/OL］．［2017-04-07］．https：//www.sohu.com/a/132457021_653084.

三、税收负担的影响因素

由于税收负担必须考虑需要和可能两方面的情况，因此，一个国家在制定税收政策、确定总体税收负担时，必须综合考虑国家的总体经济发展水平，并根据不同的经济调控需要，来制定税收负担政策。一般来看，影响税收负担水平的主要因素有以下几点：

（一）社会经济发展水平

一个国家的社会经济发展总体水平，可以通过国民生产总值和人均国民生产总值这两个综合指标来反映。国家的国民生产总值越大，总体负担能力越强，特别是人均国民生产总值，最能反映国民的税收负担能力。一般而言，在人均国民生产总值比较高的国家，社会经济的税负承受力较强。世界银行的调查资料也表明，人均国民生产总值较高的国家，其税收负担率也较高，人均国民生产总值较低的国家，其税收负担率也较低。

我国人均国民生产总值比较低，属于发展中国家。国家通过税收能够积累多少资金，社会总体税收负担应如何确定，不取决于人们的主观愿望，也不能只考虑国家的需要，必须首先考虑社会经济体系和纳税人承受能力。只有税收负担适应本国经济发展水平和纳税人的承受能力，税收才能在取得所需的财政收入的同时，刺激经济增长，同时提高社会未来的税负承受力。如果税收负担超出了经济发展水平，会阻碍社会经济的发展。

（二）国家的宏观经济政策

国家为了发展经济，必须综合运用经济、法律以及行政手段，来强化宏观调控体系。政府应根据不同的经济情况，采取不同的税收负担政策。如在经济发展速度过快过热时，需要适当提高社会总体税负，使国家集中较多的收入，减少企业和个人的收入存量，抑制需求的膨胀，使之与社会供给总量相适应。此外，还要根据经济情况的发展变化，在征收中实行某些必要的倾斜政策和区别对待办法，以利于优化经济结构和资源配置。

目前，我国经济过于紧缩，需求严重不足。从1998年开始，我国采取了积极的财政政策，适当扩大了财政支出的规模，短期内税收的总体负担不会减少，但会通过费改税，对纳税人的总体负担进行结构调整，减少纳税人负担各种收费的比例，增加税收的比例，以达到增加税收收入的效果。

（三）税收征收管理能力

由于税收是由国家无偿征收的，税收征纳矛盾比较突出。因此，一个国家的税收征收管理能力，有时也对税收负担的确定有较大的影响。一些国家的税收征收管理能力较强，在制定税收负担政策时，就可以根据社会经济发展的需要来确定，而不必考虑能否将税款征收上来。而在一些税收征管能力较差的国家，可选择的税种有限，勉强开征一些税种，也很难保证税收收入，想提高税收负担也较困难。

税收政策的核心是税收负担。在税收总体负担确定的情况下，各种纳税人具体的税收负担状况主要受税制本身所规定的各种计税要素的影响。这些要素直接决定了谁是纳税人，应该负担多少税费。税收政策的具体实施主要通过以下几方面来进行：一是确定课税对象，以确定谁是纳税人；二是确定税率的高低；三是确定计税依据；四是确定对谁减免税，怎么减免税；五是加重哪些纳税人或课税对象的税收负担。

【互动话题4-2】

2021年3月，中办、国办印发《关于进一步深化税收征管改革的意见》，明确提出进一步深化税收征管改革，要坚持科技创新和深化大数据应用，全面推进税收征管数字化升级和智能化改造，建成具有高集成功能、高安全性能、高应用效能的智慧税务。请同学们谈谈税收征管现代化对税收负担有何影响。

第三节 税收负担的转嫁与归宿

一、税负转嫁与税收归宿的含义

（一）税负转嫁的概念

税负转嫁是指税收负担的转嫁，纳税人缴纳的税款并不一定都由纳税人自己承担，纳税人在纳税后，可通过调整经济活动的方式，将税款转嫁给他人承担，最终承担税款的人被称为负税人。纳税人和负税人不一致，就意味着存在税收的负担转嫁。因此，税负转嫁是指纳税人将缴纳的税款通过各种途径和方式转由他人负担的过程。税负是运动着的，总要由纳税人或其他人来承担。

从税负转嫁的过程来看，纳税人的税负转嫁可以是一次完成，称为一次转嫁；也可能需要多次完成，称为多次转嫁或辗转转嫁。从税负运动的结果看，形成三种不同的形态，展示税负转嫁的不同程度。税负完全转嫁是指纳税人将自己应负担的税款全部转嫁给他人负担；税负部分转嫁指纳税人将自己负担的税款的一部分转嫁给他人负担，余下部分则由自己负担；税负完全不转嫁是指纳税人缴纳的税款全部由自己负担，不转嫁给他人负担。

纳税人具有独立的经济利益是税负转嫁存在的主观条件，自由价格机制的存在是税负转嫁的客观条件。

准确理解税负转嫁概念应把握以下三点：

（1）税负转嫁是税收负担的再分配。其经济实质是每个人所占有的国民收入的再分配。没有国民收入的再分配，就不构成税收负担的转嫁。

（2）税负转嫁是一个客观的经济运动过程，其中不包括任何感情因素。至于纳税人是主动提高或降低价格，还是被动地接受价格的涨跌，是与税负转嫁无关的。纳税人与负税人之间的经济关系是对立关系，还是交换双方的对立统一关系，也是与税负转嫁无关的。

（3）税负转嫁是通过价格变化实现的。这里所说的价格不仅包括产出的价格，而且包括要素的价格。价格变化不仅包括直接地提价和降价，还包括变相地提价和降价。没有价格变化，就不构成税负转嫁。

（二）税收归宿的概念

税收归宿是指税负运动的终点或最终归着点，税收归宿与税负转嫁存在内在的联系。税负转嫁可能发生，也可能不发生。若不发生税负转嫁，那么税收负担的归宿是纳税人自己，这就是税收的直接归宿。如果发生税负转嫁，那么，税收归宿是税负转嫁的结果，此时税收的归宿是间接归宿。从政府征税到税收归宿的全过程来看，政府向纳税人征税，是税收负担运动的起点；纳税人把缴纳的税款转由他人负担，是税收负担的转嫁；税负由负税人最终承担，不再转嫁，称之为税收归宿。税负转嫁是从税收的运动过程来研究税收负担问题，而税收归宿则是从税收的运动结果来研究的。因此，税收的转嫁与归宿，实际上是税收负担的分解、转移、归着的过程。研究这一过程的目的在于确定税收负担的归着点及其对社会经济的影响，而这一研究的核心在于税负的转嫁。

按纳税人和负税人的关系，可把税收归宿分为两种：一是法定归宿，是指税收立法机关在税收法律规范中所规定的税负归着点。人们一般把纳税人承担纳税义务视为税负法定归宿，它是从税收法律制度角度分析税负的依据。二是经济归宿，是指税收负担随着经济运动而不断转嫁以后的税负归着点。人们一般把负税人承担的税负视为税负经济归宿，它是从税收经济运行角度分析税负的依据。

【互动话题4-3】

请同学们谈谈你了解的纳税人和负税人一致或不一致的实例，进一步指出税负是否发生了转嫁。

二、税负转嫁的主要形式

税收负担转嫁按纳税人转移税收负担的方向，可以分为向前转嫁、向后转嫁、税收转化和税收资本化四种方式。

（一）向前转嫁

向前转嫁又称“前转”或“顺转”，是指当征税发生时，纳税人按照商品流通的方向，通过提高商品价格的方式，将税款向前转嫁给购买者或消费者。由于前转是顺着商品流转顺序从生产到零售再到消费的，因而也叫顺转。前转的过程可能是一次，也可能经过多次。例如，在生产环节对商品（如香烟）的征税，厂家可通过提高商品价格，把税款转嫁给批发商，批发商转嫁给零售商，零售商最后转嫁给消费者。在这过程的每一个环节发生的税收转嫁有可能是全部，也可能是部分。前转是税收负担转嫁的最基本和最主要的方式。

前转顺利与否要受到商品供求弹性的制约。税负前转实现的基本前提条件是课税商品的需求弹性小于供给弹性。当需求弹性大时，转嫁较难进行；当供给弹性大时，转嫁容易进行。

（二）向后转嫁

向后转嫁又称“后转”或“逆转”，是相对于前转而言的，税收转嫁的方向与经济运动的方向相反。一般当纳税人的税款无法向前转时，就会通过压低投入商品的购进价格，将税款转移给原材料或商品的供应商。如对某商品在零售环节征税，若提价将税负转嫁给消费者负担，商品价格的上涨会导致需求降低，商品销售量下降。因此，税负向前转嫁有一定的困难。这时，零售商只能设法压低进货价格，把税负后转给批发商或厂商。税收的后转往往需要零售商同批发商或厂商通过谈判的方式来进行。税负后转实现的前提条件是供给方提供的商品需求弹性较大，而供给弹性较小。在这种情况下，尽管已实现了税负前转，但仍会再发生后转的现象。

在实际中，税收转嫁并不一定都表现为单纯的前转或后转，有时表现为税负一部分通过提价前转，一部分通过压低进价后转，这种现象被称为“混合转嫁”。

（三）税收转化

税收转化又称消转，是指纳税人用降低课税成本的办法使税负在新增利润中求得抵补的转嫁方式。纳税人在不提高售价的前提下，以加强经营管理、改进生产技术和工艺、提高工作效率、节约原材料、降低生产成本等方式，将所缴纳的税款在所增利润中求得补偿。严格地说，税收转化不是真正意义上的税收转嫁形式，因为它既不是提高售价的前转，也不是压低进价的后转，而是通过改善经营管理、提高劳动生产率等措施降低成本增加利润，使税负从中得到抵消，所以称之为消转。

消转有合法消转和非法消转两种形式。前者指采用改进技术、节约原材料等方法，从而降低成本求得补偿；后者指采用降低工资、增加工时、增大劳动强度等方法，从而降低成本求得补偿。

（四）税收资本化

在特定的商品交易（如土地、房屋、证券等）中，买主将购入商品在以后年度所必须支付的税款，在购入商品的价格中要求卖主预先一次性扣除，从而降低商品的成交价格。这种由买主将以后年度所必须支付的税款转由卖主承担，并在商品成交价格中扣除的税收转嫁方式称为税收资本化，又称资本还原。

税收资本化是税收后转的一种特殊形式，它同一般商品税后转的相同点在于都是买主将其应支付的税款通过降低购入价格转由卖主负担。不同点在于，税收后转的对象是一般消费品，而税收资本化的转嫁对象是资本性商品，如土地等；税收后转是将每次商品交易发生时缴纳的税款随时转嫁，而税收资本化是将商品交易后预期发生的累计应缴税款预先进行一次性转嫁。

【税海拾贝 4-3】

税收资本化

一个大农场主想向土地所有者租用10亩土地，租用期限为10年，每年每亩地缴纳税款200元。在租用之际，土地所有者向大农场主索要租用期内所租土地的全部税款，这样他便获得2 000元的10亩地10年累积应纳的全部税额，而该大农场主第一年所支付的税额只有200元，余下的1 800元就成了他的创业资本。这种名义上由大农场主按期纳税，实际上全部税款均由土地所有者负担的结果必然导致资本化。

资料来源 佚名. 怎样进行税负转嫁筹划［EB/OL］.［2022-06-06］. https: //www.66law.cn/laws/175533.aspx.有删减.

三、税负转嫁的影响因素

一般认为，物价自由波动是税负转嫁的基本前提条件，商品供求弹性、市场结构、成本变动和课税制度等则是税负转嫁的制约和影响因素。

（一）商品供求弹性与税负转嫁

在商品经济中，市场调节的效应往往使税收负担能否转嫁和如何转嫁在很大程度上取决于市场上的供求状况。在自由竞争市场中，课税商品的价格受供求规律的制约，市场上商品的供给和物价的涨落，都非一个生产者或一群生产者所能操纵的。商品价格一旦有变化，需求就随着发生变动，而供给也会发生相应的变化。

1.需求弹性与税负转嫁

需求弹性是指商品或生产要素的需求量对市场价格变动的反应的敏感程度。一般用需求弹性系数表示，其公式为：

需求弹性系数=需求变动百分比÷市场价格变动百分比

一般来讲，需求弹性系数越大，需求量对市场价格变动的反应越敏感。依据需求弹性的差异，对税负转嫁可以分为三种情形进行考察：

第一，需求完全无弹性，即需求弹性系数等于0。需求量对市场价格的变动毫无反应，其购买量不会因为价格的提高而受到影响。在这种情况下，企业完全可以通过提高商品或生产要素的价格的方式将税负向前顺次转嫁给其他需求者直至终极的消费者。

第二，需求缺乏弹性，即需求弹性系数大于0小于1。如果购买者或消费者对于提供商品或生产要素的企业进行税款加价的行为反应较弱，即其购买量下降的幅度低于价格提高的幅度，便表明相关商品或生产要素的需求缺乏弹性，此时，因价格提高的阻力较小，企业可以比较容易地将所纳税款通过前转的方式实现转嫁。

第三，需求富有弹性，即需求弹性系数大于1。若企业把所纳的税款附加于商品或生产要素价格之上会诱发购买者强烈反应，就意味着这些商品或生产要素的需求有较大的弹性。商品或生产要素价格上升，购买者的欲望将会大大地减弱，从而导致有关部门商品或生产要素购买量的下降幅度超过价格上涨的幅度，甚至购买者选择某替代品得以满足。当出现这种情形时，表明企业的定价已超过极限，其结果是，企业提价得到的边际效益抵补不了销量减少的边际损失，致使企业不得不调低价格或阻止价格提高。一旦出现这种情形，企业所纳的税款便无法进行顺向转嫁，而只能谋求逆转给前面的供应者负担。倘若后转也无法实现，企业在作为直接的纳税者的同时，又不得不成为终极的负税者。

【互动话题4-4】

请举出生活中的实例，来说明商品的需求弹性是如何影响税负转嫁的。

2.供给弹性与税负转嫁

供给弹性揭示出商品或生产要素的供给量对市场价格变动反应的敏感程度。一般用供给弹性系数来表示，其公式为：

供给弹性系数=供给量变动百分比÷价格变动百分比

供给弹性的大小对企业组织税负转嫁的影响，亦可分为三种情况进行考察：

第一，供给完全无弹性，即供给弹性系数等于0。供给完全无弹性，说明当某种商品或生产要素因政府征税而价格不能提高时，生产供应企业对价格的相对下降没有任何反应，其生产量不会因价格下降而减少。在这种情况下，企业只能将所纳的税款谋求向后转嫁，甚至无法进行转嫁。

第二，供给缺乏弹性，即供给弹性系数大于0小于1。供给弹性系数小，表明当某种商品或生产要素因政府征税而价格得不到相应的提高时，生产供应企业往往会因生产条件、转产困难等因素的限制而未能或无法对价格的相对下降做出较为强烈的反应，其实际生产供应量调减的幅度不会很大，通常低于价格相对下降的幅度。由于此时生产供应量基本还是维持原有水平，故而价格难有较大幅度的升降，也就导致企业无法将所纳税款以前转的方式转嫁出去，更主要的是考虑能否实现逆转并通过怎样的途径进行。

第三，供给富有弹性，即供给弹性系数大于1。供给富有弹性，意味着当某种商品或生产要素因政府课税而价格不能相应提高时，生产供应者将会对价格的相对下降做出强烈的反应，使得其生产供应量的下降幅度大于价格相对下降幅度。这种情形，一方面表明价格有些偏低，影响市场供应量，使供应量减少，从而隐藏着价格上涨的趋势；另一方面，由于有效生产供应量的不断减少，渐已出现供不应求，进而直接推动价格趋涨。基于这种考虑，企业便可以将所纳税款的大部分甚至全部以商品加价的方式实现前转，使税负落于购买者身上。

3.供求弹性与税负转嫁

供给弹性与需求弹性的比值即为供求弹性。由于供求间的制衡统一关系，决定了企业税负转嫁及其实现方式不能片面地依从其中某一方面，而必须根据供给弹性和需求弹性的力量对比及转换趋势予以相机决策。一般而言，当供给弹性大于需求弹性，即供求弹性系数大于1时，企业应优先考虑税负前转的可能性；反之，如果供求弹性系数小于1，则进行税负后转或无法转嫁的可能性比较大。如果供给弹性系数等于需求弹性系数，则税款趋于买卖双方均分负担。综合分析，可以得出这样的结论：税负转嫁是商品经济发展的客观存在。以此为基点，直接纳税的企业通常会把能够转嫁出去的税收仅仅作为虚拟的成本（或称为额外的成本），而把不可转嫁的税收视为真正的成本。因此，把纳税人和负税人一致的税种称为直接税种，把纳税人和负税人不一致的税种称为间接税种。

（二）市场结构与税负转嫁

由于市场结构不同，税负转嫁情况也不同。市场结构一般有完全竞争、不完全竞争、寡头垄断和完全垄断四种。

1.完全竞争市场结构下的税负转嫁

在完全竞争市场结构下，任何单个厂商都无法控制价格，因而不能通过提高市场价格而把税负向前转嫁给消费者，只有通过整个工业体系才能在短期内部分地利用提价的办法转嫁给消费者。但在长期供应成本不变的情况下，各个厂商在整个工业体系下形成一股力量，则税负可能可以完全转嫁给消费者。

2.不完全竞争市场结构下的税负转嫁

商品的差异性是不完全竞争的重要前提。在不完全竞争市场结构下，单个厂商虽很多，但各个厂家可利用其产品差异性对价格做出适当的调整，借以把税负部分地向前转嫁给消费者。

3.寡头垄断市场结构下的税负转嫁

寡头是指少数几家企业供应市场某种商品的大部分，各家都占市场供应量的一定比重。它们的产品是一致的，或稍有差别。寡头垄断的价格波动不像一般竞争工业那样大。他们互相勾结，达成某种协议或默契，对价格升降采取一致行动。因此，如果对某产品征收一种新税或提高某种税的税率，各寡头厂商就会按已达成的协议或默契，在各家成本同时增加的情况下，自动按某一比例各自提高价格，从而把税负转嫁给消费者负担（除非该产品需求弹性大或差异大）。

4.完全垄断市场结构下的税负转嫁

完全垄断市场是指某种商品只有一个或少数几个卖主的市场结构，并且没有替代品。垄断厂商可以采取独占或联合形式控制市场价格和销售量，以达到取得最大利润或超额利润的目的。如果某垄断产品为绝对必需品，且需求无弹性又无其他竞争性的替代品，则垄断者可以随意提价，不会影响销售量，税负就可以全部向前转嫁给消费者。

如果需求有弹性，垄断厂商就不能把税额全部向前转嫁给消费者，而只能考虑部分前转、部分后转。因为如果全部前转，可能引起价格太高，需求量减少，达不到最大利润。但不管怎样，在完全垄断市场结构下，垄断厂商可以随时改变价格，把税负向前转嫁给消费者。

（三）成本变动与税负转嫁

在成本递增、递减和固定三种情况下，税负转嫁有不同的规律。成本固定的商品，所课之税有可能全部转嫁给消费者，因为此种商品单位成本与产量多少无关。此时，若需求无弹性，税款就可以加入价格进行转嫁。成本递增商品，所课之税转嫁于买方的金额可能少于所课税款额。此种商品单位成本随产量的增加而增加。课税后，商品价格提高会影响销路，卖方为维持销路，只好减产以求降低产品成本。这样税负就不能全部转嫁出去，只能由卖方自己承担一部分。成本递减商品，不仅所课之税可以完全转嫁给买方，还可以获得多于税款额的价格利益。此种商品单位成本随产量的增加而递减，课税商品如无需求弹性，税款就可以加入价格之中转嫁出去。

（四）课税制度与税负转嫁

课税制度中税种的设置及各个要素的设计差异，如课税范围的宽窄、税率的形式和高低、课税方法等都对税负转嫁有一定的影响。

1.税种性质

商品交易行为是税负转嫁的必要条件。一般来说，只有对商品交易行为或活动课征的间接税才能转嫁，而与商品交易行为无关或对人课征的直接税则不能转嫁或很难转嫁。如消费税、增值税和关税等一般认为是间接税，税负可由最初纳税人转嫁给消费者，这类税的税负还可以向后转嫁给生产要素提供者来承担。而个人所得税、公司所得税、财产税等一般认为是直接税，税负不能或很难转嫁。

2.税基宽窄

一般情况下，税基越宽，越容易实现税负转嫁，反之，税负转嫁的可能性便会趋小。原因在于税基宽窄直接决定着购买者需求选择替代效应的大小，进而影响市场供求弹性的程度及转嫁情况，导致税负转嫁或易或难的变化。如果对所有商品课税，购买者需求选择替代效应就小，税负转嫁就较容易，反之如果只对部分商品课税，且课税商品具有替代效应，税负就不易转嫁。

3.课税对象

对生产资料课税，税负辗转次数越多，越容易转嫁，且转嫁速度越快。对生活资料课税，税负辗转次数越少，越难转嫁，且转嫁速度越慢。

4.计税方法

税收计算的方法大致可以分为从价计征和从量计征两种。从价计征，税额随商品或生产要素价格的高低而彼此不同，商品或生产要素越昂贵，加价税额必然越大，反之，价格越低廉，加价税额亦越小。因此，在从价计征的方法下，通过商品加价转嫁税负难以被察觉，转嫁较容易。而在从量计征方法下，每个单位商品的税额很明显，纳税人很容易察觉到额外的负担。

5.税负轻重

税负轻重也是税负转嫁能否实现的一个重要条件。在其他条件相同的情况下，如果一种商品的税负很重，卖出者试图转嫁税负就必须大幅度提高价格，这就势必导致销售量的减少。

（五）企业决策者市场价值判断行为观念与税负转嫁

企业决策者市场价值判断行为观念对税负转嫁也有重要的影响。同一市场供求弹性的商品，往往会因企业决策者不同的行为偏好或价值的判断而产生不同的税负转嫁效果。因为在许多情况下，企业决策者个人偏好是一回事，市场作用则是另一回事。市场需求弹性大的商品，企业未必就不愿生产经营，相反，对于那些需求弹性小的商品，企业也未必会进行投资。供给弹性变动亦有同样的情况。如当课征某种新的货物税时，往往会造成课税商品价格上涨，否则生产经营企业便会因无利可图，或者减少生产供应量，或者改变生产方向，选择替代产品。而当课税商品价格上涨至某种程度时，在利润的驱动下，企业必然会增加该项产品的有效供应量，最后上升的价格随着供应量的增加又渐趋税收附加时的水平。而倘若企业不随价格的变动做出相应的投资决策，或企业决策者更偏好于其他商品的生产经营，那么，上述变化就不可能实现。

课后练习

一、单项选择题

1.纳税人通过提高其所提供商品的价格，将其应交纳的税收转给商品购买者的税负转嫁方式，被称为（　　）。

A.前转　　B.后转　　C.混转　　D.消转

2.边际税率是指（　　）。

A.税法直接规定的税率

B.实际缴纳税额占课税对象实际数额的比例

C.全部税额占全部收入的比例

D.征税对象数额的增量中税额所占的比率

3.衡量微观税收负担水平的指标是（　　）。

A.企业综合税收负担率　　B.国民生产总值税负率

C.国内生产总值税负率　　D.国民收入税负率

4.按照税负能否转嫁，对税收进行分类，可以把税收分为（　　）。

A.流转税、所得税　　B.实物税、货币税

C.直接税、间接税　　D.从价税、从量税

5.影响税负转嫁的最主要因素是（　　）。

A.商品的供求弹性　　B.课税范围

C.计税方法　　D.市场状态

6.衡量宏观税负水平高低的指标是（　　）。

A.增值税税负率　　B.企业所得税税负率

C.企业综合税收负担率　　D.国民生产总值税负率

7.下列各项中，在税负转嫁中起决定作用的是（　　）。

A.课税商品的供给弹性　　B.课税商品的成本形态

C.课税商品的垄断程度　　D.课税对象的性质

8.影响一国税收负担水平的决定性因素为（　　）。

A.经济发展水平　　B.政体结构

C.个人分配制度　　D.税制结构

9.下列各项中，不属于微观税负的衡量指标的是（　　）。

A.企业税收负担率　　B.农业户税收负担率

C.个人税收负担率　　D.国民收入税收负担率

10.（　　）是制定税收政策的核心。

A.税收负担问题　　B.税率确定问题

C.税种选择问题　　D.国家税收收入问题

二、多项选择题

1.下列各项中，属于衡量微观税负水平指标的有（　　）。

A.国民收入负担率　　B.企业净产值负担率

C.个人所得负担率　　D.国民生产总值负担率

2.下列商品中，税负较易转嫁的有（　　）。

A.垄断性商品　　B.竞争性商品

C.从价课税商品　　D.从量生产商品

3.影响税收负担的税制因素包括（　　）。

A.课税对象　　B.税率　　C.减免税　　D.附加和加成

4.下列关于税收转嫁与需求弹性的关系，描述正确的有（　　）。

A.需求完全有弹性，所征税收会全部向前转嫁，而落在购买者身上

B.需求完全有弹性，所征税收会全部向后转嫁或不能转嫁，而落在生产要素的提供者或生产者自己身上

C.需求富有弹性，所征税收向前转嫁就困难，只能更多地向后转嫁而落在生产要素

提供者或生产者的身上

D.需求完全无弹性，所征税收会全部向前转嫁，而落在生产要素的购买者身上

5.能够把税负向前转嫁给消费者的市场结构按容易程度比较正确的有（　　）。

A.完全竞争>不完全竞争　　B.不完全竞争>完全竞争

C.寡头垄断>完全垄断　　D.完全垄断>不完全竞争

6.影响税负转嫁的因素有（　　）。

A.税种　　B.商品供求价格弹性

C.反应期限　　D.征税范围

三、判断题

1.税收负担可分为宏观税收负担和微观税收负担，宏观税负是指一国中所有纳税人税收负担的总和，也称总体税负，它反映了一个国家或地区税收负担的整体状况。（　　）

2.税负资本化是税负后转的一种特定方式，但是它同一般的税负后转又有着不同，主要表现在转嫁对象的不同以及转嫁方式的不同。（　　）

3.供给弹性较大、需求弹性较小的商品的税负不易转嫁。（　　）

4.当供求弹性大于1时，应优先考虑税负后转的可能性。（　　）

5.直接税的纳税人和负税人一致。（　　）

6.间接税比直接税的税负容易转嫁。（　　）

7.生产资料与生活资料的税负相比，不容易转嫁。（　　）

8.从价计征与从量计征的税负相比，容易转嫁。（　　）

四、简述题

1.简述税负转嫁的方式。

2.简述税收负担的衡量指标。

3.简述税负转嫁的制约因素。

第五章

税收制度

学习目标

1. 掌握税制构成要素的基本内容。
2. 掌握中国现行税收管理体制。
3. 熟悉中国现行税法体系内容。
4. 熟悉中国税制结构特点。

学习重点

1. 税制构成要素的内容及特点。
2. 中国现行税收管理体制组成。

第一节　税收制度与税法

税收制度与税法密不可分，税法是税收制度的法律表现形式，属于法律范畴；税收制度则是税法所确定的具体内容，税收制度是税收本质特征及税收职能所要求的，属于经济范畴。

税收制度与税法均是因税收而产生的孪生兄弟，它们彼此配合、取长补短，从不同角度共同作用于税收这一经济基础，合力调节税收分配关系。

有税必有法，无法不成税。税收与税法虽然一个属于经济范畴，一个属于法律范畴，但自古以来就是一对不可分割的社会历史概念。从经济基础与上层建筑关系的角度看，税收是税法产生、存在和发展的基础，是决定税法性质和内容的主要因素；而税法以税收为调整对象，为税收活动正常有序地开展提供法律保障。

税法是国家制定的用以调整国家与纳税人之间在征纳税方面的权利及义务关系的法律规范的总称。它是国家及纳税人依法征税、依法纳税的行为准则，其目的是保障国家利益和纳税人的合法权益，维护正常的税收秩序，保证国家的财政收入。

税法具有义务性和综合性的特点。从法律性质上看，税法属于义务性法规，以规定纳税人的义务为主。税法属于义务性法规，并不是指税法没有规定纳税人的权利，而是指纳税人的权利是建立在其纳税义务的基础之上的，处于从属地位。税法属于义务性法规的这一特点是由税收的无偿性和强制性所决定的。税法的另一个特点是具有综合性，它是由一系列单行税收法规及行政规章制度组成的复杂体系，其内容涉及课税的基本原则、征纳双方的权利和义务、税收管理规则、法律责任、解决税务争议的法律规范等。

税法的综合性是由税收制度所调整的税收分配关系和税收法律关系的复杂性所决定的。税法的内容十分丰富，涉及范围也极为广泛，各单行税收法律、法规结合起来，形成了完整配套的税法体系，共同规范和制约税收分配的全过程，是实现依法治税的前提和保证。

在税收分配活动中，税收制度是税收征纳双方所应遵守的行为规范的总和，是一个国家的税负结构、税收管理体制及征收管理体制的总和，它包括国家向纳税人征税的法律依据以及征税机关的管理体制和工作规程（规章），其中各税种的法律法规是税收制度的核心内容。

【税海拾贝 5-1】

明太祖杀驸马护茶税

明朝初期，茶税是仅次于田赋、盐税的第三大税种。《明史·食货志》记载："（明）初，太祖令商人于产茶地买茶，纳钱（税）请引（贩运凭证）。（每）引茶百斤，输（税）钱二百。"茶税成为重要的商业税收。

当时，明朝政府还实行"以茶制番""易马卫边"的特殊政策。西北游牧民族对茶需求量很大，朝廷开展茶马交易，这样既可增收茶税，又可获取战马，巩固边防，具有特殊意义。明初，川陕等西北边疆省份的茶税收入大大高于江南，朝廷对西北地区茶税的征管也十分严格，制定了对偷逃茶税处罚十分严厉的法律规定："凡犯私茶者，与私盐同罪。私茶出境，与关隘不讥（稽查）者，并论（处）死。"

然而，明太祖与马皇后所生的安庆公主的驸马欧阳伦，自恃皇亲国戚，大肆偷逃茶税，贩运私茶出境牟取暴利。《明史·列传九》记载："（欧阳）伦颇不法。洪武末，茶禁方严，数遣私人贩茶出境。"对驸马这种明目张胆的违法行为，其所经驿站无不震惊。但封疆大吏为了自己的"乌纱帽"均不敢过问，这更助长了欧阳伦的气焰，甚至其管家周保也动辄命令地方官吏征调数十辆民车，为他们运送私茶。一次，经过一个渡口，负责稽查走私的河桥巡检司不知其来头，依法进行检查，结果遭到辱骂和殴打。河桥小吏不堪其辱，气愤之下，上书明太祖告发驸马的违法行为。明太祖得知真相后，"大怒，赐伦死，保等皆伏诛"。其茶货全部被朝廷没收。明太祖铁面无私，严格执法，利于全国茶税的征收。

资料来源 伏杰．明太祖杀驸马护茶税［EB/OL］．［2008-07-28］．http：//www.doczj.com/doc/4c13002361.html.

【互动话题 5-1】

有税必有法，无法不成税。你能谈一谈对税收、税法和税收制度三者的理解吗？

第二节 税制构成要素

税制的构成要素是指税制应当具备的必要因素和内容。税制构成要素一般包括纳税人、征税对象、税目、税率、计税依据、纳税环节、纳税地点、纳税期限、减免税、罚则、附则等。其中，纳税人、征税对象和税率是税制三个最基本的构成要素。

一、纳税人及相关概念

（一）纳税人

纳税人又叫纳税义务人、纳税主体，是税法规定的直接负有纳税义务的单位和个人。任何一个税种首先要解决的就是国家对谁征税的问题，如《中华人民共和国个人所得税法》、《中华人民共和国增值税暂行条例》（以下简称《增值税暂行条例》）等第一条规定的都是该税种的纳税义务人。

纳税人有两种基本形式：自然人和法人。自然人和法人是两个相对称的法律概念。自然人是基于自然规律而出生的，享有民事权利和承担民事义务的主体，包括本国公民，也包括外国人和无国籍人。法人是自然人的对称，《中华人民共和国民法典》第五十七条规定："法人是具有民事权利能力和民事行为能力，依法独立享有民事权利和承担民事义务的组织。"我国的法人主要有四种：机关法人、事业法人、企业法人和社团法人。

税法中规定的纳税人有自然人和法人两种最基本的形式。按照不同的目的和标准，还可以对自然人和法人进行多种详细的分类，这些分类对国家制定区别对待的税收政策，以及发挥税收的经济调节作用，具有重要的意义。例如，自然人可划分为居民纳税人和非居民纳税人，或个体经营者和其他个人等；法人可划分为居民企业和非居民企业，还可按企业的不同所有制性质来进行分类等。

与纳税人紧密联系的几个概念有负税人、代扣代缴义务人、代收代缴义务人和代征人。

（二）负税人

负税人是指在经济上实际负担税款的单位和个人。

负税人与纳税人是两个既相联系又相区别的概念：①纳税人是指直接负有纳税义务的单位和个人，而负税人是最终承担纳税义务的单位和个人；②纳税人不一定是税款的实际承担者，即纳税人不一定就是负税人。当纳税人所缴的税款由自己负担时，纳税人与负税人是一致的；当纳税人通过一定的途径将税款转嫁给他人负担时，纳税人就不是负税人。

从我国目前的税制来看，在大多数情况下，特别是对于所得税和财产税等直接税来说，负税人和纳税人是一致的。但对于间接税，由于它是对商品征税，存在着税负转嫁，只要被征税商品能够按较高的价格顺利销售出去，税负就可以转嫁到征税商品的购买者或消费者身上，这样，纳税人和负税人就发生了分离，具体缴纳税款之人并不是最终经济上的税负承担者。

（三）代扣代缴义务人

代扣代缴义务人是指虽不承担纳税义务，但依照有关规定，在向纳税人支付收入、结算货款、收取费用时有义务代扣代缴其应纳税款的单位和个人，如出版社代扣作者稿酬所得的个人所得税等。如果代扣代缴义务人按规定履行了代扣代缴义务，税务机关将支付一定的手续费；反之，如果代扣代缴义务人未按规定代扣代缴税款而造成应纳税款流失，或将已扣缴的税款私自截留挪用、不按时缴入国库，一经税务机关发现，代扣代缴义务人将承担相应的法律责任。

（四）代收代缴义务人

代收代缴义务人是指虽不承担纳税义务，但依照有关规定，在向纳税人收取商品或劳务收入时，有义务代收代缴其应纳税款的单位和个人。例如，《中华人民共和国消费税暂行条例》（以下简称《消费税暂行条例》）第四条第二款规定："委托加工的应税消费品，除受托方为个人外，由受托方在向委托方交货时代收代缴税款。"

（五）代征人

代征人是接受税务机关的委托征收税款的人。代征人因其与税务机关之间成立委托合同而成为税务机关的受托人，根据税务机关的授权为其处理具体的税收事务。代征的义务由税务机关发给的代征证书确定，主要包括：①向纳税义务人代征税款的义务，并由此设立专门账户，核算有关事项的义务；②按期办理税款入库的义务；③接受税务机关检查监督的义务。代征人主要存在于因税源零星分散或所在地域偏僻等原因而使征收效率不高的税种。

二、征税对象及相关概念

（一）征税对象

征税对象又叫课税对象、征税客体，是指税法规定的对什么征税，是征纳税双方权利义务共同指向的客体或标的物，是区别一种税与另一种税的重要标志。例如，消费税的征税对象是应税消费品，房产税的征税对象是房屋等。征税对象是税法最基本的要素，因为它体现了征税的基本界限，决定着某一税种的基本征税范围。同时，征税对象也决定了各个不同税种的名称，如消费税、土地增值税、个人所得税等，这些税种因征税对象不同，税种名称也不同。征税对象按其性质的不同，通常可划分为流转额、所得额、财产、行为、资源五大类，通常也因此将税收分为相应的五大类，即流转税、所得税、财产税、行为税和资源税。

（二）计税依据

计税依据又叫税基，是据以计算征税对象应纳税额的直接数量依据。计税依据可以解决对征税对象课税的计算问题，是对征税对象的量的规定。例如，企业所得税应纳税额的基本计算方法是应纳税所得额乘以适用税率，其中应纳税所得额是据以计算企业应纳税额的数量基础，为企业所得税的计税依据。计税依据按照计量单位的性质划分，有两种基本形态：价值形态和物理形态。价值形态包括应纳税所得额、销售收入、营业收入等；物理形态包括面积、体积、容积、重量等。以价值形态作为计税依据，又称为从价计征，即按征税对象的货币价值计算，如生产销售高档化妆品应纳消费税税额是由高档化妆品的销售收入乘以适用税率计算产生的，其计税依据为销售收入，因此适用从价计征的方法；另一种是从量计征，即直接按征税对象的自然单位计算，如城镇土地使用税应纳税额是由占用土地面积乘以每单位面积应纳税额计算产生的，其计税依据为占用土地面积，因此适用从量计征的方法。

【小资料 5-1】下列税种中，征税对象与计税依据不一致的是（　　）。

A. 企业所得税　　B. 耕地占用税　　C. 车船税

D. 城镇土地使用税　　E. 房产税

【解析】计税依据按照计量单位的性质划分，有两种基本形态：价值形态和物理形态。价值形态包括应纳税所得额、销售收入、营业收入等；物理形态包括面积、体积、容积、重量等。企业所得税的征税对象与计税依据都是企业所得。故选BCDE项。

（三）税目

税目是在税法中对征税对象分类规定的具体的征税项目。税目反映了具体的征税范围，是对征税对象质的界定。设置税目的目的首先是明确具体的征税范围，凡列入税目的即为应税项目，未列入税目的则不属于应税项目。其次，划分税目也是贯彻国家税收调节政策的需要，国家可以不同项目的利润水平及国家经济政策等为依据制定高低不同的税率，以体现不同的税收政策。但是，并非所有税种都需要规定税目。有些税种不分征税对象的具体项目，一律按照征税对象的应税数额采用同一税率计征税款，因此无须设置税目，如企业所得税；有些税种的具体征税对象比较复杂，因此需要设置不同的税目，如消费税、增值税等。

【小资料5-2】《中华人民共和国环境保护税法》第三条规定，本法所称应税污染物，是指本法所附“环境保护税税目税额表”“应税污染物和当量值表”规定的大气污染物、水污染物、固体废物和噪声。因此，环境保护税的税目主要有（　　）。

A. 大气污染物

B. 水污染物

C. 废渣

D. 噪声

【解析】选项ABD符合《中华人民共和国环境保护税法》的有关规定。

三、税率

税率是指对征税对象的征收比例或征收额度。税率是计算税额的尺度，也是衡量税负轻重的重要标志。税率是税制构成的最核心的要素。我国现行的税率主要有：

（一）比例税率

比例税率即对同一征税对象，不分数额大小，都规定相同的征收比例。我国的增值税、城市维护建设税、企业所得税等都采用比例税率。比例税率在适用中又可分为三种具体形式：

1. 单一比例税率

单一比例税率是指对同一征税对象的所有纳税人都适用同一比例税率。

2. 差别比例税率

差别比例税率是指对同一征税对象的不同纳税人适用不同的比例征税。我国现行税法又按产品、行业和地区的不同，将差别比例税率划分为以下三种类型：一是产品差别比例税率，即对不同产品分别适用不同的比例税率，同一产品采用同一比例税率，如消费税、关税等；二是行业差别比例税率，即对不同行业分别适用不同的比例税率，同一行业采用同一比例税率，如增值税等；三是地区差别比例税率，即对不同地区分别适用不同的比例税率，同一地区采用同一比例税率，如城市维护建设税等。

3.幅度比例税率

幅度比例税率是指对同一征税对象，税法只规定最低税率和最高税率，各地区在该幅度内确定具体的适用税率。

幅度比例税率具有计算简单、税负透明度高、有利于保证财政收入、有利于纳税人公平竞争以及不妨碍商品流转额或非商品营业额扩大等优点，符合税收的效率原则。但幅度比例税率不能针对不同的收入水平实施不同的税收负担，在调节纳税人的收入水平方面难以体现税收的公平原则。

（二）超额累进税率

为了解释超额累进税率，在此先说明累进税率和全额累进税率。累进税率是指随着税基的增加而提高的税率，即按征税对象数额的大小划分为若干等级，不同等级的课税数额分别适用不同的税率。课税数额越大，适用税率越高。累进税率一般在所得税中使用，可以充分体现对纳税人收入多的多征、收入少的少征、无收入不征的税收原则，从而有效调节纳税人的收入，正确处理税收的纵向公平问题。全额累进税率是将征税对象的数额划分为若干等级，对每个等级分别规定相应的税率，当税基超过某个级距时，征税对象的全部数额都按提高级距后的相应税率征税，见表5-1。

表5-1 某三级全额累进税率表

级数	全月应纳税所得额	税率（%）
1	5 000元（含）以下	10
2	5 000～20 000元（含）	20
3	20 000元以上	30

运用全额累进税率的关键是查找某一个纳税人的应纳税所得额在税率表中所属的级次，与该级次对应的税率便是该纳税人所适用的税率，全部税基乘以适用税率即可计算出应纳税额。例如，某纳税人某月应纳税所得额为6 000元，根据表5-1所列税率，适用第二级，因此其应纳税额为1 200元（6 000×20%）。

全额累进税率计算方法简便，但税收负担不合理，特别是在划分级距的临界点附近，税额跳跃式递增，甚至会出现应纳税额增加超过征税对象数额增加的不合理现象，不利于鼓励纳税人增加收入。

超额累进税率是把征税对象按数额的大小分成若干等级，每一等级规定一个税率，税率依次提高，但每个纳税人的征税对象则依所属等级同时适用几个税率分别计算，将计算结果相加后得出应纳税款，见表5-2。

表5-2 某三级超额累进税率表

级数	全月应纳税所得额	税率（%）	速算扣除数（元）
1	5 000元（含）以下	10	0
2	5 000 ~ 20 000元（含）	20	500
3	20 000元以上	30	2 500

【小资料5-3】某人某月应纳税所得额为6 000元，计算其应纳税额。

【解析】根据表5-2所列税率，其应纳税额可以分步计算：

第1级的5 000元适用10%的税率，则：

应纳税额=5 000×10%=500（元）

第2级的1 000元（6 000-5 000）适用20%的税率，则：

应纳税额=1 000×20%=200（元）

其该月应纳税额=500+200=700（元）

目前，我国采用这种税率的税种是个人所得税。

在级数较多的情况下，分级计算再相加的方法比较烦琐。为了简化计算，也可采用速算法。速算法的原理是，基于全额累进计算的方法比较简单，可将超额累进计算的方法转化为全额累进计算的方法。对于同样的征税对象数额，按全额累进方法计算出的税额比按超额累进方法计算出的税额多，即有重复计算的部分，这个多征的常数叫速算扣除数。用公式表示为：

速算扣除数=按全额累进方法计算的税额-按超额累进方法计算的税额

将公式移项可得：

按超额累进方法计算的税额=按全额累进方法计算的税额-速算扣除数

接【小资料5-3】，某人某月应纳税所得额为6 000元，如果直接用6 000元乘以所对应级次的税率20%，则对于第一级次的5 000元应纳税所得额就出现了重复计算的部分（5 000×（20%-10%））。因为这5 000元仅适用10%的税率，而现在全部用20%的税率来计算，故多算了10%，这就是速算扣除数。如果用简化的计算，则此人该月的应纳税额为700元（6 000×20%-500）。

（三）定额税率

定额税率即按征税对象确定的计算单位，直接规定一个固定的税额。目前，我国采用定额税率的税种有城镇土地使用税、车船税等。

（四）超率累进税率

超率累进税率即把征税对象数额的相对率划分为若干级距，分别规定相应的差别税率，相对率每超过一个级距，对超过的部分就按高一级的税率计算征税。目前，我国税收体系中采用这种税率的税种是土地增值税。

四、纳税环节

纳税环节主要是指税法规定的征税对象在从生产到消费的流转过程中应当缴纳税款的环节，如流转税在生产和流通环节纳税、所得税在分配环节纳税等。纳税环节有广义和狭义之分。广义的纳税环节是指全部征税对象在再生产中的分布情况，如资源税分布在资源生产环节、商品税分布在生产环节或流通环节、所得税分布在分配环节等。狭义的纳税环节特指应税商品在流转过程中应纳税的环节。商品从生产到消费要经历诸多流转环节，各环节都存在销售额，都可能成为纳税环节。但考虑到税收对经济的影响、财政收入的需要以及税收征管的能力等因素，国家常常对在商品流转过程中所征不同税种规定不同的纳税环节。按照某种税征税环节的多少，纳税环节的形式可以划分为一次课征制和多次课征制。合理选择纳税环节，对加强税收征管，有效控制税源，保证国家财政收入的及时、稳定、可靠，方便纳税人的生产经营活动和财务核算，灵活机动地发挥税收调节经济的作用，具有十分重要的理论意义和实践意义。

【小资料5-4】现行《中华人民共和国消费税暂行条例》第一条规定：“在中华人民共和国境内生产、委托加工和进口本条例规定的消费品的单位和个人，以及国务院确定的销售本条例规定的消费品的其他单位和个人，为消费税的纳税人，应当依照本条例缴纳消费税。”其中的境内生产、委托加工和进口即为纳税环节。

五、纳税期限

纳税期限是指税法规定的关于税款缴纳时间方面的限定。税法关于纳税期限的规定有三个概念：一是纳税义务发生时间。它是指应税行为发生的时间，如《增值税暂行条例》规定，采取预收货款方式销售货物的，其纳税义务发生时间为货物发出的当天。二是纳税期限。纳税人每次发生纳税行为后，不可能马上去缴纳税款，因此税法规定了每种税的纳税期限，即每隔固定时间汇总一次纳税义务的时间。三是缴库期限。它是指税法规定的纳税期满后，纳税人将应纳税款缴入国库的期限。

【小资料5-5】《中华人民共和国资源税法》第十条规定，纳税人销售应税产品，纳税义务发生时间为收讫销售款或者取得索取销售款凭据的当日；自用应税产品的，纳税义务发生时间为移送应税产品的当日。第十二条规定，资源税按月或者按季申报缴纳；不能按固定期限计算缴纳的，可以按次申报缴纳。纳税人按月或者按季申报缴纳的，应当自月度或者季度终了之日起十五日内，向税务机关办理纳税申报并缴纳税款；按次申报缴纳的，应当自纳税义务发生之日起十五日内，向税务机关办理纳税申报并缴纳税款。

六、纳税地点

纳税地点主要是指根据各个税种纳税对象的纳税环节和为有利于对税款进行源泉控制而规定的纳税人（包括代征、代扣、代缴义务人）的具体纳税地点。

【小资料5-6】《中华人民共和国资源税法》第十一条规定：“纳税人应当向应税产品开采地或者生产地的税务机关申报缴纳资源税。”

【税海拾贝5-2】

边界线上的税收

美国共有五十个州，而各个州的税法又不一样，某些州与州之间的边界线正巧穿过一些居民的房间，房主向哪个州缴税呢？后来，美国政府规定，房主的卧室在哪个州就按哪个州的税法向哪个州缴税，如果边界线穿过房主的卧室的，房主的枕头在哪个州就向哪个州纳税。

资料来源　佚名．税收趣事八则［EB/OL］．［2014-11-06］．https：//www.jdy.com/news/1110130860.html.

七、减税免税

减税免税主要是对某些纳税人和征税对象采取减少征税或者免予征税的特殊规定，即税法给予纳税人的税收优惠。税收优惠有以下几种形式：

（一）税基式减免

税基式减免是通过直接缩小计税依据的方式来实现的减税免税。具体包括起征点、免征额、项目扣除以及跨期结转等。

起征点是征税对象达到一定数额开始征税的起点，征税对象数额未达到起征点的不征税，达到起征点的就全部数额征税；免征额是在征税对象的全部数额中免予征税的数额，免征额的部分不征税，仅就超过免征额的部分征税；项目扣除则是指在征税对象中扣除一定项目的数额，以其余额作为计税依据计算税额；跨期结转是将以前纳税年度的经营亏损从本纳税年度经营利润中扣除。

（二）税率式减免

税率式减免是通过直接降低税率的方式实行的减税免税。具体又包括重新确定税率、选用其他税率、零税率。比如企业所得税中，对于符合小型微利条件的企业可以适用20%的税率，而对于国家重点扶持的高新技术企业，则给予15%的企业所得税税率，20%和15%的企业所得税税率相对于25%的基本税率就是税率式减免。

（三）税额式减免

税额式减免是指通过直接减少应纳税额的方式实现的减税免税，具体包括全部免征、减半征收、核定减免率以及另定减征额等。

【小资料5-7】《财政部 国家税务总局关于延续免征国产抗艾滋病病毒药品增值税政策的通知》（财税〔2019〕73号）及《财政部 税务总局关于延长部分税收优惠政策执行期限的公告》（财税〔2021〕6号）指出：自2019年1月1日至2023年12月31日，继续对国产抗艾滋病病毒药品免征生产环节和流通环节增值税。

八、罚则

罚则主要是指对纳税人违反税法的行为采取的处罚措施。

【小资料5-8】《中华人民共和国印花税法》第十九条指出：纳税人、扣缴义务人和税务机关及其工作人员违反本法规定的，依照《中华人民共和国税收征收管理法》和有关法律、行政法规的规定追究法律责任。

九、附则

附则一般规定与该法紧密相关的内容，如该法的解释权、生效时间等。

【小资料5-9】《中华人民共和国契税法》（中华人民共和国主席令第52号）第十六条规定："本法自2021年9月1日起施行。1997年7月7日国务院发布的《中华人民共和国契税暂行条例》同时废止。"

【互动话题5-2】

公民张先生202×年1—12月每月取得工资薪金所得15 000元，三险一金为3 000元，提交专项附加扣除信息6 000元。请计算张先生每月工资薪金所得应预扣预缴的个人所得税。适用的个人所得税税率见表5-3：

表5-3 个人所得税税率表一（综合所得适用）

级数	全年应纳税所得额	税率（%）	速算扣除数（元）
1	不超过36 000元的	3	0
2	超过36 000元至144 000元的部分	10	2 520
3	超过144 000元至300 000元的部分	20	16 920
4	超过300 000元至420 000元的部分	25	31 920
5	超过420 000元至660 000元的部分	30	52 920
6	超过660 000元至960 000元的部分	35	85 920
7	超过960 000元的部分	45	181 920

第三节 我国现行税法体系

一、税法的分类

在税法体系中，按各税法的立法目的、征税对象、权限划分、适用范围、职能作用的不同，税法可分为不同的类型。

（一）按照税法基本内容和效力的不同，可分为税收基本法和税收普通法

税收基本法也称税收通则法，是税法体系的主体和核心，在税法体系中起着税收母法的作用，其基本内容包括税收制度的性质、税务管理机构、税收立法与管理权限、纳税人的基本权利与义务、征税机关的权利与义务、税种设置等。我国目前还没有制定统一的税收基本法，但随着我国税收法制建设的发展和完善，必将研究制定税收基本法。税收普通法是根据税收基本法的原则，对税收基本法规定的事项分别立法实施的法律，如个人所得税法、税收征收管理法等。

（二）按照税法职能作用的不同，可分为税收实体法和税收程序法

税收实体法主要是指确定税种立法，具体规定各税种的征收对象、税目、税率、纳税地点等，如《中华人民共和国企业所得税法》（以下简称《企业所得税法》）。税收程序法是指税收管理方面的法律，如《中华人民共和国税收征收管理法》（以下简称《税收征收管理法》）。

（三）按照税法征收对象的不同，可分为货物劳务税法、所得税法、财产行为税法和资源税法

货物劳务税法主要包括增值税、消费税、关税三个部分。这类税法的特点是与商品生产、流通、消费有密切联系，具有对经济进行宏观调控的作用。所得税法主要包括企业所得税、个人所得税等税法。这类税法的特点是可以直接调节纳税人的收入，具有公平税负、调整分配关系的作用。财产行为税法主要是对财产价值和特定行为课税，包括房产税、印花税等税法。资源税法主要是为了保护和合理使用国家自然资源而设置的，包括资源税、城镇土地使用税等税法。

（四）按照主权国家行使税收管辖权的不同，可分为国内税法、国际税法、外国税法等

国内税法一般是按照属人或属地原则规定的一个国家的内部税收制度。国际税法是指国家间形成的税收制度，主要包括双边或多边国家间的税收协定、条约和国际惯例等。一般而言，国际税法的效力高于国内税法。外国税法是指外国各个国家制定的税收制度。

二、我国现行税法体系的内容

从法律角度来讲，税法体系是指一个国家在一定时期内、一定体制下，以法律形式规定的各种税收法律、法规的总和。但从税收工作的角度来讲，税法体系往往被称为税收制度。一个国家的税收制度是指在既定的管理体制下设置的税种以及与这些税种的征收、管理有关的，具有法律效力的各级成文法律、行政法规、部门规章等的总和。也就是说，税法体系就是通常所说的税收制度，简称税制。

一个国家的税收制度按照构成方法和形式的不同，可分为单一型税制和复合型税制。单一型税制主要是指税种单一、结构简单的税收制度；复合型税制主要是指由多个税种构成的、结构复杂的税收制度。

在现代社会中，世界各国一般都采用多种税并存的复合型税制。一个国家为了有效取得财政收入或调节社会经济活动，必须设置一定数量的税种，并规定每种税的征收和缴纳办法，包括对什么征税、向谁征税、征多少税、何时纳税、何地纳税、按什么手续纳税、不纳税如何处理等。

因此，税收制度的内容主要有三个层次：一是不同的要素构成税种。构成税种的要素主要包括纳税人、征税对象、税目、税率、纳税环节、纳税期限、减税免税等。二是不同的税种构成税收制度。构成税收制度的具体税种，国与国之间差异较大，但一般都包括所得税、货物劳务税以及其他一些税种。三是规范税款征收程序的法律法规，如《税收征收管理法》等。

税种的设置及每种税的征税办法，一般是以法律形式确定的，这个法律就是税法。一个国家的税法一般包括税法通则、各税种的税法（条例）、实施细则、具体规定四个层次。其中，税法通则规定了一个国家的税种设置和每个税种的立法精神；各个税种的税法（条例）分别规定了每种税的征税办法；实施细则是对各税种的税法（条例）的详细说明和解释；具体规定则是根据不同地区、不同时期的具体情况制定的补充性法规。目前，世界上只有少数国家单独制定税法通则，大多数国家都把税法通则的有关内容包

含在各税种的税法（条例）之中，我国的税法就属于这种情况。

在实体税种中，除了关税和船舶吨税由海关负责征收管理外，其他税种均由税务机关负责征收管理。耕地占用税和契税在1996年以前由财政机关的农税部门征收管理，1996年财政部农税管理机构划归国家税务总局领导，这些税种就改由税务部门负责征收。此外，除企业所得税、个人所得税、车船税、环境保护税、烟叶税、船舶吨税、耕地占用税、车辆购置税、资源税、契税、城市维护建设税、印花税是以国家法律的形式发布实施外，其他各税种都是经全国人民代表大会授权立法，由国务院以暂行条例的形式发布实施的。

除税收实体法外，我国对税收征收管理适用的法律制度，都是按照税收管理机关的不同而分别规定的：由税务机关负责征收的税种的征收管理，按照全国人民代表大会常务委员会发布实施的《税收征收管理法》执行；由海关负责征收的税种的征收管理，按照《中华人民共和国海关法》（以下简称《海关法》）及《中华人民共和国进出口关税条例》（以下简称《进出口关税条例》）等有关规定执行。

上述税收实体法和税收程序法构成了我国现行税法体系。

三、税收分类

国家的税收制度应根据本国的具体政治经济条件而确立。各国的政治经济条件不同，税收制度也不尽相同，具体征税办法也千差万别。就一个国家而言，在不同的时期，由于政治经济条件和政治经济目标不同，税收制度也有着或大或小的差异。我国的现行税收制度就其实体法而言，是在1949年中华人民共和国成立后初步制定，经过几次较大的改革逐步演变而来的。按照不同标准，税收可分类如下：

（一）以征收对象性质和作用为标准分类

1.货物劳务税类

货物劳务税类包括增值税、消费税和关税，主要在生产、流通或者服务业中发挥调节作用。

2.资源税类

资源税类包括资源税、土地增值税和城镇土地使用税，主要是对因开发和利用自然资源的差异而形成的级差收入发挥调节作用。

3.所得税类

所得税类包括企业所得税、个人所得税，主要是在国民收入形成后，对生产经营者的利润和个人的纯收入发挥调节作用。

4.财产和行为税类

财产和行为税类包括房产税、车船税、车辆购置税、印花税、契税、环境保护税，主要是对某些财产和行为发挥调节作用。

（二）以税收的计算依据为标准分类

1.从量税

从量税是指以课税对象的数量（重量、面积、件数）为依据，按固定税额计征的一类税。从量税实行定额税率，具有计算简便等优点。如我国现行的车船税和城镇土地使用税等。

2.从价税

从价税是指以课税对象的价格为依据，按一定比例计征的一类税。从价税实行比例税率和累进税率，税收负担比较合理。如我国现行的增值税、关税和各种所得税等税种。

3.复合税

复合税又称混合税，是对某一进出口货物或物品既征收从价税，又征收从量税，即采用从量税和从价税同时征收的一种方法。复合税可以分为两种：一种是以从量税为主加征从价税；另一种是以从价税为主加征从量税。这种税制有利于为政府取得稳定可靠的财政收入，也有利于发挥各税种的不同调节功能。如我国现行的消费税中的白酒、卷烟等。

（三）以税收与价格的关系为标准分类

1.价内税

价内税指税款在应税商品价格内，作为商品价格一个组成部分的—类税，如我国现行的消费税、资源税和关税等税种。

2.价外税

价外税是指税款不在商品价格之内，不作为商品价格的一个组成部分的一类税，如我国现行的增值税。

（四）以税收征收权限和收入支配权限为标准分类

1.中央税

中央税是指由中央政府征收和管理使用或由地方政府征收后全部上缴中央政府所有并支配使用的一类税，如我国现行的关税和消费税等。这类税—般收入较大，征收范围广泛。

2.地方税

地方税是指由地方政府征收和管理使用的一类税，如我国现行的房产税。这类税一般收入稳定，与地方经济利益关系密切。

3.共享税

共享税是指税收的管理权和使用权属中央政府和地方政府共同所有的一类税，如我国现行的增值税。这类税直接涉及中央与地方的共同利益。

（五）以税收负担能否转嫁为标准分类

1.直接税

直接税是指纳税义务人同时是税收的实际负担人，纳税人不能或不便于把税收负担转嫁给别人的税种。所得税类税种的纳税人本身就是负税人，一般不存在税负转移或转嫁的问题，所以所得税属于直接税。

2.间接税

间接税是指纳税义务人不是税收的实际负担人，纳税义务人能够用提高价格或提高收费标准等方法把税收负担转嫁给别人的税种。属于间接税税收的纳税人，虽然表面上负有纳税义务，但是实际上已将自己的税款加于所销售商品的价格上由消费者负担或用其他方式转嫁给别人，即纳税人与负税人不一致。货物劳务类税种是按照货物和劳务收入计算征收的，而这些税种虽然是由商品生产者和经营者负责缴纳，但最终是由商品和劳务的购买者即消费者负担，因此货物劳务类税属于间接税。

（六）按照计税依据是否具有依附性

1.独立税

独立税又称正税、主税、本税，是指不需依附于其他税种而独立计征的税。我国的绝大多数税种均为独立税。

2.附加税

凡必须依附于其他税种，在独立税征收的同时，向纳税人附加征收税款，为附加税。如我国现行的城市维护建设税。

除上述分类以外，税收还可分为累进税和累退税、实物税和货币税、经常税和临时税、财政税和调控税等。上述税收分类对于研究税制结构模式选择、税法体系等问题具有重要意义。

【税海拾贝 5-3】

王莽：所得税的创始人

一般认为所得税创立于18世纪末的英国，实际上具有所得税性质的税种，远在2 000多年前的中国西汉末期就已出现，其创始人便是王莽。

西汉哀帝死后，汉平帝继位。因平帝年龄尚幼，完全受大司马王莽的控制。公元8年，王莽自己登上皇帝宝座，把国号改为“新”，次年改元为“始建国”。始建国元年（即公元9年），王莽开始推行他的经济改革措施，设立了对工商业者的纯经营利润额征收的税种“贡”。《汉书·食货志（下）》中记载：“诸取众物、鸟、兽、鱼、鳖、百虫于山林、水泽及畜牧者，嫔妇桑蚕、织纴、纺绩、补缝，工匠、医、巫、卜、祝及它方技、商贩、贾人坐肆、列里区、谒舍，皆各自占所为于其所之县官，除其本，计其利，十一分之，而以其一为贡。敢不自占、自占不以实者，尽没入所采取，而作县官一岁”。其大意是，凡是从事采集、狩猎、捕捞、畜牧、养蚕、纺织、缝纫、织补、医疗、卜卦算命之人及其他手工业者，还有商贾经营者，都要从其经营收入中扣除成本，算出纯利，按纯利额的十分之一纳税，自由申报，官吏核实，如有不报或不实者，没收全部收入，并拘捕违犯之人，罚服劳役苦工一年。

从税收制度的构成要素来说，王莽的“贡”已具备所得税的特征，其征税对象为纯盈利额；以从事多种经营活动取得纯收入的人为纳税人；税率为10%；纳税人自行申报，官吏核实；对违法者有处罚措施。但由于王莽的“贡”征收范围广，征收方法繁，不仅在技术操作上不可行，而且引起了人民的群起反抗，到公元22年王莽不得不下旨免税，但为时已晚。很快，王莽便国破身死。但是王莽首创的“无所得税之名，而有所得税之实”的“贡”，确比英国1799年开征的所得税早1 700多年。

资料来源　佚名．王莽：所得税的创始人［EB/OL］．［2011-03-06］．https：//wenku.baidu.com/view/2f161d43a75177232f60ddccda38376baf1fe036.html.

【互动话题5-3】

大家在商场中购买商品，其价格中并未分别标明价格和税金，所以，商品中的税金是价内税。你认为这种说法对吗？

第四节 税制结构

税法是一个国家存在的重要保证，是国家财政收入的保证，没有税法，何来国家。一个国家的存在必有其税制的存在，而其中税制结构的完整与完善更是起到了决定性的作用。税制结构是一国税收体系的整体布局和总体结构，可以说，它是国家财政收入的核心。

一、税制结构及分类

税制结构，就是税收制度中税种的布局和组合状况，即税收制度中税种的构成、各税种在税收制度中的地位及相互关系。一个国家的税制结构是根据其经济条件和税收政策，分别主次，设置若干相互协调、相互补充的税种所组成的税制总体格局。

税制结构的影响因素主要是社会经济结构。社会经济结构是指社会经济各种成分、国民经济各个部门和社会再生产各个方面的构成及相互关系。一是指生产关系方面的结构，这种经济结构主要通过经济成分结构（所有制结构）来表现；二是指生产力方面的结构，主要有地区结构、产业结构、产品结构、技术结构、企业结构等。

税制结构的内容主要包括税种的设置、主体税种的选择以及主体税种与辅助税种的配合。根据税种的多少又可以把税制分为单一税制和复合税制。单一税制是以一种征税对象为基础设置税种而形成的税制，这种税制实际应用较少；复合税制是以多种征税对象为基础设置税种而形成的税制。

目前，根据各国主体税种选择的不同，常见的税制结构模式有以下几种：

（一）单一税制

单一税制是指以某一类税收构成的税制结构。在税收的历史上，曾经有人积极主张实行单一税制，但它始终只是在理论上存在，世界各国并未实行，因此在税收学上也称为单一税论。单一税制大致可分为四类：单一土地税论、单一消费税论、单一资本税论、单一所得税论。单一税制的缺点表现在以下几个方面：

1.从财政原则看

单一税制很难保证财政收入的充足，也就难以满足国家所需经费的支出需要。

2.从经济原则看

单一税制容易引起某一方面经济上的变动。

3.从社会原则看

单一税制的征税范围很小，不能普及一切人和物，不符合税收的普遍原则。同时单一税制只对某一方面课税，而对其他方面不课税，也难以实现税收的平等原则。

（二）复合税制

复合税制是国家选择多种税，使其主次有别、同时并存、相互协调、相互补充，组成有机的税收体系。税制结构要具备一定的功能，而具备一定的功能必须符合各项税收原则的要求，一个税种不可能合乎一切税收原则的要求，只有复合税制才能做到。

复合税制是市场经济国家的现实选择，其关键是主体税种的选择。主体税种可以以全部货物劳务税为主体税种，以增值税为主体税种，以所得税为主体税种，以流转税和所得税为双主体税种，以财产税为主体税种。

复合税制有优点也有缺点。

1.复合税制的优点

就财政收入而言，复合税制的税源广且普遍，伸缩性大，弹性充分，收入充足；就社会政策而言，具有平均社会财富，稳定国民经济的功能；就税收负担而言，从多方面捕捉税源，可以减少逃税漏税。

相对而言，复合税制是比较科学合理的税制结构。复合税制为当今世界各国所普遍采用。

2.复合税制的缺点

复合税制的税收种类较多，对生产和流通可能带来不利影响；征收手续繁杂，征收费用较高；容易产生重复课税。

综观当今世界各国税收实践，一般复合税制中主体税种有三种选择：以所得税为主体税；以货物劳务税为主体税；以所得税和货物劳务税并重作为主体税。在以所得税为主体的税制结构中，个人所得税和社会保障税普遍征收并占据主导地位，法人（企业）所得税也是重要税种。在以货物劳务税为主体的税制结构中，增值税、销售税、货物税、消费税、关税等税种作为国家税收收入的主要筹集方式，其税额占税收收入总额比重最大。而所得税、财产税、行为税作为辅助税起到弥补货物劳务税功能欠缺的作用。

二、我国税制结构

中华人民共和国成立以来，为了适应不同时期社会政治经济条件的发展变化，我国的税收制度经历了多次重大改革，但税制结构中货物劳务税居于主导地位的特点始终没有改变。中国税制结构的发展演变具体经历了三个阶段。

第一个阶段是中华人民共和国成立初期到党的十一届三中全会以前。在这一阶段，我国税制实行以货物劳务税为主体的“多种税、多次征”的税制模式，当时货物劳务税收收入占整个税收收入的80%以上。在国有企业占绝对比重、以利润上缴形式为主的计划经济背景下，这种税制结构虽然可以基本满足政府的财政需要，但是却抑制了税收发挥调节经济的作用。

第二个阶段是党的十一届三中全会以后到1994年分税制改革以前。我国经济体制改革使国有经济“一枝独秀”的局面有所改变，为适应税源格局的变化，我国政府于1983年和1984年分两步进行了“利改税”的改革，首次对国有企业开征所得税，并改革了原工商税制。“利改税”以后，我国所得税占工商税收收入的比重迅速上升。1985年，所得税比重达到34.3%，基本形成了一套以货物劳务税为主体、所得税次之、其他税种相互配合的复合税制体系。

第三个阶段是1994年分税制改革后形成的现行税制结构。我国现行税制是在1994年工商税制改革的基础上形成的，此次改革侧重于税制结构的调整和优化，在普遍开征增值税的基础上，建立了以增值税为主体，消费税、营业税彼此配合的货物劳务税体系；颁布并实施了统一的内资企业所得税和个人所得税的法律、法规。1994年分税制改革后，我国的税种由32个减少到18个，税制结构得到了简化，并趋于合理。

经济决定税收，伴随着经济的发展变化，税制结构必然要进行相应的调整，适应现实的经济发展状况和政府的政策目标以及税收征管水平等主客观因素。调整和完善我国税制结构的关键在于不断优化税制结构，利用合理的税种布局及主辅税种的相互配合，保证及时、足额地取得财政收入，促进社会资源的有效配置。我国的税制结构由分税制改革初期形成的以货物劳务税为主体税的税制结构逐渐趋向以所得税和货物劳务税为双主体的税制结构。

1994年的分税制改革确定了我国目前货物劳务税和所得税为主体的双主体税制结构，但在1994—2014年，我国货物劳务税占税收总收入的平均比重为62.11%，而所得税占税收总收入的平均比重仅为22.87%，仅为货物劳务税比重的1/3。

三、不同发展状态国家税制结构的选择

发达国家大多以所得税为主体税种，其中以个人所得税为最主要税种，社会保障税发展迅猛，选择性商品税、财产税和关税为重要补充。发展中国家以货物劳务税为主体税种，所得税地位日益提高，社会保障税开始受到重视。货物劳务税与所得税的区别具体见表5-4。

表5-4　货物劳务税、所得税比较表

货物劳务税	货物劳务税的税基较广，可以较好地保证政府收入的稳定性；传统意义上的货物劳务税，对税收征管的水平要求较所得税低	迎合了经济实力较为薄弱和税收征管水平较低的发展中国家的需求
所得税	其累进性可以起到宏观经济调控的“自动稳定器”的作用；在公平方面的调节作用优于商品税	迎合了税收征管水平较高的发达国家在收入公平、宏观经济调控等方面的需求

当前，世界上经济发达的国家大多实行以个人所得税（含社会保障税，下同）为主体税种的税制结构。这一税制结构的形成与完善建立在经济的高度商品化、货币化、社会化的基础之上，并经历了一个长期的演变过程。目前发达国家形成以个人所得税为主体税的税制结构主要取决于以下客观条件。

（1）发达国家较高的人均收入水平为普遍课征个人所得税提供了基本条件。个人所得税最早出现在1799年的英国，经过了一个多世纪的发展演变，直到20世纪上半叶才逐渐成为经济发达国家的主体税种。在此期间，这些国家经历了第二次世界大战，并且在战后生产力迅速提高，使得国民人均收入水平大幅度增长，为个人所得税的普遍课征奠定了基础。

（2）发达国家经济的高度货币化及其社会城市化程度为个人所得税的课征提供了良好的外部社会条件。发达国家个人收入分配的形式主要表现为货币所得，这就在很大程度上避免了福利性的实物分配甚至名为集体实为私人的公款消费问题，使个人所得的计算较为准确，有利于实现个人所得的公平税负原则。此外，社会的高度城市化，使得大部分人口在相对集中的城市里的机关企业工作，从而可以有效地审核个人收入水平和有关费用的扣除情况，便于对个人所得税实行源泉扣缴的简便征收方式，有效地防止了税款的流失。

（3）发达国家较为健全的司法体制以及先进的税收征管系统为个人所得税的课征提供了现实条件。发达国家在税收立法、司法、行政上分工明确，相互制约，并建立了一套完备有效的税收稽查体系及严厉的处罚制度。同时，在长期的实践中政府非常重视培养纳税人的自觉纳税意识，并且配备先进的服务于纳税人的税收网络系统，不仅大大提高了税收的征管效率，而且降低了个人所得税的征收成本，使之成为政府财政收入的主要来源。

大多数发展中国家（特别是低收入国家）实行以货物劳务税（指国内货物、劳务税和关税等）为主、所得税和其他税为辅的税制结构。同发达国家的税制结构比较，发展中国家的税制结构更突出国内货物劳务税的地位。这种税制结构的形成是与发展中国家的社会经济状况紧密相联的，尤其受到发展中国家较低的人均收入和落后的税收征管水平等因素的制约。

【税海拾贝 5-4】

财税体制改革纵深推进

党的十八届三中全会以来，财税体制改革全面发力，多点突破，纵深推进，取得了明显成效，现代财政制度框架基本确立，税收制度体系建立健全，为促进经济社会持续健康发展、推进国家治理体系和治理能力现代化提供了有力支撑。

税收制度改革取得重大进展。持续深化增值税改革，实现了所有行业税负“只减不增”；优化企业所得税制度，实施了覆盖创业投资等创新全链条的税收优惠政策；实施个人所得税改革；推进资源、环境税制等的改革……税种科学、结构优化、法律健全、规范公平的税收制度体系建立健全。2013—2021年，全国共新增减税降费累计8.8万亿元，市场活力持续激发。税制改革始终与经济全球化的外部环境相适应，出台了一系列促进包容性增长和绿色税制方面的改革措施，有力维护了我国的税收利益。税制结构不断优化，2021年，全国税收收入占一般公共预算收入的比重达到85.3%，其中直接税的比重占比达到了36%。

资料来源　佚名．强化资金和政策保障　推动高质量发展［EB/OL］．［2022-05-18］．http：//www.chinatax.gov.cn/chinatax/n810219/n810780/c5175412/content.html.

【互动话题 5-4】

结合我国目前征纳双方的实际状况，请同学们谈谈我国要实现以个人所得税为主体税的税制结构有哪些主要障碍。

第五节 我国税收管理体制

一、税收管理体制的概念

税收管理体制是在各级国家机构之间划分税权的制度。税权的划分有纵向划分和横向划分的区别。纵向划分是指税权在中央与地方国家机构之间的划分；横向划分是指税权在同级立法、司法、行政等国家机构之间的划分。

我国的税收管理体制是税收制度的重要组成部分，也是财政管理体制的重要内容。税收管理权限包括税收立法权、税收法律法规的解释权、税种的开征或停征权、税目和税率的调整权、税收的加征和减免权等。如果按大类划分，税收管理权限可以简单地划分为税收立法权和税收执法权两类。

二、税收立法权

税收立法权是制定、修改、解释和废止税收法律、法规、规章和规范性文件的权力。它包括两个方面的内容：一是什么机关有税收立法权；二是各级机关的税收立法权是如何划分的。

（一）税收立法权的划分

税收立法权的明确有利于保证国家税法的统一制定和贯彻执行，充分、准确地发挥各级有权机关管理税收的职能，防止越权自定章法、随意减免税收现象的发生。税收立法权的划分可按以下方式进行：

1.按照税种类型的不同划分

按照税种类型有货物劳务税类、所得税类、地方税类等。特定税收领域的税收立法权通常全部给予特定一级的政府。

2.根据税种的基本要素划分

任何税种的结构都由以下几个要素构成：纳税人、征税对象、税基、税率、税目、纳税环节等。理论上，可以将税种的某一要素如税基和税率的立法权，授予某级政府。但在实践中，这种做法并不多见。

3.根据税收执法的级次划分

可以将立法权给予某级政府，再将行政上的执行权给予另一级政府，这是一种传统的划分方式，适用于任何类型的立法权。根据这种模式，有关纳税主体、税基和税率的基本法规的立法权放在中央政府，更具体的税收实施规定的立法权给予较低级政府，因此需要指定某级政府制定不同级次的法律。我国税收立法权的划分就属于此种类型。

（二）我国税收立法权划分的现状

1.中央立法权

中央税、中央与地方共享税以及全国统一实行的地方税的立法权集中在中央，以保证中央政令的统一，维护全国市场统一和企业平等竞争。其中，中央税是指维护国家权益、实施宏观调控所必需的税种，具体包括消费税、关税、车辆购置税等。中央与地方共享税是指同经济发展直接相关的主要税种，具体包括增值税、企业所得税、个人所得税、证券交易印花税。地方税具体包括土地增值税、印花税、城市维护建设税、城镇土地使用税、房产税、车船税等。

2.地方立法权

依法赋予地方适当的地方税收立法权。我国地域辽阔，地区间经济发展水平很不平衡，经济资源包括税源都存在着较大差异，这种状况给制定全国统一的税收法律带来了一定难度。因此，随着分税制改革的进行，有前提地、适当地给地方下放一些税收立法权，使地方可以实事求是地根据自己特有的税源开征新的税种，可以促进地方经济的发展。这样既有利于地方因地制宜地发挥当地的经济优势，也便于同国际税收惯例接轨。具体地说，我国税收立法权的层次划分如下：

（1）全国性税种的立法权。全部中央税、中央与地方共享税和在全国范围内征收的地方税等税法的制定、公布和税种的开征、停征权，属于全国人民代表大会及其常务委员会。

（2）经全国人民代表大会及其常务委员会授权，全国性税种可先由国务院以“条例”或“暂行条例”的形式发布施行。经过一段时期后再进行修订，并通过立法程序由全国人民代表大会及其常务委员会正式立法。

（3）经全国人民代表大会及其常务委员会授权，国务院有制定税法实施细则、增减税目和调整税率的权力。

（4）经全国人民代表大会及其常务委员会授权，国务院有税法的解释权。经国务院授权，国家税务主管部门（财政部和国家税务总局）有税收条例的解释权和制定税收条例实施细则的权力。

（5）省级人民代表大会及其常务委员会有根据本地区经济发展的具体情况和实际需要，在不违背国家统一税法，不影响中央财政收入，不妨碍我国统一市场的前提下，开征全国性税种以外的地方税种的税收立法权。税法的公布，税种的开征、停征，由省级人民代表大会及其常务委员会统一规定，所立税法在公布实施前必须报全国人民代表大会常务委员会备案。

（6）经省级人民代表大会及其常务委员会授权，省级人民政府有本地区地方税法的解释权和制定税法实施细则、调整税目、税率的权力，也可在上述规定的前提下，制定一些税收征收办法，还可以在全国性地方税条例规定的幅度内，确定本地区适用的税率或税额。

上述权力除税法解释权外，在发布实施前和行使后必须报国务院备案。地区性地方税的立法权应只限于省级立法机关，或省级立法机关授权的同级政府，不能层层下放。所立税法可在全省（自治区、直辖市）范围内执行，也可只在部分地区执行。

关于我国现行税收立法权的划分问题，迄今为止，尚无一部法律对之加以完整规定，只是散见于若干财政和税收法律、法规中，尚有待税收基本法做出统一规定。

三、税收执法权

税收执法权和行政管理权是国家赋予税务机关的基本权力，是税务机关实施税收管理和系统内部行政管理的法律手段。其中，税收执法权是指税收机关依法征收税款，依法进行税收管理活动的权力，具体包括税收征收管理权、税务稽查权、税务检查权、税务行政复议裁决权及其他税务管理权。

（一）税收征收管理权

1.我国现行税制下税收征收管理权限的划分

我国《税收征收管理法》第二十八条规定："税务机关依照法律、行政法规的规定征收税款，不得违反法律、行政法规的规定开征、停征、多征、少征、提前征收、延缓征收或者摊派税款。"根据《国务院关于实行分税制财政管理体制的决定》等有关法律、法规的规定，我国现行税制下税收征收管理权限的划分大致如下：

（1）根据事权与财权相结合的原则，按税种划分中央收入与地方收入。将维护国家权益、实施宏观调控所必需的税种划为中央税；将同经济发展直接相关的主要税种划为中央与地方共享税；将适合地方征管的税种划为地方税，并充实地方税税种，增加地方税收收入。

（2）对于地方自行立法的地区性税种，其管理权由省级人民政府及其税务主管部门掌握。

（3）地方税收管理权限在省级及其以下地区如何划分，应由省级人民代表大会或省级人民政府决定。

（4）除少数民族自治区和经济特区外，各地均不得擅自停征全国性的地方税种。

（5）经全国人民代表大会及其常务委员会和国务院的批准，民族自治地区可以拥有某些特殊的税收管理权，如全国性地方税种的某些税目、税率的调整权，以及一般地方税收管理权以外的其他管理权等。

（6）经全国人民代表大会及其常务委员会和国务院的批准，经济特区也可以在享有一般地方税收管理权之外，拥有一些特殊的税收管理权。

（7）上述地方（包括少数民族自治区和经济特区）税收管理权的行使，必须以不影响国家宏观调控和中央财政收入为前提。

（8）涉外税收必须执行国家的统一税法，涉外税收政策的调整权集中在全国人民代表大会常务委员会和国务院，各地一律不得自行制定涉外税收的优惠措施。

（9）根据国务院的有关规定，为了更好地体现公平税负、促进竞争的原则，保护社会主义统一市场的正常发育，在税法规定之外，一律不得减税免税，也不得采取先征后返的形式变相减免税。

2.税务机构的设置

根据我国经济和社会的发展，以及实行分税制财政管理体制的需要，现行税务机构的设置是中央政府设立国家税务总局，在其内部设置一定的职能司局；省及省以下设置地方税务局和税务所。

3.税收征收管理范围的划分

目前，我国的税收分别由税务和海关等系统负责征收管理。

海关系统负责征收和管理的税种有：关税、船舶吨税，同时负责代征进出口环节的增值税和消费税。除此以外的税种由税务局征收和管理。

4.中央政府与地方政府税收收入的划分

根据《国务院关于实行分税制财政管理体制的决定》，我国的税收收入分为中央政府固定收入、地方政府固定收入和中央政府与地方政府共享收入。

（1）中央政府固定收入包括消费税（含由海关代征的进出口环节的消费税）、车辆购置税、关税、海关代征的进出口环节的增值税等。

（2）地方政府固定收入包括城镇土地使用税、耕地占用税、土地增值税、房产税、车船税、契税、环境保护税。

（3）中央政府与地方政府共享收入主要包括：

①增值税（不含由海关代征的进口环节的增值税）：中央政府分享75%，地方政府分享25%。根据国发〔2016〕26号《国务院关于印发全面推开营改增试点后调整中央与地方增值税收入划分过渡方案的通知》，以2014年为基数核定中央返还和地方上缴基数，所有行业企业缴纳的增值税均纳入中央和地方共享范围，中央分享增值税的50%，地方按税收缴纳地分享增值税的50%。

②企业所得税：铁道部门、各银行总行及海洋石油企业缴纳的部分归中央政府，其余部分中央与地方政府按60%与40%的比例分享。

③个人所得税：除储蓄存款利息所得的个人所得税外，其余部分的分享比例与企业所得税相同。

④资源税：海洋石油企业缴纳的部分归中央政府，其余部分归地方政府。

⑤城市维护建设税：铁道部门、各银行总行、各保险总公司集中缴纳的部分归中央政府，其余部分归地方政府。

⑥印花税：证券交易印花税收入的94%归中央政府，其余6%和其他印花税收入归地方政府。

（二）税务检查权

税务机关依据税收法律、法规，可对纳税人等管理相对人履行法定义务的情况进行审查、监督。有效的税务检查可以抑制不法纳税人的侥幸心理，提高税法的威慑力，减少税收违法犯罪行为，保证国家收入，维护税收公平与合法纳税人的合法利益。税务检查包括两类：

（1）税务机关为取得确定税额所需资料，而对纳税人纳税申报的真实性与准确性进行的经常性检查，其依据是税法赋予税务机关的强制行政检查权。

（2）为打击税收违法犯罪行为而进行的特别调查，它可以分为行政性调查和刑事调查两个阶段。行政性调查属于税务检查权的范围，从原则上讲，在纳税人有违反税法的刑事犯罪嫌疑的情况下，即调查的刑事性质确定后，案件开始适用刑事调查程序。

（三）税务稽查权

税务稽查是税务机关依法对纳税人、扣缴义务人履行纳税义务、扣缴义务情况所进行的税务检查和处理工作的总称。税务稽查权是税收执法权的一个重要组成部分，也是整个国家行政监督体系中一种特殊的监督权行使形式。

根据相关法律的规定，税务稽查的基本任务是：依照国家税收法律、法规，查处税收违法行为，保障税收收入，维护税收秩序，促进依法纳税，保证税法的实施。税务稽查必须以事实为根据，以税收法律、法规、规章为准绳，依靠人民群众，加强与司法机关及其他有关部门的联系和配合。各级税务机关设立的税务稽查机构，按照各自的税收管辖范围行使税务稽查职能。

（四）税务行政复议裁决权

税务行政复议裁决权是税收执法权的有机组成部分，该权力的实现对保障和监督税务机关依法行使税收执法权，防止和纠正违法或者不当的具体税务行政行为，保护纳税人和其他有关当事人的合法权益，有着积极作用。根据《中华人民共和国行政复议法》《税收征收管理法》及其他有关规定，为了防止和纠正税务机关违法或者不当的具体行政行为，保护纳税人及其他当事人的合法权益，保障和监督税务机关依法行使职权，纳税人及其他当事人认为税务机关的具体行政行为侵犯其合法权益，可依法向税务行政复议机关申请行政复议。税务行政复议机关受理行政复议申请，做出行政复议决定。税务行政复议机关是指依法受理行政复议申请，对具体行政行为进行审查并做出行政复议决定的税务机关。

《税务行政复议规则》规定，在税务行政复议裁决权的行使过程中，税务行政复议机关中负责税收法制工作的机构具体办理行政复议事项，履行下列职责：

（1）受理行政复议申请。

（2）向有关组织和人员调查取证，查阅文件和资料。

（3）审查申请行政复议的具体行政行为是否合法与适当，起草行政复议决定。

（4）处理或者转送对本规则第15条所列有关规定的审查申请。

（5）对被申请人违反行政复议法及其实施条例和本规则规定的行为，依照规定的权限和程序向相关部门提出处理建议。

（6）研究行政复议工作中发现的问题，及时向有关机关或者部门提出改进建议，重大问题及时向行政复议机关报告。

（7）指导和监督下级税务机关的行政复议工作。

（8）办理或者组织办理行政诉讼案件应诉事项。

（9）办理行政复议案件的赔偿事项。

（10）办理行政复议、诉讼、赔偿等案件的统计、报告、归档工作和重大行政复议决定备案事项。

（11）其他与行政复议工作有关的事项。

行政复议活动应当遵循合法、公正、公开、及时、便民的原则。纳税人及其他当事人对行政复议决定不服的，可依照行政诉讼法的规定向人民法院提起行政诉讼。

（五）其他税收执法权

除上述税收执法权之外，根据法律规定，税务机关还享有其他相关税收执法权，其中主要有税务行政处罚权等。

税务行政处罚权是指税务机关依法对纳税主体违反税法尚未构成犯罪、但应承担相应法律责任的行为实施制裁的权力。税务行政处罚是行政处罚的基本组成部分，税务行政处罚权的行使对于保证国家税收利益、督促纳税人依法纳税有重要作用。税务行政处罚权的法律依据是《中华人民共和国行政处罚法》和《税收征收管理法》等法律法规。

根据《税收征收管理法》的相关规定，税务行政处罚的种类有警告、责令限期改正、罚款、停止出口退税、没收违法所得、收缴发票或停止向其发售发票、提请吊销营业执照、通知出境管理机关阻止出境等。

【税海拾贝 5-5】

周瑞豹征税不力丢官

在我国历史上，县官最重要的任务有四项：征收赋税、钱粮；地方治案；宣传教化；组织生产建设。明太祖朱元璋将县级政府的主要职责进行梳理，并由礼部榜示天下，征收赋税、钱粮被摆在第一位。之后，历代皇帝基本上都把能否按时足量缴纳赋税作为考核县官政绩的首要标准，有的还强调考察官吏政绩必须审定其任内赋税是否按规定足额征纳。如隆庆帝在隆庆五年（公元1571年），公布了完不成税收任务停发俸禄的措施，并诏令“征赋不及八分者，停供司俸”；明末崇祯更是严格要求县官务必完成税收任务，强调“征赋不及额者，不得考选”。

崇祯六年（1633年），有个叫周瑞豹的在四川为官，官至七品。周瑞豹为官最大的特点是心装百姓，为民谋利。据说在崇祯年间，四川大旱，周瑞豹所在的达州久未下雨，不少地方颗粒无收，周瑞豹在救济百姓方面做了不少事，如帮助百姓修筑塘堰，挖井取水以缓解旱情；同时，还在周边地区广为赈灾，以解除百姓之苦。方圆百里的穷苦百姓有口皆碑，称周瑞豹是个好官。

就在这一年，朝廷举行考选，周瑞豹因为民办事，群众基础好，深得百姓的称颂，被一致推荐到成都去经理大事，主持考选工作的官员进行调查、走访，“凡问及此，百姓赞不绝口”。主考选官员十分满意并专门向朝廷请荐，拟荐他为四川巡抚。

不过，由于四川大旱，几年来，周瑞豹均没有完成税收任务，按当时主考选官意见，周瑞豹作风正派，为人实在，敢于吃苦，业绩显著，故一路绿灯，并特将其推荐给崇祯。而就在这时，有人向朝廷报告了周瑞豹连年没完成税收的问题，正被明末起义农民军搅得晕头转向的崇祯听后大怒，他没想到，在财政空虚严重、政府开支捉襟见肘的关键时刻，负责考选的官员竟推荐一个不能完成税收的知县升官，简直是目无国法。面对朝中百余位官员的苦苦哀求，崇祯仍然决定——周瑞豹非但不能升迁，反而要被“削职为民”革掉“乌纱帽”；同时，主持考选工作的三人中有二人因涉嫌包庇、欺君等罪名，受到了严厉的处罚，革除职务，解甲归田，调出京师，永不再用。

周瑞豹因四川大旱而没有完成税收任务，尽管自己恪尽职守，百姓欢呼，终因“触犯皇律”被严厉处分。

资料来源　佚名．周瑞豹征税不力丢官［EB/OL］．［2006-11-21］．https://www.chinaacc.com/new/253%2F260%2F2006%2F11%2Fzh667372431121160022135-0.htm.

课后练习

一、单项选择题

1.下列关于税收的说法中，正确的是（　　）。

A.税收是国家取得财政收入的一种重要工具，其本质是一种生产关系

B.税收分配是基于生产要素进行的分配

C.国家课税的目的是满足提供社会公共产品的需要，以及弥补市场失灵、促进公平分配等

D.国家要行使职能不需要财政收入作为保障

2.纳税人的权利是建立在其纳税义务的基础之上，处于从属地位，所以税法具有义务性法规的特点，这一特点是由税收的（　）特点所决定的。

A.强制性、固定性　　B.无偿性、固定性

C.无偿性、强制性　　D.权利、义务对等

3.有义务借助与纳税人的经济交往而向纳税人收取应纳税款并代为缴纳税款的单位是（　）。

A.纳税人　　B.代收代缴义务人

C.代扣代缴义务人　　D.代征代缴义务人

4.在税法的构成要素中，区分不同税种的主要标志的要素是（　）。

A.税率　　B.税目　　C.税基　　D.征税对象

5.某税种征税对象为应税收入，采用超额累进税率，应税收入800元以下的，适用税率为5%；应税收入800～2 000元的，适用税率为10%；应税收入2 000～5 000元的，适用税率为20%。某纳税人应税收入为4 800元，则应纳税额为（　）。

A.760元　　B.320元　　C.720元　　D.960元

6.下列关于税收法律说法中，不正确的是（　）。

A.税法是依据《宪法》的原则制定

B.税收与税法密不可分，有税必有法，无法不成税

C.违反了税法，不一定就是犯罪

D.税法具有经济分配的性质，实现经济利益在纳税人与国家之间转移

7.《企业所得税法》在税法类型中属于（　）。

A.既是实体法，又是普通法　　B.既是程序法，又是基本法

C.既是实体法，又是基本法　　D.既是程序法，又是普通法

8.下列税种中，属于货物劳务税的是（　）。

A.契税　　B.资源税　　C.消费税　　D.房产税

9.我国目前税制基本上是（　）的税制结构。

A.以间接税为主体　　B.以间接税和直接税为双主体

C.以直接税为主体　　D.无主体

10.下列税种中，属于中央政府与地方政府共享收入的是（　）。

A.进口环节增值税　　B.土地增值税

C.城市维护建设税　　D.进口环节消费税

二、多项选择题

1.下列有关税收的叙述，正确的有（　）。

A.国家课征税款的目的是满足社会公共需要

B.税收分配是以各生产要素的所有者为主体所进行的分配

C.税法体现为法律这一规范形式，是税收制度的核心内容

D.税收分配是国家凭借政治权力进行的分配

2.下列税种中，纳税人与负税人通常一致的有（　　）。

A.个人所得税　　B.企业所得税　　C.增值税　　D.消费税

3.下列关于税法要素的表述中，不正确的有（　　）。

A.并非所有税种都需要规定税目

B.税目是对课税对象的量的规定

C.税目体现征税的深度

D.消费税、企业所得税都规定有不同的税目

4.比例税率是指对同一征税对象，不分数额大小，规定相同的征收比例，其在适用中又可以采用的具体形式有（　　）。

A.单一比例税率　　B.差别比例税率

C.幅度比例税率　　D.双重比例税率

5.税收管理权限包括（　　）。

A.税收立法权　　B.税收法律法规的解释权

C.税种的开征或停征权　　D.税目和税率的调整权

6.税务机关负责征收和管理的税种有（　　）。

A.车辆购置税　　B.证券交易印花税

C.关税　　D.船舶吨税

7.下列税种中，不属于中央税的有（　　）。

A.土地增值税　　B.增值税　　C.车辆购置税　　D.资源税

8.下列税种中，全部属于中央政府固定收入的有（　　）。

A.进口环节的消费税　　B.中央企业的房产税

C.车辆购置税　　D.内销环节的增值税

9.减免税作为税收优惠政策的核心内容，体现了税法的统一性与灵活性的有机结合。下列关于税收减免税表述，正确的有（　　）。

A.增值税即征即退是税额式减免税的一种形式

B.增值税的减免税由全国人大规定

C.免征额是税基式减免税的一种形式

D.零税率是税率式减免税的一种形式

10.下列税种中，征税对象与计税依据不一致的有（　　）。

A.企业所得税　　B.耕地占用税　　C.车船税　　D.城镇土地使用税

三、判断题

1.消费税的纳税人和负税人不一致，存在税负转嫁的问题。（　　）

2.税收“三性”是一个完整的统一体，它们相辅相成，缺一不可。其中，无偿性是核心，强制性是保障，固定性是对强制性和无偿性的一种规范和约束。（　　）

3.速算扣除数的作用主要是减缓计算税率累进的速度。（　　）

4.纳税人的经济行为违反了税法，不一定就是犯罪。（　）

5.我国目前税制基本上是以间接税为主体的税制结构。（　）

6.海关代征的进口环节增值税和消费税属于中央政府固定收入，土地增值税属于地方政府固定收入。（　）

7.税目是对课税对象质的界定。（　）

8.代扣代缴义务人直接从纳税人收取应纳税款。（　）

9.契税、房产税属于对财产的价值或某种行为的课税。（　）

10.海关代征的进口环节增值税和消费税属于中央与地方共享收入。（　）

四、计算题

1.假设表5-5是全额累进税率表，假定甲、乙、丙三人的征税对象数额分别为甲5 000元、乙5 001元、丙30 000元，按照全额累进税率计算税额的方法计算甲、乙、丙三人的应纳税额，各为多少？

2.假设表5-5是超额累进税率表，假定甲、乙、丙三人的征税对象数额分别为甲5 000元、乙5 001元、丙30 000元，按照超额累进税率计算税额的方法计算甲、乙、丙三人的应纳税额，各为多少？

表5-5　累进税率表

级数	全月应纳税所得额（元）	税率（%）
1	5 000以下（含）	10
2	5 000～20 000（含）	20
3	20 000以上	30

第六章

中国现行税收实体法

学习目标

1. 了解我国现行税收实体法的基本内容。
2. 掌握增值税的基本要素：纳税人、征税范围、税率。
3. 掌握消费税的基本要素：纳税人、征税范围、税率。
4. 掌握企业所得税的基本要素：纳税人、征税范围、税率。
5. 掌握个人所得税的基本要素：纳税人、征税范围、税率。
6. 了解其他税种的基本内容。

学习重点

1. 增值税一般计税方式下销项税额和进项税额。
2. 消费税15个具体税目。
3. 企业所得税应纳税额的计算。
4. 个人所得税11类征税范围。
5. 其他税种应纳税额的计算。

第一节　增值税

一、增值税概述

（一）增值税的概念

增值税是以商品（含应税劳务和服务）在流转过程中产生的增值额作为计税依据而征收的一种流转税。从计税原理上说，增值税是对商品生产、流通或劳务服务中多个环节的新增价值或商品的附加值征收的一种流转税。增值税实行价外税，也就是由消费者负担，有增值才征税，没增值不征税。

增值税之所以受到各国青睐，源于其自身设计的一系列优点，堪称一种“良税”，主要表现在以下几个方面：

（1）增值税是一个“中性”税种，它以商品流转的增值额为计税依据，可以有效地避免重复征税，促进纳税人的公平竞争，使税收效率原则得到充分体现。

（2）增值税实行“道道课税、税不重征”，能够体现经济链条各个环节的内在联系，促进纳税人相互监督，从而保障征税过程的普遍性、连续性和合理性，保证税收稳定增长。

（3）增值税的税收负担在商品流转的各个环节合理分配，可以促进生产的专业化和纳税人的横向联合，从而提高劳动生产率、鼓励产品出口，促进本国经济的发展。

（二）增值税的类型

当前，国际上增值税的类型有以下三种类型：

1.生产型增值税

生产型增值税是指不允许纳税人从本期销项税额中抵扣购入固定资产的进项税额。对整个社会来说，由于增值税允许抵扣的范围仅限于原材料等劳动对象的进项税额，因此实际征税对象相当于国民生产总值，故称生产型增值税。

2.收入型增值税

收入型增值税是指只允许纳税人从本期销项税额中抵扣用于生产经营的固定资产的当期折旧价值额的进项税额。对整个社会来说，实际征税对象相当于全部社会产品扣除补偿消耗的生产资料以后的余额，即国民收入，所以称为收入型增值税。

3.消费型增值税

消费型增值税是指允许纳税人从本期销项税额中抵扣用于生产经营的固定资产的全部进项税额。纳税人当期购入的固定资产虽然在以前的经营环节已经缴纳税金，但购入时其缴纳的税金允许全部扣除，因此这部分商品实际上是不征税的。就整个社会来说，相当于只对消费资料征税，而对生产资料不征税，所以称为消费型增值税。

1994年，我国选择采用生产型增值税，一方面是出于财政收入的考虑，另一方面是为了抑制投资膨胀。2003年，党的十六届三中全会明确提出要适时实施增值税转型改革。国家“十一五规划”也明确提出，2006年到2010年间，将“在全国范围内实现增值税由生产型转为消费型”。2004年7月1日，我国率先在东北三省的装备制造业、石油化工业等8个行业进行增值税转型试点。自2007年7月1日起，我国又将试点范围扩大到中部六省26个老工业基地。2008年7月1日，试点范围进一步扩大到内蒙古自治区东部5个盟市和四川汶川地震受灾严重地区。2008年11月10日，我国公布转型方案，决定自2009年1月1日起全面实行消费型增值税。

我国的增值税是对在我国境内从事销售货物、进口货物或者提供加工、修理修配劳务及应税行为的单位和个人，以其取得的货物或应税劳务、应税行为的销售额，以及进口货物的金额为依据计算税款，并实行税款抵扣制的一种流转税。

二、征税范围

我国增值税的征税范围为：在中华人民共和国境内销售货物、进口货物或者提供加工、修理修配劳务及应税行为的情况。其中，应税行为包括销售服务、无形资产或者不动产。

下列情形不属于在境内提供应税行为：

（1）境外单位或者个人向境内单位或者个人销售完全在境外发生的服务。

（2）境外单位或者个人向境内单位或者个人销售完全在境外使用的无形资产。

（3）境外单位或者个人向境内单位或者个人出租完全在境外使用的有形动产。

（4）财政部和国家税务总局规定的其他情形。

三、纳税人

1.单位

一切从事销售、进口货物或者提供加工、修理修配劳务及应税行为的单位都是增值税纳税人，包括企业、行政单位、事业单位、军事单位、社会团体和其他单位。

2.个人

一切从事销售、进口货物或者提供加工、修理修配劳务及应税行为的个人都是增值税纳税人，包括个体工商户和其他个人。

3.承租人、承包人、挂靠人

单位以承包、承租、挂靠方式经营的，承包人、承租人、挂靠人（以下统称承包人）以发包人、出租人、被挂靠人（以下统称发包人）名义对外经营并由发包人承担相关法律责任的，以该发包人为纳税人。否则，以承包人为纳税人。

四、税率及征收率

按照增值税规范化的原则，我国增值税采取了基本税率加低税率的模式。

（一）税率

1.基本税率

增值税一般纳税人销售货物、有形动产租赁或者进口货物，除按规定适用9%税率的货物以外，适用13%的基本税率。

2.低税率9%

提供交通运输服务、邮政服务、基础电信服务、建筑服务、不动产租赁服务，销售不动产，转让土地使用权，销售或进口粮食等农产品等，税率为9%。

3.低税率6%

提供增值电信服务、金融服务、现代服务业服务（不动产租赁服务除外）、生活服务、销售无形资产（转让土地使用权除外），税率为6%。

4.零税率

出口货物或者境内单位和个人跨境销售国务院规定范围内的服务、无形资产，税率为零。具体范围由财政部和国家税务总局另行规定。

5.其他规定

（1）纳税人提供适用不同税率或者征收率的货物、劳务和应税行为，应当分别核算适用不同税率或者征收率的销售额；未分别核算的，从高适用税率。

（2）试点纳税人销售电信服务时，附带赠送用户识别卡、电信终端等货物或者电信服务的，应将其取得的全部价款和价外费用分别进行核算，按各自适用的税率计算缴纳增值税。

（3）油气田企业发生应税行为时，适用《营业税改征增值税试点实施办法》规定的增值税税率。

（二）征收率

对于一般纳税人生产销售的特定货物，确定征收率，按照简易办法征收增值税，并视不同情况，采取不同的征收管理办法。小规模纳税人增值税的征收率为3%，征收率的调整由国务院决定。

小规模纳税人（除其他个人外，下同）销售自己使用过的固定资产，减按2%的征收率征收增值税，并且只能开具普通发票，不得由税务机关代开增值税专用发票。小规模纳税人销售自己使用过的除固定资产以外的物品，应按3%的征收率征收增值税。

自2016年5月1日起，对不动产的租赁及销售在简易计税方式下按5%的征收率征收增值税，个人出租住房原5%的征收率减按1.5%征收增值税。

【税海拾贝 6-1】

与众不同的各国旅行与国际增值税

1. 法国

法国的增值税简称TVA（Taux Valeur Ajoute），税率按行业分为19.6%、5.5%、2.1%等。举例来说，从巴黎卢浮宫坐地铁到埃菲尔铁塔（如图6-1所示），可在自动售票机上购买一张面值为1.7欧元的单程票，其中不含税票价为1.61欧元，TVA税率为5.5%，这些都会显示在车票上。

图6-1　卢浮宫到埃菲尔铁塔的地铁单程票

2. 西班牙

西班牙的增值税简称IVA（Impuestoal Valor Agregado），税率按行业分为18%、8%、4%等。举例来说，从首都马德里坐AVANT列车到历史名城塞哥维亚（如图6-2所示），单程含税票价为10.6欧元，其中包含IVA税额0.78欧元（税率为8%）。

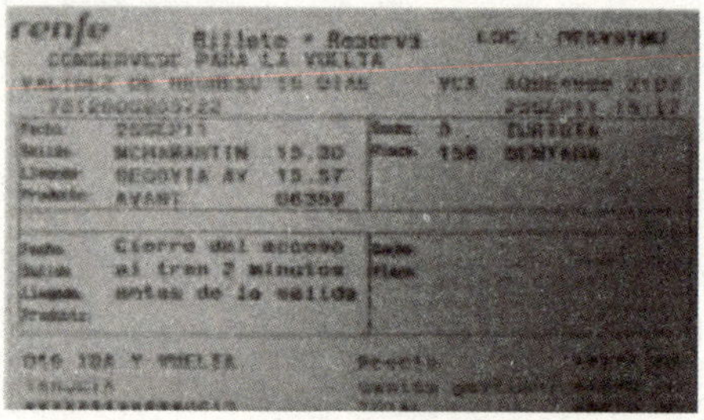

图6-2　马德里到塞哥维亚的列车单程票

3. 澳大利亚

澳大利亚的增值税简称GST（Goods and Services Tax），税率为10%。举例来说，从悉尼市中心前往国内机场，可以乘坐Airport Link列车（如图6-3所示），单程含税票价为11.8澳元，其中包含GST税额1.07澳元。

图6-3 前往悉尼国内机场的列车票

4.大溪地

法属波利尼西亚（通常习惯称它为“大溪地”）是南太平洋上的度假胜地，其增值税简称TVA（Taux Valeur Ajoute），零售业税率为5%。举例来说，如果在超市购买1瓶2L的果汁和12只鸡蛋，含税总价为892太平洋法郎（约合人民币60元）（如图6-4所示），那么其中就包含了5%的TVA。

图6-4 大溪地的超市账单

资料来源 佚名. 与众不同的各国旅行与国际增值税［EB/OL］.［2015-04-24］. http://www.canet.com.cn/tax/ssch/zzsch/201504/24-437351.html.

五、计税依据

增值税的计税方法，包括一般计税方法和简易计税方法。

（一）一般计税方法

一般计税方法的应纳税额，是指当期销项税额抵扣当期进项税额后的余额。应纳税额的计算公式为：

应纳税额=当期销项税额-当期进项税额

1.销项税额

销项税额是指纳税人发生应税行为按照销售额和增值税税率计算并收取的增值税税额。销项税额的计算公式为：

销项税额=销售额×适用税率

销项税额是《增值税暂行条例》中的一个概念，它是由购买方支付的税额。对于属于一般纳税人的销售方来讲，在没有抵扣其进项税额前，销售方收取的销项税额还不是其应纳增值税税额。销项税额的计算取决于销售额和适用税率两个因素，适用税率在前面已有说明，此处主要介绍销售额。需要强调的是，增值税是价外税，公式中的“销售额”必须是不包括收取的销项税额的销售额。

2.对视同销售货物行为的征税规定

单位或个体工商户的下列行为，视同销售货物，征收增值税：

（1）将货物交付其他单位或者个人代销。

（2）销售代销货物。

（3）设有两个以上机构并实行统一核算的纳税人，将货物从一个机构移送至其他机构用于销售，但相关机构设在同一县（市）的除外。受货机构的货物移送行为有下述两项情形之一的，应当向所在地税务机关缴纳增值税；未发生这两项情形的，应由总机构统一缴纳增值税：①向购货方开具发票；②向购货方收取货款。如果受货机构只就部分货物向购买方开具发票或收取货款，则应当区别不同情况计算并分别向总机构所在地或分支机构所在地税务机关缴纳税款。

（4）将自产、委托加工的货物用于集体福利或个人消费。

（5）将自产、委托加工或者购进的货物作为投资，提供给其他单位或者个体工商户。

（6）将自产、委托加工或者购进的货物分配给股东或者投资者。

（7）将自产、委托加工或者购进的货物无偿赠送其他单位或者个人。

（8）营改增相关办法规定的视同销售服务、无形资产或者不动产的情形。

营改增相关办法规定，下列情形视同销售服务、无形资产或者不动产：①单位或者个体工商户向其他单位或者个人无偿提供服务，但用于公益事业或者以社会公众为对象的除外；②单位或者个人向其他单位或者个人无偿转让无形资产或者不动产，但用于公益事业或者以社会公众为对象的除外；③财政部和国家税务总局规定的其他情形。

3.进项税额

根据税法的规定，准予从销项税额中抵扣的进项税额，限于下列增值税扣税凭证上注明的增值税税额和按规定的扣除率计算的进项税额：

（1）从销售方或者提供方取得的增值税专用发票（含税控机动车销售统一发票）上注明的增值税税额。

（2）从海关取得的海关进口增值税专用缴款书上注明的增值税税额。

上述两条规定是指增值税一般纳税人在购进货物、接受应税劳务或应税行为时，取得对方的增值税专用发票或海关进口增值税专用缴款书上已注明规定税率或征收率计算的增值税税额。

增值税扣税凭证是指增值税专用发票、海关进口增值税专用缴款书、农产品收购发票、农产品销售发票、高速公路过路过桥通行费发票（不含财政监制票据）和完税凭证。

纳税人取得的海关进口增值税专用缴款书，按照《国家税务总局关于逾期增值税扣税凭证抵扣问题的公告》（国家税务总局公告2011年第50号）规定的程序，经国家税务总局稽核比对相符后抵扣进项税额。

4.不得从销项税额中抵扣的进项税额

《增值税暂行条例》及营改增相关办法规定，下列项目的进项税额不得从销项税额中抵扣：

（1）纳税人购进货物、接受应税劳务或应税行为，没有按照规定取得并且保存增值税抵扣凭证或增值税扣税凭证上未按规定注明增值税税额及其他有关事项的。

（2）一般纳税人有下列情形之一者，应按销售额依照增值税税率计算应纳税额，不得抵扣进项税额，也不得使用增值税专用发票：①会计核算不健全，或者不能够提供准确税务资料的；②除另有规定外，纳税人销售额超过小规模纳税人标准，未办理一般纳税人认定手续的。

（3）用于简易计税方法计税项目、免征增值税项目、集体福利或者个人消费的购进货物、加工修理修配劳务、服务、无形资产和不动产。其中涉及的固定资产、无形资产、不动产，仅指专用于上述项目的固定资产、无形资产（不包括其他权益性无形资产）、不动产。

纳税人的交际应酬消费属于个人消费。

（4）非正常损失的购进货物，以及相关的加工修理修配劳务和交通运输服务。

（5）非正常损失的在产品、产成品所耗用的购进货物（不包括固定资产）、加工修理修配劳务和交通运输服务。

（6）非正常损失的不动产，以及该不动产所耗用的购进货物、设计服务和建筑服务。

（7）非正常损失的不动产在建工程所耗用的购进货物、设计服务和建筑服务。纳税人新建、改建、扩建、修缮、装饰不动产，均属于不动产在建工程。

（8）购进贷款服务、餐饮服务、居民日常服务和娱乐服务。

（9）财政部和国家税务总局规定的其他情形。

（二）简易计税方法

小规模纳税人适用简易计税方法计税。境外单位或者个人在境内发生应税行为，在境内未设有经营机构的，扣缴义务人按照规定计算应扣缴税额。

六、应纳税额

在计算出销项税额和进项税额后，就可以得出实际应纳税额。

采用一般计税方法缴纳增值税，纳税人的应纳税额为当期销项税额抵扣当期进项税额后的余额。应纳税额的基本计算公式为：

应纳税额=当期销项税额-当期进项税额

小规模纳税人发生应税行为，按照简易计税方法计税，即按销售额和征收率计算应纳税额，不得抵扣进项税额，也不得自行开具增值税专用发票。其应纳税额的计算公式为：

应纳税额=销售额×征收率

公式中的销售额与增值税一般纳税人计算应纳增值税的销售额所包含的内容是一致

的，即纳税人发生应税行为取得的全部价款和价外费用，但是不包括按征收率收取的增值税税额。

进项税税额=接受方支付的价款÷（1+税率）×税率

七、征收管理

（一）增值税纳税义务发生时间

1.增值税纳税义务发生时间的规定

《增值税暂行条例》明确规定了增值税纳税义务的发生时间：第一，销售货物或者提供应税劳务的，为收讫销售款项或者取得索取销售款项凭据的当天；先开具发票的，为开具发票的当天。第二，进口货物的，为报关进口的当天。按销售结算方式的不同，具体分为：

（1）采取直接收款方式销售货物，不论货物是否发出，均为收到销售款或者取得索取销售款凭据的当天。

（2）采取托收承付和委托银行收款方式销售货物，为发出货物并办妥托收手续的当天。

（3）采取赊销和分期收款方式销售货物，为书面合同约定的收款日期的当天，无书面合同的或者书面合同没有约定收款日期的，为货物发出的当天。

（4）采取预收货款方式销售货物，为货物发出的当天，但生产销售生产工期超过12个月的大型机械设备、船舶、飞机等货物，为收到预收款或者书面合同约定的收款日期的当天。

（5）委托其他纳税人代销货物，为收到代销单位的代销清单或者收到全部或者部分货款的当天。未收到代销清单及货款的，为发出代销货物满180天的当天。

（6）销售应税劳务，为提供劳务同时收讫销售款或者取得索取销售款凭据的当天。

（7）纳税人发生视同销售货物行为，为货物移送的当天。

2.营改增相关办法对增值税纳税义务发生时间的规定

（1）纳税人发生应税行为并收讫销售款项或者取得索取销售款项凭据的当天；先开具发票的，为开具发票的当天。

收讫销售款项是指纳税人销售服务、无形资产、不动产过程中或者完成后收到款项。

取得索取销售款项凭据的当天，是指书面合同确定的付款日期；未签订书面合同或者书面合同未确定付款日期的，为服务、无形资产转让完成的当天或者不动产权属变更的当天。

（2）纳税人提供租赁服务采取预收款方式的，其纳税义务发生时间为收到预收款的当天。

（3）纳税人从事金融商品转让的，为金融商品所有权转移的当天。

（4）纳税人发生视同销售服务、无形资产或者不动产情形的，其纳税义务发生时间为服务、无形资产转让完成的当天或者不动产权属变更的当天。

（5）增值税扣缴义务发生时间为纳税人增值税纳税义务发生的当天。

（二）纳税期限

增值税的纳税期限分别为1日、3日、5日、10日、15日、1个月或者1个季度。纳税人的具体纳税期限，由主管税务机关根据纳税人应纳税额的大小分别核定。

纳税人进口货物，应当自海关填发海关进口增值税专用缴款书之日起15日内缴纳税款。

（三）纳税地点

1.固定业户的纳税地点

固定业户应当向其机构所在地或者居住地主管税务机关申报纳税。总机构和分支机构不在同一县（市）的，应当分别向各自所在地的主管税务机关申报纳税；经财政部和国家税务总局或者其授权的财政和税务机关批准的，可以由总机构汇总向总机构所在地的主管税务机关申报纳税。

2.非固定业户的纳税地点

非固定业户应当向应税行为发生地主管税务机关申报纳税；未申报纳税的，由其机构所在地或者居住地主管税务机关补征税款。

3.其他个人的纳税地点

其他个人提供建筑服务，销售或者租赁不动产，转让自然资源使用权，应向建筑服务发生地、不动产所在地、自然资源所在地主管税务机关申报纳税。

4.扣缴义务人的纳税地点

扣缴义务人应当向其机构所在地或者居住地主管税务机关申报缴纳扣缴的税款。

5.进口货物的纳税地点

进口货物，应当由进口人或其代理人向报关地海关申报纳税。

【互动话题6-1】

某增值税小规模纳税人，偶然发生一笔业务，金额超过500万元，能否去税务机关代开增值税专用发票？还是需要先登记为一般纳税人，再领票自开？

第二节　消费税

消费税是对消费品或消费行为按消费流转额征收的一种商品税。

一、征税范围

根据《消费税暂行条例》的规定，我国消费税的征税范围为：在中华人民共和国境内生产、委托加工和进口条例规定的消费品，具体包括生产应税消费品、委托加工应税消费品、进口应税消费品、零售应税消费品。

（一）生产应税消费品

生产应税消费品的销售是消费税征收的主要环节，因为消费税具有单一环节征税的特点，所以在生产销售环节征税以后，货物在流通环节无论再转销多少次，都不用再缴纳消费税了。生产应税消费品除了直接对外销售应征收消费税外，纳税人用生产的应税消费品换取生产资料、消费资料、投资入股、偿还债务以及用于继续生产应税消费品以外的其他方面都应缴纳消费税。

（二）委托加工应税消费品

委托加工应税消费品是指由委托方提供原料和主要材料，受托方只收取加工费和代垫部分辅助材料加工的应税消费品。由受托方提供原材料或其他情形的，一律不能视同委托加工应税消费品。委托加工的应税消费品收回后，再继续用于生产应税消费品销售的，其加工环节缴纳的消费税可以扣除。

（三）进口应税消费品

单位和个人进口货物属于消费税征税范围的，在进口环节也要缴纳消费税。为了减少征税成本，进口环节缴纳的消费税由海关代征。

（四）零售应税消费品

经国务院批准，自1995年1月1日起，金银首饰的消费税由生产销售环节征收改为零售环节征收，改在零售环节征收消费税的金银首饰范围仅限于金、银和金基、银基合金首饰，以及金、银和金基、银基合金的镶嵌首饰。自2002年1月1日起，钻石及钻石饰品消费税改在零售环节征收。自2003年5月1日起，铂金首饰消费税改在零售环节征收。

零售环节适用消费税税率为5%，在纳税人销售金银首饰、钻石及钻石饰品时征收。其计税依据是不含增值税的销售额。

二、纳税人

在中华人民共和国境内生产、委托加工和进口《消费税暂行条例》规定的消费品的单位和个人以及国务院确定的销售《消费税暂行条例》规定的消费品的其他单位和个人，为消费税的纳税人，应当依照《消费税暂行条例》缴纳消费税。

这里的“单位”，是指企业、行政单位、事业单位、军事单位、社会团体及其他单位。

这里的“个人”，是指个体工商户及其他个人。

这里的“在中华人民共和国境内”，是指生产、委托加工和进口属于应当缴纳消费税的消费品的起运地或者所在地在境内。

具体来说，消费税的纳税人包括：生产应税消费品的单位和个人；进口应税消费品的单位和个人；委托加工应税消费品的单位和个人；零售应税消费品的单位和个人；自产自用应税消费品的单位和个人。

进口的应税消费品，尽管其生产地不在我国境内，但其在我国境内销售和消费，为了平衡进口应税消费品与本国应税消费品的税负，必须由从事进口应税消费品的进口商或者代理商按照规定缴纳消费税。个人携带或者邮寄入境的应税消费品的消费税，连同关税一并计征，由携带入境者或者收件人缴纳。

三、税目和税率

我国现行消费税设置了15个税目，有的税目还进一步划分了若干子目。

消费税根据不同的税目或子目确定相应的税率或单位税额。现行消费税税目税率（税额）见表6-1。

表6-1 消费税税目税率（税额）表

税　目	税　率
一、烟	
1.卷烟	
（1）甲类卷烟（生产或进口环节）	56%加0.003元/支
（2）乙类卷烟（生产或进口环节）	36%加0.003元/支
（3）商业批发	11%加0.005元/支
2.雪茄烟	36%
3.烟丝	30%
二、酒	
1.白酒	20%加0.5元/500克（或者500毫升）
2.黄酒	240元/吨
3.啤酒	
（1）甲类啤酒	250元/吨
（2）乙类啤酒	220元/吨
4.其他酒	10%
三、高档化妆品	15%
四、贵重首饰及珠宝玉石	
1.金银首饰、铂金首饰、钻石及钻石饰品	5%
2.其他贵重首饰和珠宝玉石	10%
五、鞭炮、焰火	15%
六、成品油	
1.汽油	1.52元/升
2.柴油	1.20元/升
3.航空煤油	1.20元/升
4.石脑油	1.52元/升
5.溶剂油	1.52元/升

续表

税　目	税　率
6.润滑油	1.52元/升
7.燃料油	1.20元/升
七、小汽车	
1.乘用车	
（1）气缸容量（排气量，下同）在1.0升（含1.0升）以下的	1%
（2）气缸容量在1.0升以上至1.5升（含1.5升）的	3%
（3）气缸容量在1.5升以上至2.0升（含2.0升）的	5%
（4）气缸容量在2.0升以上至2.5升（含2.5升）的	9%
（5）气缸容量在2.5升以上至3.0升（含3.0升）的	12%
（6）气缸容量在3.0升以上至4.0升（含4.0升）的	25%
（7）气缸容量在4.0升以上的	40%
2.中轻型商用客车	5%
3.超豪华小汽车（零售环节）	10%
八、摩托车	
1.气缸容量为250毫升的	3%
2.气缸容量为250毫升以上的	10%
九、高尔夫球及球具	10%
十、高档手表	20%
十一、游艇	10%
十二、木制一次性筷子	5%
十三、实木地板	5%
十四、电池	4%
十五、涂料	4%

【税海拾贝6-2】

戒烟找税务

澳大利亚有个叫麦克瓦雷的商人，他14岁便开始抽烟，从此烟不离手。他36岁时决心戒烟，便想出一个奇怪的戒烟法。

他把1万澳元交给当地的税务局，并订立了一份有法律约束力的健康契约，契约写明，只要他在以后10年内抽上一口烟，税务局可以没收他的这笔钱。如果他真的戒掉烟瘾，税务局可将这笔钱和利息分给他的两个儿子、防癌协会以及全国心脏基金会。

资料来源　佚名．税收趣事八则［EB/OL］．［2014-11-06］．https://www.jdy.com/news/1110130860.html.

四、计税依据

按照现行消费税法的基本规定，消费税应纳税额的计算主要分为从价计征、从量计征和从价从量复合计征三种方法。消费税的计税方法见表6-2。

表6-2　消费税的计税方法

计税方法	计税公式
1.从价计征	销售额×比例税率
2.从量计征	销售数量×单位税额
3.复合计征	销售额×比例税率+销售数量×单位税额

五、应纳税额

（一）生产销售环节应纳消费税的计算

1.从价定率计算

在从价定率计算方法下，应纳税额等于应税消费品的销售额乘以比例税率。其基本计算公式为：

应纳税额=应税消费品的销售额×比例税率

2.从量定额计算

在从量定额计算方法下，应纳税额等于应税消费品的销售数量乘以定额税率。基本计算公式为：

应纳税额=应税消费品的销售数量×定额税率

3.从价定率和从量定额复合计算

现行消费税的征税范围中，只有卷烟、白酒采用复合计算方法。其基本计算公式为：

应纳税额=销售数量×定额税率+销售额×比例税率

（二）自产自用应税消费品应纳消费税的计算

所谓自产自用，是指纳税人生产应税消费品后，不是用于直接对外销售，而是用于自己连续生产应税消费品或用于其他方面。

纳税人自产自用的应税消费品，凡用于其他方面应当纳税的，按照纳税人生产的同类消费品的销售价格计算应纳税额。这里的“同类消费品的销售价格”，是指纳税人当月销售的同类消费品的销售价格。如果当月同类消费品各期的销售价格高低不同，应按销售数量加权平均计算，但销售的应税消费品有下列情况之一的，不得列入加权平均计算：①销售价格明显偏低又无正当理由的；②无销售价格的。

如果当月无销售或者当月未完结，应按照同类消费品上月或者最近月份的销售价格计算纳税。没有同类消费品销售价格的，按照组成计税价格计算纳税。

组成计税价格的计算分为两种情况：

①实行从价定率办法计算纳税的组成计税价格的计算公式为：

组成计税价格=（成本+利润）÷（1-比例税率）

应纳税额=组成计税价格×比例税率

②实行复合计税办法计算纳税的组成计税价格的计算公式为：

组成计税价格=（成本+利润+自产自用数量×定额税率）÷（1-比例税率）

应纳税额=组成计税价格×比例税率+自产自用数量×定额税率

上述公式中的“成本”，是指应税消费品的产品生产成本。

上述公式中的“利润”，是指根据应税消费品全国平均成本利润率计算的利润。应税消费品全国平均成本利润率由国家税务总局确定。

（三）委托加工环节应税消费品应纳税额的计算

委托加工的应税消费品，按照受托方的同类消费品的销售价格计算纳税。同类消费品的销售价格是指受托方（即代收代缴义务人）当月销售的同类消费品的销售价格，如果当月同类消费品各期销售价格高低不同，应按销售数量加权平均计算，但销售的应税消费品有下列情况之一的，不得列入加权平均计算：①销售价格明显偏低又无正当理由的；②无销售价格的。

如果当月无销售或者当月未完结，应按照同类消费品上月或最近月份的销售价格计算纳税。没有同类消费品销售价格的，按照组成计税价格计算纳税。

①实行从价定率办法计算纳税的组成计税价格的计算公式为：

组成计税价格=（材料成本+加工费）÷（1-比例税率）

②实行复合计税办法计算纳税的组成计税价格的计算公式为：

组成计税价格=（材料成本+加工费+委托加工数量×定额税率）÷（1-比例税率）

（四）进口环节应纳消费税的计算

纳税人进口应税消费品，应按照组成计税价格和规定的税率计算应纳税额。

1.实行从价定率办法计算应纳税额

在从价定率办法下，应纳税额的计算公式为：

组成计税价格=（关税完税价格+关税）÷（1-消费税比例税率）

应纳税额=组成计税价格×消费税比例税率

公式中所称“关税完税价格”，是指海关核定的关税计税价格。

2.实行从量定额办法计算应纳税额

在从量定额办法下，应纳税额的计算公式为：

应纳税额=进口应税消费品数量×消费税定额税率

3.实行复合计税办法计算应纳税额

在复合计税办法下，应纳税额的计算公式为：

$$\text{组成计税价格}=(\text{关税完税价格}+\text{关税}+\text{进口应税消费品数量}\times\text{消费税定额税率})\div(1-\text{消费税比例税率})$$

应纳税额=组成计税价格×消费税比例税率+进口应税消费品数量×消费税定额税率

进口环节消费税除国务院另有规定者外，一律不得给予减税、免税。

（五）零售环节应纳税额的计算

对既销售金银首饰，又销售非金银首饰的生产、经营单位，应将两类商品划分清楚，分别核算销售额。凡划分不清楚或不能分别核算并在生产环节销售的，一律从高适用税率征收消费税；在零售环节销售的，一律按金银首饰征收消费税。金银首饰与其他产品组成成套消费品销售的，应按销售额全额征收消费税。

六、征收管理

（一）纳税义务发生时间

纳税人生产的应税消费品在销售时纳税，进口消费品应当在应税消费品的报关进口环节纳税，但金银首饰、钻石及钻石饰品在零售环节纳税。消费税纳税义务发生时间以货款结算方式或行为发生时间分别确定。

（1）纳税人销售应税消费品，其纳税义务发生时间为：①纳税人采取赊销和分期收款结算方式的，为销售合同规定的收款日期的当天；②纳税人采取预收货款结算方式的，为发出应税消费品的当天；③纳税人采取托收承付和委托银行收款方式销售应税消费品的，为发出应税消费品并办妥托收手续的当天；④纳税人采取其他结算方式的，为收讫销售款或者取得销售款凭据的当天。

（2）纳税人自产自用应税消费品的，其纳税义务发生时间为移送使用的当天。

（3）纳税人委托加工收回应税消费品的，其纳税义务发生时间为纳税人提货的当天。

（4）纳税人进口应税消费品的，其纳税义务发生时间为报关进口的当天。

（二）纳税期限

按照《消费税暂行条例》的规定，消费税的纳税期限分别为1日、3日、5日、10日、15日、1个月或者1个季度。纳税人的具体纳税期限，由主管税务机关根据纳税人应纳税额的大小分别核定；不能按照固定期限纳税的，可以按次纳税。

纳税人进口应税消费品，应当自海关填发《海关进口消费税专用缴款书》之日起15日内缴纳税款。

（三）纳税地点

消费税的纳税地点包括：

（1）纳税人销售的应税消费品，以及自产自用的应税消费品，除国家另有规定外，应当向纳税人核算地主管税务机关申报纳税。

（2）委托个人加工的应税消费品，由委托方向其机构所在地或者居住地主管税务机关申报纳税；除此之外，由受托方向机构所在地或者居住地主管税务机关代收代缴消费税税款。

（3）进口的应税消费品，由进口人或者其代理人向报关地海关申报纳税。

（4）纳税人到外县（市）销售或者委托外县（市）代销自产应税消费品的，于应税消费品销售后，向机构所在地或者居住地主管税务机关申报纳税。

【互动话题6-2】

某酿酒厂生产白酒耗用的外购原料既有粮食、薯类酒，又有其他原料酒，工艺复杂，难以划分。请问如何确定白酒的适用消费税税率？

第三节 企业所得税

企业所得税是以企业取得的生产经营所得和其他所得为征税对象所征收的一种税。在我国现行税制中，企业所得税是仅次于增值税的第二大税种。企业所得税在国外被称为公司税、公司所得税、法人税或法人所得税。目前，世界上有160多个国家和地区开征了这种所得税。

我国现行企业所得税的基本规范，是《中华人民共和国企业所得税法》（以下简称《企业所得税法》）和《中华人民共和国企业所得税法实施条例》（以下简称《企业所得税法实施条例》）。其中，《企业所得税法》由中华人民共和国第十届全国人民代表大会第五次会议于2007年3月16日通过。2017年2月24日第十二届全国人民代表大会常务委员会第二十六次会议通过《关于修改〈中华人民共和国企业所得税法〉的决定》，进行第一次修正。2018年12月29日第十三届全国人民代表大会常务委员会第七次会议决定进行第二次修正。而《企业所得税法实施条例》是根据《企业所得税法》的规定制定，经2007年11月28日中华人民共和国国务院第197次常务会议通过，由国务院于2007年12月6日发布，自2008年1月1日起施行。2019年4月23日，中华人民共和国国务院第714号令公布，对《企业所得税法实施条例》部分条款予以修改。

一、企业所得税的特点与作用

（一）企业所得税的特点

按照现代税收理论，所得税具有普遍征收、有利于公平和富有弹性等特性，而征收企业所得税的重要理由，更是基于其公平和合理性。在当代经济社会中，企业经营非常普遍，且在法律上与个人或股东个人不同。因此，在企业利润没作分配之前，仍为企业之所得，不能作为个人或股东个人所得，当然也就不能对其征收个人所得税。如果企业所得可不征税，则当企业盈利时，就可能将盈利保留不作分配，以逃避缴纳个人所得税，就会出现税收负担的不公平。因此，在各国所得税税制中既有个人所得税，也有企业（公司）所得税。我国企业所得税具有以下特点：

第一，征收范围广。在中华人民共和国境内，企业和其他取得收入的组织都是企业所得税的纳税人，都要依照税法的规定缴纳企业所得税。因此，企业所得税具有征收上的广泛性。

第二，税负公平。企业所得税对纳税企业，不分所有制，不分地区、行业，实行统一的比例税率。在普通征收的基础上，能使各类企业税负较为公平。由于企业所得税是对企业的经营净收入，亦称为经营所得征收的，所以企业一般都具有所得税的承受能力，而且企业所得税的负担水平与纳税人所得多少直接关联，即“所得多的多征，所得少的少征，无所得的不征”，因此，企业所得税是一种能够较好体现公平税负和税收中性的良性税种。

第三，对税基的约束力强。所得税的计税依据即应纳税所得额的计算涉及纳税人财务会计核算的各个方面，与企业会计核算关系密切。为了保护税基，企业所得税法律及相关法规明确规定收入总额、扣除项目金额以及资产的税务处理等内容，使应纳税所得额的计算相对独立于企业的会计核算，体现了税法的强制性与统一性。

第四，企业所得税纳税人与负税人一致。企业所得税是对企业的纯利润征税，纳税人缴纳的所得税一般不易转嫁，而由纳税人自己负担，这是一种直接税。

（二）企业所得税的作用

企业所得税在组织财政收入、促进经济增长、进行宏观调控等方面具有重要作用。企业所得税调节的是国家与企业之间的利润分配关系，这种分配关系是我国经济分配制度中最重要的一个方面，是处理其他分配关系的前提和基础。企业所得税的作用主要体现在以下两个方面：

1.财政收入作用

企业所得税是我国第二大主体税种，对组织国家税收收入作用非常重要。随着我国国民经济的快速发展和企业经济效益的不断提高，企业所得税作为税收收入的主体之一也取得了较快的增长。

2.税收调控作用

企业所得税是国家实施税收优惠政策最主要的税种之一，有减免税、降低税率、加计扣除、加速折旧、投资抵免、减计收入等众多的税收优惠措施，是贯彻国家产业政策和社会政策、实施宏观调控的主要政策工具。在为国家财政组织收入的同时，企业所得税作为国家宏观调控的一种重要手段，也促进了我国产业结构调整和经济平稳较快增长。

二、企业所得税的纳税人

企业所得税的纳税人是指在中华人民共和国境内的企业和其他取得收入的经济组织，包括企业、事业单位、社会团体、非企事业单位和从事经营活动的其他组织。

我国根据国际上的通行做法，按照“地域管辖权”和“居民管辖权”的双重标准，将企业所得税的纳税人分为居民企业和非居民企业。

（一）居民企业

居民企业是指依法在中国境内成立，或者依照外国（地区）法律成立但实际管理机构在中国境内的企业。其中，实际管理机构是指对企业的生产经营、人员、账务、财产等实施实质性全面管理和控制的机构。

（二）非居民企业

非居民企业是指依照外国（地区）法律成立且实际管理机构不在中国境内，但在中国境内设立机构、场所的，或者在中国境内未设立机构、场所，但有来源于中国境内所得的企业。

【互动话题6-3】

自然人王某打算个人全资投资设立一家企业，财务人员李某在代为办理企业营业执照时，知悉可以采用“一人有限公司”或“个人独资”两种组织形式，但是不知道这两种组织形式在税收上有何不同，你能帮他解决这个问题吗？

三、企业所得税的征税对象

企业所得税的征税对象是指企业的生产经营所得、其他所得和清算所得。

（一）居民企业的征税对象

居民企业就其来源于中国境内、境外的所得作为征税对象。所得包括销售货物所得、提供劳务所得、转让财产所得、股息红利等权益性投资所得、利息所得、租金所得、特许权使用费所得、接受捐赠所得和其他所得。

（二）非居民企业的征税对象

非居民企业在中国境内设立机构、场所的，应当就其所设机构、场所取得的来源于中国境内、境外，但与其所设机构、场所有实际联系的所得，缴纳企业所得税。

非居民企业在中国境内未设立机构、场所的，或者虽设立机构、场所但取得的所得与其所设机构、场所没有实际联系的，应当就其来源于中国境内的所得缴纳企业所得税。

上述所称实际联系，是指非居民企业在中国境内设立的机构、场所拥有据以取得所得的股权、债权，以及拥有、管理、控制据以取得所得的财产等。

四、企业所得税的税率

企业所得税的税率为25%的比例税率。

非居民企业在中国境内未设立机构、场所的，或者虽设立机构、场所，但取得的所得与其所设机构、场所没有实际联系的，其来源于境内的所得，适用税率为20%，实际执行中，减按10%税率征收。

自2019年1月1日至2021年12月31日，小型微利企业年应纳税所得额不超过100万元的部分，减按25%计入应纳税所得额，按20%的税率缴纳企业所得税；年应纳税所得额超过100万元但不超过300万元的部分，减按50%计入应纳税所得额，按20%的税率缴纳企业所得税。

自2021年1月1日至2022年12月31日，小型微利企业年应纳税所得额不超过100万元的部分，减按12.5%计入应纳税所得额，按20%的税率缴纳企业所得税。

国家需要重点扶持的高新技术企业，减按15%的税率征收企业所得税。

【税海拾贝6-3】

世界各主要国家企业所得税税率排名

近年来企业所得税税率在全球范围内已不断下降，其中大部分是西方国家对各自的本籍（即在国内注册成立的）跨国公司把自己产生大部分应税所得的业务迁往境外的应对之策。看看哪些国家或地区的公司无需支付企业所得税，而哪些国家或地区的公司要把企业利润的1/3上交给政府。

巴哈马没有企业所得税，但公司要缴纳其他形式的税赋。跨国公司（简称MNC）最终支付的实际税率介于5%至15%之间不等，具体则因公司市值而定。

百慕大没有公司所得税，但跨国公司的实际税率平均为12%左右。

开曼群岛没有企业所得税，但跨国公司最终为它们在开曼群岛注册的业务部门所产生的利润支付约13%的税率。

马来西亚的企业所得税税率为27%，但经税收减免之后，本土公司缴纳的税率平均为19%，而跨国公司缴纳的税率平均为17%左右。

印度的法定企业所得税税率为34%，但跨国公司实际支付的税率中位数仅为17%；本土公司则为22%。

瑞士是最早的“避税天堂”之一，虽然对于企业而言并非“避税天堂”。瑞士的企业所得税税率是21%，本土公司的实际税率中位数为17%，而跨国公司为19%。

加拿大的企业所得税税率为36%，但经税收减免之后，跨国公司的实际税率中位数降至仅21%，而纯本土公司的实际税率中位数为14%。

中国在2008年把企业所得税税率降至25%，与巴西相当。经税收减免之后，本土公司及跨国公司的实际税率都在22%左右。

澳大利亚的企业所得税税率为30%，但税收减免之后，本土公司及跨国公司的实际税率中位数降至22%。

法国企业的基准税率为35%。经税收减免之后，本土公司支付的实际税率中位数为25%，而跨国公司的税率平均为23%。

美国跨国公司的企业所得税率是35%。但经税收减免之后，美国本土公司支付的税率中位数为23%，而跨国公司支付的税率中位数为28%。这使得美国在联邦政府征收重税的榜单中排名第二。

德国本土公司及跨国公司的法定所得税税率为37%，但本土公司及跨国公司缴付的实际税率中位数分别为16%和24%。

英国跨国公司及本土公司的法定企业所得税税率是30%，但经税收减免之后，本土公司的总税收负担是20%左右，而跨国公司则为24%左右。

日本的法定企业所得税率为40%，本土公司的实际税率为37%，而大型跨国公司的实际税率为38%，均为全球最高。

资料来源　佚名．全球各主要国家企业所得税税率排名［EB/OL］．［2014-01-29］．https://wenku.baidu.com/view/9e9b526f25c52cc58bd6bee8.html.

五、企业所得税的计税依据

（一）一般规定

企业所得税的计税依据是应纳税所得额。

企业每一纳税年度的收入总额，减除不征税收入、免税收入、各项扣除以及允许弥补的以前年度亏损后的余额，为应纳税所得额。企业实际发生的与取得收入有关的、合理的支出，包括成本、费用、税金、损失和其他支出，准予在计算应纳税所得额时扣除。

企业应纳税所得额的计算以权责发生制为原则，属于当期的收入和费用，不论款项是否收付，均作为当期的收入和费用；不属于当期的收入和费用，即使款项已经在当期收付，均不作为当期的收入和费用。

应纳税所得额的计算公式：

应纳税所得额=收入总额-不征税收入-免税收入-各项扣除-允许弥补的以前年度亏损

在计算应纳税所得额时，企业财务、会计处理与税收法律、行政法规的规定不一致的，应当按照税收法律、行政法规的规定计算。

（二）收入总额的确定

企业的收入总额包括以货币形式和非货币形式从各种来源取得的收入。

企业取得收入的货币形式，包括现金、银行存款、应收账款、应收票据、准备持有至到期的债券投资、债务的豁免等。

企业取得收入的非货币形式，包括固定资产、生物资产、无形资产、股权投资、存货、不准备持有至到期的债券投资、劳务以及有关权益等。企业以非货币形式取得的收入，应当按照公允价值确定收入额，即按照市场价格确定的价值。

1.收入范围

（1）销售货物收入。它是指企业销售商品、产品、原材料、包装物、低值易耗品以及其他存货取得的收入。

（2）提供劳务收入。它是指企业从事建筑安装、修理修配、交通运输、仓储租赁、金融保险、邮电通信、咨询经纪、文化体育、科学研究、技术服务、教育培训、餐饮住宿、中介代理、卫生保健、社区服务、旅游、娱乐、加工以及其他劳务服务活动取得的收入。

（3）转让财产收入。它是指企业转让固定资产、生物资产、无形资产、股权、债权等财产的所有权取得的收入。

（4）股息、红利等权益性投资收益。它是指企业因权益性投资从被投资方取得的收入。

（5）利息收入。它是指企业将资金提供他人使用但不构成权益性投资，或者因他人占用本企业资金取得的收入，包括存款利息、贷款利息、债券利息、欠款利息等收入。

（6）租金收入。它是指企业提供固定资产、包装物及其他有形资产使用权取得的收入。

（7）特许权使用费收入。它是指企业让渡专利权、非专利技术、商标权、著作权等无形资产使用权取得的收入。

（8）接受捐赠收入。它是指企业接受来自其他企业、组织或者个人无偿给予的货币资产或者非货币资产。

（9）视同销售货物、转让财产或者提供劳务收入。企业发生非货币性资产交换，以及将货物、财产、劳务用于捐赠、偿债、赞助、集资、广告、样品、职工福利或者利润分配等用途的，应当视同销售货物、转让财产或者提供劳务，但国务院财政、税务主管部门另有规定的除外。

（10）其他收入。它是指企业取得的除以上收入外的其他收入，包括企业资产溢余收入、逾期未退包装物押金收入、确实无法偿付的应付款项、已作坏账损失处理后又收回的应收款项、债务重组收入、补贴收入、违约金收入、汇兑收益等。

2.收入确认

除企业所得税法及其实施条例另有规定外，企业所得税收入的确认，必须遵循权责发生制原则和实质重于形式原则。企业取得财产（包括各类资产、股权、债权等）转让收入、债务重组收入、接受捐赠收入、无法偿付的应付款收入等，不论是以货币形式还是非货币形式体现，除另有规定外，均应一次性计入确认收入的年度计算缴纳企业所得税。

（1）销售货物收入。

①企业销售商品同时满足下列条件的，应确认收入的实现：

A.商品销售合同已经签订，企业已将商品所有权相关的主要风险和报酬转移给购货方；

B.企业对已售出的商品既没有保留通常与所有权相联系的继续管理权，也没有实施有效控制；

C.收入的金额能够可靠地计量；

D.已发生或将发生的销售方的成本能够可靠地核算。

②符合上述收入确认条件，采取下列商品销售方式的，应按以下规定确认收入的实现：

A.销售商品采用托收承付方式的，在办妥托收手续时确认收入；

B.销售商品采取预收款方式的，在发出商品时确认收入；

C.销售商品需要安装和检验的，在购买方接受商品以及安装和检验完毕时确认收入（如果安装程序比较简单，可在发出商品时确认收入）；

D.销售商品采用支付手续费方式委托代销的，在收到代销清单时确认收入。

（2）提供劳务收入。

①企业在各个纳税期末，提供劳务交易的结果能够可靠估计的，应采用完工进度（完工百分比）法确认提供劳务收入。

A.提供劳务交易的结果能够可靠估计，是指同时满足下列条件：收入的金额能够可靠地计量，交易的完工进度能够可靠地确定，交易中已发生和将发生的成本能够可靠地核算。

B.企业提供劳务完工进度的确定，可选用下列方法：已完工作的测量；已提供劳务占劳务总量的比例；发生成本占总成本的比例。

C.企业应按照从接受劳务方已收或应收的合同或协议价款确定劳务收入总额，根据纳税期末提供劳务收入的总额，乘以完工进度扣除以前纳税年度累计已确认提供劳务收入后的金额，确认为当期劳务收入。同时，按照提供劳务估计总成本乘以完工进度扣除以前纳税期间累计已确认劳务成本后的金额，结转为当期劳务成本。

②下列提供劳务满足收入确认条件的，应按规定确认收入：

A.安装费应根据安装完工进度确认收入。安装工作是商品销售附带条件的，安装费在确认商品销售实现时确认收入。

B.宣传媒介的收费应在相关的广告或商业行为出现于公众面前时确认收入。

C.广告的制作费应根据制作广告的完工进度确认收入。

D.软件费为特定客户开发软件的收费，应根据开发的完工进度确认收入。

E.包含在商品售价内且可区分的服务费，在提供服务的期间分期确认收入。

F.艺术表演、招待宴会和其他特殊活动的收费在相关活动发生时确认收入。收费涉及几项活动的，预收的款项应合理分配给每项活动，分别确认收入。

G.会员费在取得该会员费时确认收入。申请入会或加入会员后，会员在会员期内不再付费就可得到各种服务或商品，或者以低于非会员的价格销售商品或提供服务的，该会员费应在整个受益期内分期确认收入。

H.特许权费。属于提供设备和其他有形资产的特许权费，在交付资产或转移资产所有权时确认收入；属于提供初始及后续服务的特许权费，在提供服务时确认收入。

I.劳务费在相关劳务活动发生时确认收入。

（3）财产转让收入。企业转让股权收入，应于转让协议生效且完成股权变更手续时，确认收入的实现。

（4）股息、红利等权益性投资收益。除国务院财政、税务部门另有规定外，应按照被投资企业股东会或股东大会做出利润分配或转股决定的日期确定收入的实现。

（5）利息收入。按照合同约定的债务人应付利息的日期确认收入的实现。

（6）租金收入。按照合同约定的承租方应付租金的日期确认收入的实现。如果交易合同或协议中规定租赁期限跨年度且租金提前一次性支付的，出租人可对上述已确认的收入，在租赁期内，分期均匀计入相关年度收入。

（7）特许权使用费收入。按照合同约定的特许权使用人应付特许权使用费的日期确认收入的实现。

（8）接受捐赠收入。按照实际收到捐赠资产的日期确认收入的实现。

3.不征税收入

不征税收入是指根据企业所得税原理，从性质上和根源上不属于企业营利性活动带来的经济利益，不负有纳税义务的收入，其不属于税收优惠的范畴。

（1）财政拨款。财政拨款是指各级人民政府对纳入预算管理的事业单位、社会团体等组织拨付的财政资金，但国务院和国务院财政、税务主管部门另有规定的除外。

（2）依法收取并纳入财政管理的行政事业性收费、政府性基金。行政事业性收费，是指依照法律法规等有关规定，按照规定程序批准，在实施社会公共管理，以及在向公民、法人或者其他组织提供特定公共服务过程中，向特定对象收取并纳入财政管理的费用。政府性基金是指企业依照法律、行政法规等有关规定，代政府收取的具有专项用途的财政资金。

（3）国务院规定的其他不征税收入。这是指企业取得的，由国务院财政、税务主管部门规定专项用途并经国务院批准的财政性资金。财政性资金是指企业取得的来源于政府及其有关部门的财政补助、补贴、贷款贴息，以及其他各类财政专项资金，包括直接减免的增值税和即征即退、先征后退、先征后返的各种税收，但不包括企业按规定取得的出口退税款。

4.免税收入

免税收入，是指企业取得的相关收入负有纳税义务，而政府根据社会经济政策目标的需要，可以在一定时期内对其免予征税，而在一定时期又有可能恢复征税的收入，它属于税收优惠的范畴。其内容包括：

（1）国债利息收入。

（2）符合条件的居民企业之间的股息、红利等权益性投资收益。它是指居民企业之间的直接投资取得的投资收益。

（3）在中国境内设立机构、场所的非居民企业从居民企业取得与该机构、场所有实际联系的股息、红利等权益性投资收益。

上述两项所称股息、红利等权益性投资收益，不包括连续持有居民企业公开发行并上市流通的股票不足12个月取得的投资收益。

（4）符合条件的非营利性组织的收入。符合条件的非营利性组织的下列收入为免税收入：①接受其他单位或者个人捐赠的收入；②除《企业所得税法》第七条规定的财政拨款以外的其他政府补助收入，但不包括因政府购买服务取得的收入；③按照省级以上民政、财政部门规定收取的会费；④不征税收入和免税收入产生的银行存款利息收入；⑤财政部、国家税务总局规定的其他收入。

（三）扣除项目

1.准予扣除项目的范围

《企业所得税法》规定，企业实际发生的与取得收入有关的、合理的支出，包括成本、费用、税金、损失和其他支出，准予在计算应纳税所得额时扣除。企业必须能够提供有效证明，证明有关支出确属已经实际发生。

有关的支出，是指与取得收入直接相关的支出。

合理的支出，是指符合生产经营活动常规且必要和正常的支出。

企业发生的支出要准确划分资本性支出和收益性支出。资本性支出不得在发生当期直接扣除，必须按税法规定分期折旧或摊销计入有关成本费用；收益性支出在发生当期直接扣除。

（1）成本。它是指企业在生产经营活动中发生的销售成本、销货成本、业务支出以及其他耗费。

（2）费用。它是指企业在生产经营活动中发生的销售费用、管理费用和财务费用，已经计入成本的有关费用除外。

（3）税金。它是指企业发生的除企业所得税和允许抵扣的增值税以外的各项税金及其附加。

（4）损失。它是指企业在生产经营活动中发生的固定资产和存货的盘亏、毁损、报废损失，转让财产损失，呆账损失，坏账损失，自然灾害等不可抗力因素造成的损失以及其他损失。企业发生的损失，减除责任人赔偿和保险赔款后的余额，依国务院财政、税务主管部门的规定扣除。企业已作损失处理的资产，在以后纳税年度又全部收回或部分收回时，应计入当期收入。

（5）其他支出。它是指除成本、费用、税金、损失外，企业在生产经营活动中发生的与生产经营活动有关的、合理的支出。

2.准予扣除项目的标准

（1）工资薪金支出。企业发生的合理的工资薪金支出，准予扣除。

工资薪金，是指企业每一纳税年度支付给在本企业任职或者受雇的员工的所有现金形式或者非现金形式的劳动报酬，包括基本工资、奖金、津贴、补贴、年终加薪、加班工资，以及与员工任职或者受雇有关的其他支出。

“合理工资薪金”，是指企业按照股东大会、董事会、薪酬委员会或相关管理机构制定的工资薪金制度规定，实际发放给员工的工资薪金。

（2）职工福利费支出。企业发生的职工福利费支出，不超过工资薪金总额14%的部分，准予扣除；超过部分，不得扣除；实际发生额低于规定扣除范围的，按实际发生额扣除。

（3）工会经费。企业拨缴的工会经费，不超过工资薪金总额2%的部分，准予扣除；超过部分，不得扣除；实际发生额低于扣除范围的，按实际发生额扣除。企业凭工会组织开具的《工会经费收入专用收据》或合法、有效的工会经费代收凭据在企业所得税税前扣除。

（4）职工教育经费。企业发生的职工教育经费支出，不超过工资薪金总额8%的部分准予扣除；超过部分，准予在以后纳税年度结转扣除，国务院财政、税务主管部门另有规定的除外。

（5）社会保险费和住房公积金。企业依照国务院有关主管部门或者省级人民政府规定的范围和标准为职工缴纳的“五险一金”，即基本养老保险费、基本医疗保险费、失业保险费、工伤保险费、生育保险、住房公积金，准予扣除。

企业为投资者或者职工支付的补充养老保险费、补充医疗保险费，分别在不超过职工工资总额5%的部分，在计算应纳税所得额时准予扣除；超过的部分，不予扣除。

企业参加财产保险，按照规定缴纳的保险费，准予扣除；企业为投资者或者职工支付的商业保险费，不得扣除。

按照国家有关规定为特殊工种职工支付的人身安全保险费和国务院财政、税务主管部门规定可以扣除的其他商业保险费，可以扣除。所谓特殊工种是指空中作业、水下作业、井下作业等工种。

（6）借款费用和利息支出。企业生产经营活动中发生的合理的不需资本化的借款费用即利息费用，准予扣除。企业在生产经营活动中发生的下列利息支出，准予扣除：

①非金融企业向金融企业借款的利息支出、金融企业的各项存款利息支出和同业拆借利息支出、企业经批准发行债券的利息支出，包括逾期支付罚息，准予税前扣除。

②非金融企业向非金融企业借款的利息支出，不超过按照金融企业同期同类贷款利率计算的数额的部分，准予扣除。

（7）业务招待费。企业发生的与生产经营活动有关的业务招待费支出，按照发生额的60%扣除，但最高不得超过当年销售（营业）收入的5‰，超标准部分，不能向以后纳税年度结转。

（8）广告费和业务宣传费。企业发生的符合条件的广告费和业务宣传费支出，除国务院财政、税务主管部门另有规定外，不超过当年销售（营业）收入15%的部分，准予扣除；超过部分，准予在以后纳税年度结转扣除。

（9）环境保护、生态恢复等专项基金。企业依照法律、行政法规有关规定提取的用于环境保护、生态恢复等方面的专项资金，准予扣除。上述专项资金提取后改变用途的，不得扣除；已经扣除的，应计入企业的当期应纳税所得额，缴纳企业所得税。

（10）租赁费。以经营租赁方式租入固定资产发生的租赁费支出，按照租赁期限均匀扣除。以融资租赁方式租入固定资产发生的租赁费支出，按照规定构成融资租入固定资产价值的部分应当提取折旧费用，分期扣除；企业的或有租金支出，不允许扣除。

（11）劳动保护费。企业发生的合理的劳动保护支出，准予扣除。

（12）公益性捐赠支出。企业发生的公益性捐赠支出，在年度利润总额12%以内的部分，准予在计算应纳税所得额时扣除；超过年度利润总额12%的部分，准予结转以后三年内在计算应纳税所得额时扣除。

（13）总机构分摊的费用。非居民企业在中国境内设立的机构、场所，就其中国境外总机构发生的与该机构、场所生产经营有关的费用，能够提供总机构出具的费用汇集范围、定额、分配依据和方法等证明文件，并合理分摊的，准予扣除。

（14）资产损失。企业实际资产损失，应当在其实际发生且会计上已作损失处理的年度申报扣除；法定资产损失，应当在企业向主管税务机关提供证据资料证明该项资产已符合法定资产损失确认条件，且会计上已作损失处理的年度申报扣除。企业发生的资产损失，应按规定的程序和要求向主管税务机关申报后方能在税前扣除。未经申报的损失，不得在税前扣除。

3.不得扣除的项目

在计算应纳税所得额时，下列支出不得扣除：①向投资者支付的股息、红利等权益性投资收益款项；②企业所得税税款；③税收滞纳金；④罚金、罚款和被没收财物的损失；⑤《企业所得税法》第九条规定以外的捐赠支出；⑥赞助支出；⑦未经核定的准备金支出；⑧企业之间支付的管理费、企业内营业机构之间支付的租金和特许权使用费，以及非银行企业内营业机构之间支付的利息；⑨与取得收入无关的其他支出。

（四）亏损弥补

税前允许弥补的亏损，是指纳税年度收入总额减除不征税收入、免税收入和各项扣除后小于零的数额。纳税人纳税年度发生亏损的，可以用下一纳税年度的所得弥补；下一纳税年度的所得不足弥补的，可以逐年延续弥补，但延续弥补期限最长不得超过5年。5年内不论是盈利或亏损，都作为实际弥补期限计算。而且，企业在汇总计算缴纳企业所得税时，其境外机构的亏损不得抵减境内营业机构的盈利。

六、资产的税务处理

企业的各项资产包括固定资产、生物资产、无形资产、长期待摊费用、投资资产、存货等，以历史成本为计税基础。历史成本是指企业取得该项资产时实际发生的支出。企业持有各项资产期间增值或者减值，除国务院财政、税务主管部门规定可以确认损益外，不得调整该项资产的计税基础。

（一）固定资产的税务处理

1.固定资产的概念

固定资产是指企业为生产产品、提供劳务、出租或者经营管理而持有的使用时间超过12个月的非货币性资产，包括房屋、建筑物、机器、机械、运输工具以及其他与生产经营活动有关的设备、器具、工具等。

2.固定资产的计税基础

（1）外购的固定资产，以购买价款和支付的相关税费以及直接归属于使该项资产达到预定用途发生的其他支出为计税基础。

（2）自行建造的固定资产，以竣工结算前发生的支出为计税基础。企业固定资产投入使用后，由于工程款项尚未结清未取得全额发票的，可暂按合同规定的金额计入固定资产计税基础计提折旧，待发票取得后进行调整。但是，该项调整应在固定资产投入使用后12个月内进行。

（3）融资租入的固定资产，以租入合同约定的付款总额和承租人在签订租赁合同过程中发生的相关费用为计税基础；租赁合同未约定付款总额的，以该资产的公允价值和承租人在签订租赁合同过程中发生的相关费用为计税基础。

（4）盘盈的固定资产，以同类固定资产的重置完全价值为计税基础。

（5）通过捐赠、投资、非货币性资产交换、债务重组等方式取得的固定资产，以该资产的公允价值和支付的相关税费为计税基础。

（6）改建的固定资产，除已足额提取折旧的固定资产的改建支出和租入固定资产的改建支出外，以改建过程中发生的改建支出增加计税基础。

3.固定资产的折旧计提方法

固定资产按照直线法计算的折旧，准予扣除。企业应当自固定资产投入使用月份的次月起计算折旧；停止使用的固定资产，应当自停止使用月份的次月起停止计算折旧。

4.固定资产的净残值

企业应当根据固定资产的性质和使用情况，合理确定固定资产的预计净残值。固定资产的预计净残值一经确定，不得变更。固定资产提足折旧后，不论是否继续使用，均不再计提折旧；提前报废的，也不再补提折旧。

5.固定资产折旧的计提年限

除国务院财政、税务主管部门另有规定外，固定资产计算折旧的最低年限如下：①房屋、建筑物为20年；②飞机、火车、轮船、机器、机械和其他生产设备为10年；③与生产经营活动有关的器具、工具、家具等为5年；④飞机、火车、轮船以外的运输工具为4年；⑤电子设备为3年。

6.固定资产计提折旧的范围

在计算应纳税所得额时，企业按照规定计算的固定资产折旧，准予扣除。下列固定资产不得计算折旧扣除：①房屋、建筑物以外未投入使用的固定资产；②以经营租赁方式租入的固定资产；③以融资租赁方式租出的固定资产；④已足额提取折旧，仍继续使用的固定资产；⑤与经营活动无关的固定资产；⑥单独估价作为固定资产入账的土地；⑦其他不得计算提取折旧的固定资产。

（二）生物资产的税务处理

1.生物资产的概念

生物资产是指有生命的动物和植物。生物资产分为消耗性生物资产、生产性生物资产和公益性生物资产。

2.生产性生物资产的计税基础

生产性生物资产按照以下方法确定计税基础：

（1）外购的生产性生物资产，以购买价款和支付的相关税费为计税基础。

（2）通过捐赠、投资、非货币性资产交换、债务重组等方式取得的生产性生物资产，以该资产的公允价值和支付的相关税费为计税基础。

3.生产性生物资产的折旧方法

（1）生产性生物资产按直线法计算的折旧，准予扣除。

（2）企业应当自生产性生物资产投入使用的次月起计算折旧；停止使用的生产性生物资产，应当自停止使用的次月起停止计算折旧。

（3）企业应当根据生产性生物资产的性质和使用情况，合理确定生产性生物资产的预计残值，预计残值一经确定，不得变更。

4.生产性生物资产的折旧年限

生产性生物资产计算折旧的最低年限如下：①林木类生产性生物资产为10年；② 畜类生产性生物资产为3年。

（三）无形资产的税务处理

1.无形资产的概念

无形资产是指企业为生产产品、提供劳务、出租或者经营管理而持有的、没有实物形态的非货币性长期资产，包括专利权、商标权、著作权、土地使用权、非专利技术、商誉等。

2.无形资产的计税基础

无形资产按照以下方法确定计税基础：

（1）外购的无形资产，以购买价款和支付的相关税费以及直接归属于使该资产达到预定用途发生的其他支出为计税基础。

（2）自行开发的无形资产，以开发过程中该资产符合资本化条件后至达到预定用途前发生的支出为计税基础。

（3）通过捐赠、投资、非货币性资产交换、债务重组等方式取得的无形资产，以该资产的公允价值和支付的相关税费为计税基础。

3.无形资产的摊销范围

下列无形资产不得计算摊销费用扣除：

（1）自行开发的支出已在计算应纳税所得额时扣除的无形资产。

（2）自创商誉。

（3）与经营活动无关的无形资产。

（4）其他不得计算摊销费用扣除的无形资产。

4.无形资产的摊销方法及年限

（1）无形资产按照直线法计算的摊销费用，准予扣除。

（2）无形资产的摊销年限不得低于10年。

（3）作为投资或者受让的无形资产，有关法律规定或者合同约定了使用年限的，可以按照规定或者约定的使用年限分期摊销。

（4）外购商誉的支出，在企业整体转让或者清算时，准予扣除。

（5）无形资产的摊销期自其可供使用时开始至停止使用或出售时止。

（四）投资资产的税务处理

1.投资资产的概念

投资资产，是指企业对外进行权益性投资和债权性投资形成的资产。

2.投资资产的成本

（1）通过支付现金方式取得的投资资产，以购买价款为成本。

（2）通过支付现金以外的方式取得的投资资产，以其公允价值和支付的相关税费为成本。

3.投资资产成本的扣除方法

企业对外投资期间，投资资产的成本在计算应纳税所得额时不得扣除。企业在转让或者处置投资资产时，投资资产的成本，准予扣除。

（五）存货的税务处理

1.存货的概念

存货是指企业持有的以备出售的产品或者商品、处在生产过程中的在产品、在生产或者提供劳务过程中耗用的材料和物料等。

2.存货的成本

（1）通过支付现金方式取得的存货，以购买价款和支付的相关税费为成本。

（2）通过支付现金以外的方式取得的存货，以其公允价值和支付的相关税费为成本。

（3）生产性生物资产收获的农产品，以产出或者采收过程中发生的材料费、人工费和分摊的间接费用等必要支出为成本。

3.存货的成本计算方法

企业使用或者销售的存货的成本计算方法，可以在先进先出法、加权平均法、个别计价法中选用一种。计价方法一经选用，不得随意变更。

企业使用或者销售存货，按照规定计算的存货成本，准予在计算应纳税所得额时扣除。

（六）长期待摊费用的税务处理

长期待摊费用，是指企业发生的应在一个年度以上进行摊销的费用。按规定摊销的，准予在税前扣除。

七、企业所得税的税收优惠

国家对重点扶持和鼓励发展的产业项目，给予企业所得税优惠。企业所得税的税收优惠包括免税、减税、加计扣除、减计收入、税额抵免等多种形式。

（一）税率优惠

符合条件的小型微利企业，减按20%的税率征收企业所得税。国家需要重点扶持的高新技术企业，减按15%的税率征收企业所得税。

（二）税基优惠

1.免税收入

企业取得的国债利息收入、符合条件的居民企业之间的股息和红利等权益性投资收益等免征企业所得税，在计算应纳税所得额时，可以从收入总额中减除。

2.减计收入

企业综合利用资源，生产符合国家企业政策规定产品所取得的收入，可以在计算应纳税所得额时减计收入。企业以《资源综合利用企业所得税优惠目录》规定的资源作为主要原材料，生产国家非限制和非禁止并符合国家和行业相关标准的产品所取得的收入，减按90%计入收入总额。

3.免征、减征所得

（1）企业从事农、林、牧、渔业项目所得，可以免征、减征企业所得税。

①企业从事下列项目的所得，免征企业所得税：蔬菜、谷物、薯类、油料、豆类、棉花、麻类、糖料、水果、坚果的种植；农作物新品种的选育；中药材的种植；林木的培育和种植；牧畜、家禽的饲养；林产品的采集；灌溉、农产品初加工、兽医、农技推广、农机作业和维修等农、林、牧、渔服务业项目；远洋捕捞。

②从事下列项目的所得，减半征收企业所得税：花卉、茶以及其他饮料作物和香料作物的种植；海水养殖、内陆养殖。

（2）企业从事国家重点扶持的公共基础设施项目的投资经营所得，自项目取得第一笔生产经营收入所属纳税年度起，第1年至第3年免征企业所得税，第4年至第6年减半征收企业所得税。

（3）企业从事符合条件的环境保护、节能节水项目的所得，自项目取得第一笔生产经营收入所属纳税年度起，第1年至第3年免征企业所得税，第4年至第6年减半征收企业所得税。

（4）对符合条件的节能服务公司实施合同能源管理项目，符合《企业所得税法》有关规定的，自项目取得第一笔生产经营收入所属纳税年度起，第1年至第3年免征企业所得税，第4年至第6年按照25%的法定税率减半征收企业所得税。

（5）一个纳税年度内，居民企业符合条件的技术转让所得不超过500万元的部分，免征企业所得税；超过500万元的部分，减半征收企业所得税。

4.加计扣除

（1）企业开展研发活动中实际发生的研发费用，未形成无形资产计入当期损益的，在按规定据实扣除的基础上，按照本年度实际发生额的50%，从本年度应纳税所得额中扣除；形成无形资产的，按照无形资产成本的150%在税前摊销。

在2018年1月1日至2020年12月31日期间，企业开展研发活动中实际发生的研发费用，未形成无形资产计入当期损益的，在按规定据实扣除的基础上，再按照实际发生额的75%加计扣除；形成无形资产的，在上述期间按照无形资产成本的175%在税前摊销。

（2）企业支付给残疾职工的工资，企业所得税预缴申报时，允许据实计算扣除；在年度终了进行企业所得税年度申报和汇算清缴时，再按照支付给残疾职工工资的100%加计扣除。

5.加速折旧

企业固定资产确需加速折旧的，可以选择一次性税前扣除，也可以选择缩短折旧年限或者采取加速折旧的方法。企业采取缩短折旧年限方法对固定资产加速折旧的，最低折旧年限不得低于税法规定折旧年限的60%。若为购置已使用过的固定资产，其最低折旧年限不得低于税法规定的最低折旧年限减去已使用年限后剩余年限的60%。

（1）符合以下情形之一的固定资产，可采取缩短折旧年限或采取加速折旧方法计提折旧：由于技术进步，产品更新换代较快的固定资产；常年处于强震动、高腐蚀状态的固定资产。

（2）对所有行业企业在2014年1月1日后新购进的专门用于研发的仪器、设备，单位价值不超过100万元的，允许一次性计入当期成本费用在税前扣除；超过100万元的，可按60%的比例缩短折旧年限，或采取双倍余额递减等方法加速折旧。

（3）对所有行业企业持有的单位价值不超过5 000元的固定资产，允许一次性计入当期成本费用在税前扣除。

6.创业投资企业优惠

创业投资企业采取股权投资方式投资于未上市的中小高新技术企业2年（24个月）以上，凡符合条件的，可以按照其对中小高新技术企业投资额的70%，在股权持有满2年的当年抵扣该创业投资企业的应纳税所得额；当年不足抵扣的，可以在以后纳税年度结转抵扣。

（三）税额优惠

1.专用设备投资额抵减税额

企业购置并实际使用《环境保护专用设备企业所得税优惠目录》《节能节水专用设备企业所得税优惠目录》《安全生产专用生产设备企业所得税优惠目录》规定的环境保护、节能节水、安全生产等专用设备的，该专用设备的投资额的10%可以从企业当年的应纳税额中抵免；当年不足抵免的，可以在以后的5个纳税年度结转抵免。

享受税额抵免优惠的企业，应当实际购买并自身实际投入使用前款规定的专用设备。企业购置上述专用设备在5年内转让、出租的，应当停止享受企业所得税优惠，并补缴已经抵免的企业所得税税款。

2.民族自治地方企业优惠

民族自治地方的自治机关对本民族自治地方的企业应缴纳的企业所得税中属于地方分享的部分，可以决定减征或者免征。自治州、自治县决定减征或者免征的，须报省、自治区、直辖市人民政府批准。

对民族自治地方内国家限制和禁止行业的企业，不得减征或者免征企业所得税。

八、企业所得税应纳税额的计算

企业所得税应纳税额的计算，不同来源的所得，在不同的征收方式下有所不同。居民企业所得税的征收方式分为查账征收和核定征收，非居民企业所得税的征收方式分为据实申报、核定征收和源泉扣缴。

（一）查账征收企业所得税应纳税额的计算

企业财务核算健全，能够按照规定设置、保管账簿、记账凭证，能够准确计算收入、成本、费用，能够依据税法规定正确计算应纳税所得额，能向税务机关提供真实、准确、完整的纳税资料，并能够按规定办理纳税申报的，企业所得税实行查账征收。实行查账征收的企业，应在企业会计利润的基础上，根据税收政策和会计制度的差异进行调整，计算出应纳税所得额，并据此申报缴纳企业所得税。其应纳税额的计算，是在计算确定的应纳税所得额的基础上，乘以适用税率，减除减免和抵免的税额后的余额。其计算公式为：

应纳税额=应纳税所得额×适用税率-减免税额-抵免税额

减免税额和抵免税额，是依照企业所得税法和国务院的税收优惠规定减征、免征和抵免的应纳税额。

（二）核定征收企业所得税应纳税额的计算

1.核定征收的范围

纳税人具有下列情形之一的，应采取核定征收方式征收企业所得税：

（1）依照法律、行政法规的规定可以不设置账簿的。

（2）依照法律、行政法规的规定应当设置但未设置账簿的。

（3）擅自销毁账簿或者拒不提供纳税资料的。

（4）虽设置账簿，但账目混乱或者成本资料、收入凭证、费用凭证残缺不全，难以查账的。

（5）发生纳税义务，未按照规定的期限办理纳税申报，经税务机关责令限期申报，逾期仍不申报的。

（6）申报的计税依据明显偏低，又无正当理由的。

2.核定征收方式

税务机关根据纳税人的具体情况，对核定征收企业所得税的纳税人，核定应税所得率或者核定应纳税所得额。

采用应税所得率方式核定征收企业所得税的，应纳税所得额计算公式如下：

应纳税所得额=应税收入额×应税所得率

或：应纳税所得额=成本（费用）支出额÷（1-应税所得率）×应税所得率

九、企业所得税的征收管理

企业所得税采取按年计算，分月（季）预缴，年终汇算清缴的办法申报缴纳。

（一）预缴

企业应当自月份或季度终了之日起15日内，向税务机关报送预缴企业所得税纳税申报表，并预缴税款。

（二）年度汇算清缴

企业应当自年度终了之日起5个月内，进行企业所得税年度汇算清缴，并向税务机关报送年度企业所得税纳税申报表，结清应缴应退税款。

企业在报送企业所得税纳税申报表时，应当按照规定附送财务会计报告和其他有关资料。

第四节　个人所得税

个人所得税是以自然人取得的各类应税所得为征税对象而征收的一种税，是政府利用税收对个人收入进行调节的一种手段。目前，世界各国的征收模式分为三类：分类所得税制、综合所得税制、混合所得税制。我国现行个人所得税采用的是混合所得税制，即综合和分类相结合的所得税制。

一、纳税人及纳税义务

个人所得税的纳税人是指在中国境内有住所，或者无住所而在境内居住满183天而从中国境内和境外取得所得的个人，以及在中国境内无住所又不居住，或者无住所而在境内居住不满183天而从中国境内取得所得的个人，包括中国公民，个体工商户，外籍个人，中国香港、澳门、台湾同胞，个人独资企业和合伙企业等。

上述纳税人依据住所和居住时间两个标准，可分为居民纳税人和非居民纳税人，并分别承担不同的纳税义务。

我国个人所得税采取代扣代缴和个人自行申报纳税相结合的征税方法，即以个人作为纳税单位，不实行家庭（夫妻联合）申报纳税。凡支付应纳税所得的单位或个人，都是个人所得税的扣缴义务人。除“经营所得”，扣缴义务人在向纳税人支付各项应纳税所得时，均应履行代扣代缴义务。例如，个人股权转让所得的个人所得税，以股权转让方为纳税人，以受让方为扣缴义务人。

二、征税对象

个人所得税的征税对象是个人取得的各项应税所得，包括现金、实物、有价证券和其他形式的经济利益。按应纳税所得的来源划分，现行个人所得税的应税项目共有9个。

（一）工资、薪金所得

工资、薪金所得，是指个人因任职或者受雇取得的工资、薪金、奖金、年终加薪、劳动分红、津贴、补贴以及与任职或者受雇有关的其他所得。

一般来说，工资、薪金所得属于非独立个人劳动所得，即个人所从事的是由他人指定、安排并接受管理的劳动，如工作或服务于公司、工厂、行政单位、事业单位的人员（私营企业主除外）。独立个人劳动，则是指个人所从事的由自己自由提供的，不受他人指定、安排和具体管理的劳动。

（二）劳务报酬所得

劳务报酬所得，是指个人从事劳务取得的所得，包括从事设计、装潢、安装、制图、化验、测试、医疗、法律、会计、咨询、讲学、翻译、审稿、书画、雕刻、影视、录音、录像、演出、表演、广告、展览、技术服务、介绍服务、经纪服务、代办服务以及其他劳务取得的所得。

（三）稿酬所得

稿酬所得，是指个人因其作品以图书、报刊形式出版、发表而取得的所得，包括文字、书画、摄影以及其他作品。

（四）特许权使用费所得

特许权使用费所得，是指个人提供专利权、商标权、著作权、非专利技术以及其他特许权的使用权取得的所得；提供著作权的使用权取得的所得，不包括稿酬所得。

（五）经营所得

经营所得包括：

（1）个体工商户从事生产、经营活动取得的所得。

（2）个人独资企业投资人、合伙企业的个人合伙人来源于境内注册的个人独资企业、合伙企业生产、经营的所得。

（3）个人依法从事办学、医疗、咨询以及其他有偿服务活动取得的所得。

（4）个人对企业、事业单位承包经营、承租经营以及转包、转租取得的所得。

（5）个人从事其他生产、经营活动取得的所得。

（六）利息、股息、红利所得

利息、股息、红利所得，是指个人拥有债权、股权而取得的利息、股息、红利所得。它包括公司债券利息收入、企业集资利息收入和个人结算账户利息收入。

（七）财产租赁所得

财产租赁所得，是指个人出租建筑物、土地使用权、机器设备、车船以及其他财产取得的所得。

（八）财产转让所得

财产转让所得，是指个人转让有价证券、股权、合伙企业中的财产份额、不动产、机器设备、车船以及其他财产取得的所得。

（九）偶然所得

偶然所得，是指个人得奖、中奖、中彩以及其他偶然性质的所得。偶然所得应缴纳的个人所得税税款，一律由发奖单位和机构代扣代缴。

三、个人所得税的税率

（一）综合所得适用税率

综合所得，适用3%~45%的超额累进税率（见表6-3）。

（二）经营所得适用税率

经营所得，适用5%~35%的超额累进税率（见表6-4）。

表6-3　　个人所得税税率表一（综合所得适用）

级数	全年应纳税所得额	税率（%）	速算扣除数（元）
1	不超过36 000元的	3	0
2	超过36 000元至144 000元的部分	10	2 520
3	超过144 000元至300 000元的部分	20	16 920
4	超过300 000元至420 000元的部分	25	31 920
5	超过420 000元至660 000元的部分	30	52 920
6	超过660 000元至960 000元的部分	35	85 920
7	超过960 000元的部分	45	181 920

（注：本表所称全年应纳税所得额是指依照《中华人民共和国个人所得税法》第六条的规定，居民个人取得综合所得以每一纳税年度收入额减除费用6万元以及专项扣除、专项附加扣除和依法确定的其他扣除后的余额。）

表6-4　　个人所得税税率表二（经营所得适用）

级数	全年应纳税所得额	税率（%）	速算扣除数（元）
1	不超过30 000元的	5	0
2	超过30 000元至90 000元的部分	10	1 500
3	超过90 000元至300 000元的部分	20	10 500
4	超过300 000元至500 000元的部分	30	40 500
5	超过500 000元的部分	35	65 500

（注：本表所称全年应纳税所得额是指依照《中华人民共和国个人所得税法》第六条的规定，以每一纳税年度的收入总额减除成本、费用以及损失后的余额。）

（三）非居民个人工资、薪金所得，劳务报酬所得，稿酬所得和特许权使用费所得适用税率

扣缴义务人向非居民个人支付工资、薪金所得，劳务报酬所得，稿酬所得和特许权使用费所得时，按月或者按次代扣代缴税款，适用3%~45%的超额累进税率（见表6-5）。

表6-5　　个人所得税税率表三（非居民个人工资、薪金所得，劳务报酬所得，稿酬所得和特许权使用费所得）

级数	全月应纳税所得额	税率（%）	速算扣除数（元）
1	不超过3 000元的	3	0
2	超过3 000元至12 000元的部分	10	210
3	超过12 000元至25 000元的部分	20	1 410
4	超过25 000元至35 000元的部分	25	2 660
5	超过35 000元至55 000元的部分	30	4 410
6	超过55 000元至80 000元的部分	35	7 160
7	超过80 000元的部分	45	15 160

（四）利息、股息、红利所得，财产租赁所得，财产转让所得和偶然所得适用税率

利息、股息、红利所得，财产租赁所得，财产转让所得和偶然所得，适用比例税率，税率为20%。

四、计税依据的确定

（一）居民个人综合所得的应纳税所得额

居民个人应纳税所得额=收入额-免税收入-减除费用-专项扣除-专项附加扣除-依法确定的其他扣除

（1）收入额

居民个人综合所得的收入额是指在一个纳税年度内工资、薪金总额与劳务报酬所得、稿酬所得、特许权使用费所得以收入减除20%的费用后的余额相加。稿酬所得的收入额减按70%计算。

（2）扣除项目

①减除费用标准

纳税人每一纳税年度减除费用标准为6万元。

②专项扣除

专项扣除，包括居民个人按照国家规定的范围和标准缴纳的基本养老保险、基本医疗保险、失业保险等社会保险费和住房公积金等。

③专项附加扣除

专项附加扣除，包括子女教育、继续教育、大病医疗、住房贷款利息或者住房租金、赡养老人、3岁以下婴幼儿照护等支出。

④依法确定的其他扣除

依法确定的其他扣除，包括个人缴付符合国家规定的企业年金、职业年金，个人购买符合国家规定的商业健康保险、税收递延型商业养老保险的支出，以及国务院规定可以扣除的其他项目。

以上专项扣除、专项附加扣除和依法确定的其他扣除，以居民个人一个纳税年度的应纳税所得额为限额；一个纳税年度扣除不完的，不结转以后年度扣除。

（二）经营所得的应纳税所得额

经营所得，以每一纳税年度的收入总额减除成本、费用以及损失后的余额，为应纳税所得额。

成本、费用，是指生产、经营活动中发生的各项直接支出和分配计入成本的间接费用以及销售费用、管理费用、财务费用；所称损失，是指生产、经营活动中发生的固定资产和存货的盘亏、毁损、报废损失，转让财产损失，坏账损失，自然灾害等不可抗力因素造成的损失以及其他损失。

（三）非居民个人所得的应纳税所得额

非居民个人的工资、薪金所得，以每月收入额减除费用5 000元后的余额为应纳税所得额。非居民个人劳务报酬所得、稿酬所得、特许权使用费所得，以每次收入额为应纳税所得额。劳务报酬所得、稿酬所得、特许权使用费所得以收入减除20%的费用后的余额为收入额。稿酬所得的收入额减按70%计算。

（四）财产租赁所得的应纳税所得额

财产租赁所得，每次收入不超过4 000元的，减除费用800元；4 000元以上的，减除20%的费用，其余额为应纳税所得额。

每次收入不超过4 000元的：应纳税所得额=每次收入额-800

每次收入超过4 000元的：应纳税所得额=每次收入额×（1-20%）

财产租赁所得的应纳税所得额还可以以每月800元为限扣除修缮费用。

（五）财产转让所得的应纳税所得额

以转让财产的收入额减除财产原值和合理费用后的余额，为应纳税所得额。

应纳税所得额=转让收入-财产原值-合理费用

（六）利息、股息、红利所得，偶然所得的应纳税所得额

以每次收入额为应纳税所得额，不减除任何费用。

五、应纳税额

（一）居民个人综合所得应纳税额的计算

应纳税额=应纳税所得额×适用税率-速算扣除数

=（收入额-免税收入-减除费用-专项扣除-专项附加扣除-依法确定的其他扣除）×适用税率-速算扣除数

（二）经营所得应纳税额的计算

经营所得，按年计算、分月或分季预缴、年终汇算清缴、多退少补。其计算公式为：

本月应预缴税额=本月累计应纳税所得额×适用税率-速算扣除数-上月累计已预缴税额

经营所得应纳税所得额=该年度收入总额-（成本+费用+损失+准予扣除的税金+其他支出）-允许弥补的以前年度亏损

此外，取得经营所得的个人，没有综合所得的，计算其每一纳税年度的应纳税所得额时，应当减除费用6万元、专项扣除、专项附加扣除以及依法确定的其他扣除。专项附加扣除在办理汇算清缴时减除。

应纳税额=应纳税所得额×税率-速算扣除数

汇算清缴税额=全年应纳税额-全年累计已预缴税额

（三）非居民个人工资薪金所得、劳务报酬、特许权使用费、稿酬应纳税额的计算

非居民个人工资薪金所得、劳务报酬所得、稿酬所得、特许权使用费所得，以每次收入额为应纳税所得额。其中，劳务报酬所得、稿酬所得、特许权使用费所得以收入减除20%的费用后的余额为收入额。稿酬所得的收入额减按70%计算。根据表6-5计算应纳税金。

劳务报酬收入额=每次收入×（1-20%）

特许权使用费收入额=每次收入×（1-20%）

稿酬收入额=每次收入×（1-20%）×70%

应纳税所得额=收入额

应纳税额=应纳税所得额×税率-速算扣除数

（四）财产租赁所得应纳税额的计算

财产租赁所得应纳税额的计算公式根据不同情况应有所区别。

（1）每次（月）收入不超过4 000元时：

应纳税额=［每次（月）收入额-准予扣除项目-修缮费用-800］×20%

（2）每次（月）收入超过4 000元时：

应纳税额=［每次（月）收入额-准予扣除项目-修缮费用］×（1-20%）×20%

（五）财产转让所得应纳税额的计算

应纳税额=应纳税所得额×适用税率=（收入总额-财产原值-合理税费）×20%

合理税费是指卖出财产时按照规定支付的有关税费，包括城市维护建设税、教育费附加、土地增值税、印花税、手续费等，经税务机关认定方可减除。

（六）利息、股息、红利所得应纳税额的计算

利息、股息、红利所得应纳税额的计算公式为：

应纳税额=应纳税所得额×适用税率

=每次收入额×适用税率

（七）偶然所得应纳税额的计算

偶然所得以个人每次收入额为应纳税所得额，不扣除任何费用。计算公式如下：

应纳税额=应纳税所得额×适用税率

=每次收入额×20%

【互动话题6-4】

有资料显示，月薪8万元以上且年薪达到100万元时，一年需要上缴的个人所得税有40多万元，边际税率竟然高达45%，让人瞠目结舌。假如是你，你会怎么办？

六、征收管理

个人所得税的征收方式主要有两种：一是源泉扣缴；二是自行申报。

（一）源泉扣缴

个人所得税以所得人为纳税人，以支付所得的单位或者个人为扣缴义务人。扣缴义务人应当依法办理全员全额扣缴申报。实行个人所得税全员全额扣缴申报的应税所得包括：①工资、薪金所得；②劳务报酬所得；③稿酬所得；④特许权使用费所得：⑤利息、股息、红利所得；⑥财产租赁所得；⑦财产转让所得；⑧偶然所得。

居民个人取得工资薪金、劳务报酬、特许权使用费、稿酬等四项实行综合所得，按年计算，分期预缴，年终汇算清缴。居民个人取得综合所得项目收入时由支付方预扣预缴，其他由支付方代扣代缴。

（二）自行申报

有下列情形之一的，纳税人应当依法办理纳税申报：

①取得综合所得需要办理汇算清缴；②取得应税所得没有扣缴义务人；③取得应税所得，扣缴义务人未扣缴税款；④取得境外所得；⑤因移居境外注销中国户籍；⑥非居民个人在中国境内从两处以上取得工资、薪金所得；⑦国务院规定的其他情形。

【税海拾贝 6-4】

最牛纳税人在深圳

高收入者主动申报纳税义不容辞，多缴个税更是无上光荣。2007年，深圳市一名纳税人主动来到深圳市税务局办税窗口，申报缴纳了自己2006年个人所得税4 380万元，并补缴利息6.6万元。据了解，这是深圳市税务局当年收到的最大一笔个人所得税税款，也是实行年所得12万元以上者自行缴纳申报个税政策以来，国内当年最大的一笔个人所得税税款。

资料来源 作者根据相关资料整理而成.

第五节 其他各税

一、资源税

（一）资源税的概念及特点

资源税是以部分自然资源为课税对象，对在我国境内（包括领域及管辖海域）开采应税资源的单位和个人，就其应税产品销售额或销售数量和自用数量为计税依据而征收的一种税。

我国从1984年开始正式征收资源税。1984年9月18日，国务院发布《中华人民共和国资源税条例（草案）》，从1984年10月1日起施行。1993年12月25日，国务院重新发布《中华人民共和国资源税暂行条例》（以下简称《资源税暂行条例》），从1994年1月1日起实行新的包括盐税在内的资源税。2011年10月28日，财政部部务会议和国家税务总局局务会议修订通过《中华人民共和国资源税暂行条例实施细则》，自2011年11月1日起施行。2016年5月9日，财政部、国家税务总局发布《关于全面推进资源税改革的通知》（财税〔2016〕53号），资源税改革自2016年7月1日起在全国范围内实施。2019年8月26日全国人民代表大会常务委员会通过《中华人民共和国资源税法》（以下简称《资源税法》），自2020年9月1日起施行。

资源税具有以下特点：

（1）对特定资源征税。自然资源是生产资料或生活资料的天然来源，它包括的范围很广，如矿产资源、土地资源、水资源、动植物资源等。目前我国的资源税并不是对所有的资源都征税，而是选择了部分级差收入差异较大，资源较为普遍，易于征收管理的矿产品和盐为征税范围。随着我国经济的快速发展，借鉴和参考国际成功经验，资源税的征税范围将会逐步扩大。在开展水资源税试点的基础上，逐步将森林、草场、滩涂等自然资源纳入征收范围。

（2）具有对级差收入征税的特点。各种自然资源在客观上都存在着好坏、贫富、储存状况、开采条件、选矿条件、地理位置等差异。这些客观因素的影响，造成资源占用者、开发者之间的区别，并导致各资源开发者和使用者在资源收益上存在较大差距。我国资源税通过对同一资源实行高低不同的差别税率，可以直接调节因资源条件不同而产生的级差收入。

（3）实行从价计征为主、从量计征为辅。对于大部分的应税资源实行从价计征，更能体现资源产品的稀缺性。随着资源价格的上涨，资源税收入与应税资源的销售价格直接挂钩，能够充分反映市场供求关系带来的价格波动，更好发挥资源税财政功能和级差调节功能。同时，考虑到税收征管的实际情况，对经营分散、多为现金交易且难以控管的黏土、砂石，仍实行从量定额计征。

（二）资源税的纳税人

在中华人民共和国领域及管辖的其他海域开采应税资源的单位和个人，为资源税的纳税人。

单位是指企业、行政单位、事业单位、军事单位、社会团体和其他单位。

个人是指个体经营者和其他个人。

（三）资源税的征税范围

资源税的征税范围，由我国资源税法所附的“资源税税目税率表”确定。《资源税法》所列的征税范围包括能源矿产、金属矿产、非金属矿产和盐。

自2016年7月1日起，开展水资源税改革试点工作，并逐步将其他自然资源纳入征收范围。

【税海拾贝6-5】

国外资源税改革经验借鉴

资源税起源于西方，如今，很多国家的资源税已经完全从收益税转向环境税，用以保护和改善环境。在国外，资源税的归属情况各异，大部分是中央和地方共享，如美国、日本、澳大利亚等国家；也有中央独享而给地方以财政补偿的，如英国。

美国：各州拥有定税权

美国各州拥有定税权，州政府可根据当地资源消耗的实际情况，自主选定、调整税率，取得合理收入。例如开采税，目前美国已有38个州开征开采税，各州根据各自情况将自然资源开采保持在一个理性范围内，主要征收对象是销售给本州以外的石油、天然气和煤炭。这种自主定税权和税率调节功能可以增加地方政府财力，更好地将资金运用到资源的开发利用和有效保护环境上。

荷兰：设计完整的生态税制

荷兰绿色税收主要包括：燃料税、垃圾税、水污染税、土壤保护税、地下水税、石油产品的消费税等。例如，燃料税是政府对汽油、重油、液化气、煤、天然气、石油焦炭等主要燃料征收的一种税，纳税人是燃料的生产商和进口商。目前燃料税已成为荷兰最主要的绿色税种。又如地下水税，由于荷兰拥有足够的地表水可供利用，所以仅对取用地下水收取水费。地下水税有两种：一种是为了资助地下水开发和规划的研究，各省征收相对低的水费；另一种是作为一般税种的组成，由中央收税。这是荷兰税收总体改革中的组成部分，目的是使税赋由收入税向包括自然资源消费在内的一种消费税转变。其目的是优化资源税税制结构，侧重于筹措资金，更好地促进水资源的开发利用。

资料来源 佚名. 资源税改革推进绿色转型［N］. 中国环境报，2016-05-19（8）. 有删减.

（四）资源税的税率

资源税按照《资源税法》所附税目税率表实行从价计征或者从量计征。

税目税率表中规定可以选择实行从价计征或者从量计征的，具体计征方式由省、自治区、直辖市人民政府提出，报同级人民代表大会常务委员会决定，并报全国人民代表大会常务委员会和国务院备案。

实行从价计征的，应纳税额按照应税资源产品（以下称应税产品）的销售额乘以具体适用税率计算。实行从量计征的，应纳税额按照应税产品的销售数量乘以具体适用税率计算。

（五）资源税应纳税额的计算

1.资源税的计税依据

按照《资源税法》的规定，资源税应纳税额的计算主要包括从价计征和从量计征两种方法。资源税的计税依据为应税产品的销售额或销售量。

（1）销售额的确定。销售额是指纳税人销售应税产品向购买方收取的全部价款和价外费用，不包括增值税销项税额和运杂费用。

运杂费用是指应税产品从坑口或洗选（加工）地到车站、码头或购买方指定地点的运输费用、建设基金以及随运输产生的装卸、仓储、港杂费用。运杂费用应与销售额分别核算，凡未取得相应凭据或不能与销售额分别核算的，应当一并计征资源税。

（2）销售量的确定。在从量定额计算方法下，计税依据是纳税人应税产品的销售数量和自用数量。纳税人开采或者生产应税产品销售的，以销售数量为课税数量；纳税人开采或者生产应税产品自用的，以自用数量为课税数量。

2.资源税应纳税额的计算

（1）从价计征。在从价定率计算方法下，应纳税额等于应税产品的销售额乘以适用税率。计算公式为：

应纳税额=销售额×适用税率

（2）从量计征。在从量定额计算方法下，应纳税额等于应税产品的销售数量或者自用数量乘以定额税率。计算公式为：

应纳税额=销售数量×定额税率

（六）资源税的征收管理

1.纳税义务发生的时间

纳税人销售应税产品，纳税义务发生时间为收讫销售款项或者取得索取销售款项凭据的当天。根据纳税人的生产经营、货款结算方式和资源税征收的几种情况，纳税义务的发生时间可分以下几种情况：

（1）纳税人采取分期收款销售的，纳税义务的发生时间为销售合同规定的收款日期的当天。

（2）纳税人采取预收货款销售的，纳税义务的发生时间为发出应税产品的当天。

（3）纳税人采取其他结算方式销售的，纳税义务的发生时间为收讫价款或者取得索取价款凭证的当天。

（4）纳税人自产自用应税产品的，纳税义务的发生时间为移送使用应税产品的当天。

（5）扣缴义务人代扣代缴税款的，纳税义务发生时间为支付首笔货款或首次开具支付货款凭据的当天。

2.纳税期限

资源税按月或者按季申报缴纳；不能按固定期限计算缴纳的，可以按次申报缴纳。

纳税人按月或者按季申报缴纳的，应当自月度或者季度终了之日起15日内，向税务机关办理纳税申报并缴纳税款；按次申报缴纳的，应当自纳税义务发生之日起15日内，向税务机关办理纳税申报并缴纳税款。

3.纳税地点

纳税人应纳的资源税，应当向应税产品的开采或者生产所在地主管税务机关缴纳。纳税人在本省、自治区、直辖市范围内开采或者生产应税产品，其纳税地点需要调整的，由省、自治区、直辖市税务机关决定。

跨省、自治区、直辖市开采或者生产资源税应税产品的纳税人，其下属生产单位与核算单位不在同一省、自治区、直辖市的，对其开采或者生产的应税产品，一律在开采地或者生产地纳税。实行从量计征的应税产品，其应纳税款一律由独立核算的单位按照每个开采地或者生产地的销售量及适用税率计算划拨；实行从价计征的应税产品，其应纳税款一律由独立核算的单位按照每个开采地或者生产地的销售量、单位销售价格及适用税率计算划拨。

扣缴义务人代扣代缴的资源税，应当向收购地主管税务机关缴纳。

二、土地增值税

（一）土地增值税概述

1.土地增值税的概念

土地增值税是以纳税人转让国有土地使用权、地上的建筑物及其附着物所取得的增值额为征税对象，依照规定税率征收的一种税。

20世纪80年代后期，随着房地产业的迅速发展，房地产市场初具规模并逐渐完善。但也出现了一些问题，主要有：土地供给计划性不强，成片批租的量过大，土地出让金价格偏低，国有土地收益大量流失；各地跟风设立开发区，非农业生产建设大量占用耕地，开发利用率低；房地产市场机制不完善，市场行为不规范，“炒”风过盛，冲击了房地产市场的正常秩序。为了配合国家宏观经济政策，控制房地产的过度炒买炒卖，根据《中共中央国务院关于当前经济情况和加强宏观调控的意见》的精神，1993年12月13日，国务院颁布了《中华人民共和国土地增值税暂行条例》（以下简称《土地增值税暂行条例》），自1994年1月1日起施行，根据2011年1月8日《国务院关于废止和修改部分行政法规的决定》修订。

2.土地增值税的特点

（1）以转让房地产的增值额为计税依据。我国的土地增值税属于“土地转移增值税”类型，土地增值税的增值额是以征税对象的全部销售收入额扣除与其相关的成本、费用、税金及其他项目金额后的余额，与增值税的增值额有所不同。

（2）征税面比较广。凡在我国境内转让房地产并取得收入的单位和个人，除税法规定免税的外，均应依照土地增值税条例规定缴纳土地增值税。换言之，凡发生应税行为的单位和个人，不论其经济性质，也不分内、外资企业或中、外籍人员，无论专营或兼营房地产业务，均有缴纳土地增值税的义务。

（3）实行超率累进税率。土地增值税的税率是以转让房地产增值率的高低为依据来确认，按照累进原则设计，实行分级计税，增值率高的，税率高，多纳税；增值率低的，税率低，少纳税。税收负担较为合理，体现国家政策。

（4）实行先预征后清算。我国的房地产，特别是专门从事房产开发的企业，因其开发周期长，预售的产品多，纳税人在项目全部竣工结算前转让房地产取得的收入，由于涉及成本确定或其他原因，而无法据以计算土地增值税的，可以预征土地增值税，待该项目全部竣工、办理结算后再进行清算，多退少补。

（二）土地增值税的纳税人

土地增值税的纳税人是转让国有土地使用权、地上的一切建筑物及其附着物产权，并取得收入的单位和个人。

单位是指企业、行政单位、事业单位、军事单位、社会团体和其他单位。

个人是指个体经营者和其他个人。

（三）土地增值税的征税范围

土地增值税的课税对象是有偿转让国有土地使用权及地上建筑物和其附着物产权所取得的增值额。对于征税范围的理解，应从以下三个方面把握：

（1）土地增值税只对转让国有土地使用权的行为征税，对转让非国有土地和出让国有土地的行为均不征税。

（2）土地增值税既对转让土地使用权征税，也对转让地上建筑物和其附着物的产权征税。

（3）土地增值税只对有偿转让的房地产征税，对以继承、赠与等方式无偿转让的房地产不予征税。

（四）土地增值税的税率

土地增值税税率设计的基本原则是：增值多的多征，增值少的少征，无增值的不征。按照这个原则，土地增值税采用四级超率累进税率（见表6-6）。

表6-6　**土地增值税四级超率累进税率表**

级数	增值额与扣除项目金额的比率	税率	速算扣除系数
1	未超过50%的部分	30%	0
2	超过50%但未超过100%的部分	40%	5%
3	超过100%但未超过200%的部分	50%	15%
4	超过200%的部分	60%	35%

（五）土地增值税应纳税额的计算

1.计税依据

土地增值税的计税依据是转让房地产所取得的增值额。转让房地产的增值额，是指转让房地产的收入（不含增值税收入）减除税法规定的扣除项目金额后的余额。

土地增值额=转让房地产收入–扣除项目金额

（1）收入额确定。纳税人转让房地产所取得的收入为不含增值税收入，包括货币收入、实物收入和其他收入在内的全部价款及有关的经济利益。

（2）扣除项目的确定。允许从房地产转让收入总额中扣除的项目及其金额，主要有以下六项：

①取得土地使用权所支付的金额，指纳税人为取得土地使用权支付的地价款和按国家规定缴纳的有关费用之和。

②房地产开发成本，指纳税人房地产开发项目实际发生的成本，包括土地的征用及拆迁补偿费、前期工程费、建筑安装工程费、基础设施费、公共配套设施费、开发间接费用等。

③房地产开发费用，指与房地产开发项目有关的销售费用、管理费用、财务费用。纳税人能够按转让房地产项目计算分摊利息支出，并能提供金融机构证明的，其允许扣除的房地产开发费用计算公式为：

允许扣除的房地产开发费用=利息+（取得土地使用权所支付的金额+房地产开发成本）×5%

纳税人不能按转让房地产项目计算分摊利息支出或不能提供金融机构贷款证明的，其允许扣除的房地产开发费用计算公式为：

允许扣除的房地产开发费用=（取得土地使用权所支付的金额+房地产开发成本）×10%

④与转让房地产有关的税金，指在转让房地产时缴纳的城市维护建设税、印花税，教育费附加也可视同税金予以扣除。

⑤财政部确定的其他扣除项目，指对符合规定的从事房地产开发的纳税人允许按取得土地使用权时所支付的金额和房地产开发成本之和，加计20%扣除。

《土地增值税暂行条例》等规定的土地增值税扣除项目涉及的增值税进项税额，允许在销项税额中计算抵扣的，不计入扣除项目，不允许在销项税额中计算抵扣的，可以计入扣除项目。

⑥旧房及建筑物的评估价格，指在转让已使用的房屋及建筑物时，由政府批准设立的房地产评估机构评定的重置成本价乘以成新度折扣率后的价格。评估价格必须经当地税务机关确认。

纳税人转让旧房及建筑物，凡不能取得评估价格但能提供购房发票的，经当地税务部门确认，即取得土地使用权所支付的金额、旧房及建筑物的评估价格，可按发票所载金额并从购买年度起至转让年度止每年加计5%计算扣除。

【互动话题6-5】

某房地产公司开发的某商品房，为取得土地使用权所支付的金额和房地产开发成本的金额之和为2亿元。其中，该公司为提高房屋销售量又做了大量的广告，发生了很多广告宣传费，另外还有经准确计算分摊并能够提供金融机构证明的银行贷款利息1 500万元（贷款利率未超过商业银行同类同期贷款利率）。请问，在进行土地增值税清算时，这部分贷款利息该如何扣除呢？

2.应纳税额的计算

土地增值税应纳税额计算的基本方法：首先以出售房地产的不含税总收入减除扣除项目金额，求得增值额；再以增值额同扣除项目相比，其比值即为土地增值率；最后根据土地增值率的高低确定适用税率，用增值额乘以适用税率，求得应纳税额。

$$应纳税额=(转让房地产收入-扣除项目金额)\times 适用税率-扣除项目金额\times 速算扣除系数$$

（六）土地增值税的征收管理

1.纳税期限

纳税人应自转让房地产合同签订之日起7日内，向房地产所在地的主管税务机关办理纳税申报，同时向税务机关提交房屋及建筑物产权、土地使用权证书，土地转让、房产买卖合同，房地产评估报告及其他转让房地产的有关资料，并在税务机关核定的期限内缴纳土地增值税。

2.纳税地点

土地增值税由房地产所在地的税务机关负责征收。土地管理部门、房产管理部门应当向税务机关提供有关资料，并协助税务机关依法征收土地增值税。

纳税人未按照规定缴纳土地增值税的，土地管理部门、房产管理部门不得办理有关的权属变更手续。

三、房产税

（一）房产税概述

1.房产税的概念

房产税是以房屋为征税对象，按照房产计税余值或租金收入，向产权所有人征收的一种财产税。所谓房产，是指有屋面和围护结构（有墙或两边有柱），能够遮风避雨，可供人们在其中生产、学习、工作、娱乐、居住或储藏物资的场所。独立于房屋之外的建筑物，如围墙、烟囱、水塔、变电塔、油池、油柜、酒窖菜窖、酒精池、糖蜜池、室外游泳池、玻璃暖房、砖瓦石灰窑以及各种油漆罐等，则不属于房产。

1986年9月15日，国务院发布了《中华人民共和国房产税暂行条例》（以下简称《房产税暂行条例》），自当年10月1日起开始施行。各省、自治区、直辖市人民政府根据《房产税暂行条例》的规定，先后制定了相关实施细则。2008年12月31日，国务院废止了1951年发布的《城市房地产税暂行条例》，内外资企业统一执行《房产税暂行条例》。2011年1月8日《国务院关于废止和修改部分行政法规的决定》对《房产税暂行条例》作了部分修订。

2.房产税的特点

（1）房产税属于财产税中的个别财产税，也称特种财产税，即对纳税人的房产课征税收。

（2）征税范围限于城镇的经营用房，不涉及农村或居住用房。

（3）区别房屋的经营使用方式规定征税办法，拥有房屋的单位和个人，既可以自己使用房屋，又可以把房屋用于出租、出典。房产税根据纳税人经营形式不同，确定对房屋征税可以按房产余值征收，也可以按租金收入征收，使其符合纳税人的经营特点，便于平衡税收负担和征收管理。

（二）房产税的纳税人

房产税以在征税范围内的房屋产权所有人为纳税人。

产权属国家所有的，由经营管理单位纳税；产权属集体和个人所有的，由集体单位和个人纳税。产权出典的，由承典人纳税。产权所有人、承典人不在房屋所在地的，由房产代管人或者使用人纳税。产权未确定及租典纠纷未解决的，亦由房产代管人或者使用人纳税。

（三）房产税的征税范围

房产税的征税范围为城市、县城、建制镇和工矿区的经营性房产。

（四）房产税的税率

我国现行房产税采用的是比例税率。由于房产税的计税依据分为从价计征和从租计征两种形式，因此房产税的税率也有两种：一种是依据房产计税余值计税，税率为1.2%；另一种是依据房产租金收入计税，税率为12%。

（五）房产税应纳税额的计算

1.计税依据

房产税采用从价计征，计税依据为房产余值或房产租金收入。

（1）房产余值。房产余值是指依照税法规定按房产原值一次减除10%～30%的损耗价值以后的余额，具体减除幅度由省、自治区、直辖市人民政府规定。

凡在房产税征税范围内的具备房屋功能的地下建筑，包括与地上房屋相连的地下建筑（如房屋的地下室、地下停车场、地下商场等）以及完全建在地面以下的建筑、地下人防设施等，均应当按照有关规定计算征收房产税。工业用途房产，以房屋原价的50%～60%作为应税房产原值。商业和其他用途房产，以房屋原价的70%～80%作为应税房产原值。

对按照房产原值计税的房产，无论会计上如何核算，房产原值均应包含地价，包括为取得土地使用权支付的价款、开发土地发生的成本费用等，宗地容积率低于0.5的，按房产建筑面积的2倍计算土地面积并据此确定计入房产原值的地价。

（2）租金收入。房屋的租金收入，是房屋产权所有人出租房产使用权所得的报酬，包括货币收入、实物收入和其他经济利益。对以劳务或者其他形式为报酬抵付房租收入的，应根据当地同类房产的租金水平，确定租金标准，依率计征。

2.应纳税额的计算

（1）以房产余值计税。

应纳税额=房产原值×（1-原值减除比例）×1.2%

（2）以房产租金收入计税。

应纳税额=房产租金收入×12%

（六）房产税的征收管理

1.纳税义务发生时间

（1）纳税人将原有房产用于生产经营，从生产经营之月起缴纳房产税。

（2）纳税人自行新建房屋用于生产经营，从建成之次月起缴纳房产税。

（3）纳税人委托施工企业建设的房屋，从办理验收手续之次月起缴纳房产税。对于在办理验收手续前已使用或出租、出借的新建房屋，应从使用或出租、出借的当月起按规定计征房产税。

（4）纳税人购置新建商品房，自房屋交付使用之次月起缴纳房产税。

（5）纳税人购置存量房，自办理房屋权属转移、变更登记手续，房地产权属登记机关签发房屋权属证书之次月起，缴纳房产税。

（6）纳税人出租、出借房产，自交付出租、出借房产之次月起，缴纳房产税。

（7）房地产开发企业自用、出租、出借本企业建造的商品房，自房屋使用或交付之次月起，缴纳房产税。

2.纳税期限

房产税实行按年计算、分期缴纳的征收方法，具体纳税期限由省、自治区、直辖市人民政府确定。

3.纳税地点

房产税在房产所在地缴纳。房产不在同一地方的纳税人，应按房产的坐落地点分别向房产所在地的税务机关纳税。

【税海拾贝6-6】

在美国欠缴房产税的后果很严重

在美国，房产税的征收已经有两百多年的历史了，住房交房产税是天经地义的事情，从其建国初期房产税的征收就被写到了各州的法律条文上。美国的土地和房产都是私有的，而且是永久产权。在美国，如果不交房产税后果是非常严重的。

美国无房不税。房产税是地方政府的重要收入来源，安保、消防、教育、医疗等公共服务费用来源很大一部分都有赖于房产税，所以漏缴或不缴房产税是很严重的违法行为，政府甚至有权没收并拍卖房产。

对于房产税怎么征收，不同的州有不同的规定，有的按季度交，有的按月交，在加州是每年需要交两次。每个县政府都有专门的交税网站，在全球都可以方便缴纳。

不少初到美国的购房者，由于不清楚或不重视房产税的缴纳，在现金付清房款之后以为就可以一劳永逸安心居住了，却不知税是跟着房子的，世世代代可以居住于此，却世世代代都要交税。每年都不乏初到美国购房的人买完房空置很久以后兴高采烈地打算搬到自己的新屋居住，却发现房子已经因为欠缴房产税被政府拍卖了，里面早已鹊巢鸠占住上了别的家庭。如果你家的房子正好坐落在两个州的交界线上，那就需要分别到两个州的交税网站缴纳房产税，如果只在一个州缴纳了房产税而忘了在另一个州缴税，一觉醒来你发现房屋有一半已经不属于你了。

美国纽约州就有一名女子，她买的房屋坐落在纽约州与康涅狄格州的交界线上，而她贷款的银行由于疏忽只向康涅狄格州政府缴纳了房产税而忘记了向纽约州缴税。两年之后，该女子才知道自己房屋的一半竟然已经被政府拍卖并被自己的邻居以275美元的超低价格拍走了。当她去跟邻居交涉时，邻居竟然向她索要高达15万美元的巨款才肯将房屋的一半偿还。

资料来源 成薇. 在美国欠缴房产税的后果很严重[EB/OL].[2015-03-02]. http://finance.sina.com.cn/zl/international/20150302/092221621373.shtml.有删改.

四、城镇土地使用税

(一)城镇土地使用税的概念

城镇土地使用税是对在城市、县城、建制镇和工矿区范围内使用土地的单位,按实际占用的土地面积为计税标准,按规定的税额对拥有土地的单位和个人征收的一种税。

为了合理利用城镇土地,国务院于1988年9月27日发布了《中华人民共和国城镇土地使用税暂行条例》,并规定从1988年11月1日起施行。2006年12月31日,国务院修订《城镇土地使用税暂行条例》,提高了税额标准,并将征税范围扩大到外商投资企业和外国企业。2011年1月8日《国务院关于废止和修改部分行政法规的决定》对其进行第二次修订。2013年12月7日《国务院关于修改部分行政法规的决定》对其进行第三次修订。现行城镇土地使用税政策是《中华人民共和国城镇土地使用税暂行条例》,国务院于2019年3月2日发布的《国务院关于修改部分行政法规的决定》对其进行了修订。

(二)城镇土地使用税的纳税人

在城市、县城、建制镇和工矿区范围内使用应税土地的单位和个人,为城镇土地使用税的纳税人。

城镇土地使用税的纳税人通常包括以下五类:

(1)拥有土地使用权的单位和个人。

(2)拥有土地使用权的单位和个人不在土地所在地的,实际使用人和代管人为纳税人。

(3)土地使用权未确定或权属纠纷未解决的,其实际使用人为纳税人。

(4)土地使用权共有的,共有各方都是纳税人,由共有各方分别纳税。

(5)在城镇土地使用税征税范围内,实际使用应税集体所有建设用地但未办理土地使用权流转手续的,由实际使用集体土地的单位和个人按规定缴纳城镇土地使用税。

(三)城镇土地使用税的征税范围

城镇土地使用税的征税范围,包括在城市、县城、建制镇和工矿区内的国家所有和集体所有的城市土地。城市、县城、建制镇和工矿区的具体征税范围,由各省、自治区、直辖市人民政府规定。

(四)城镇土地使用税的税率

城镇土地使用税采用定额幅度税率,即采用有幅度的差别税额,按大、中、小城市和县城、建制镇、工矿区分别规定城镇土地使用税每平方米的年税额,且每个幅度税额的差距为20倍。具体标准如下:

(1)大城市1.5元至30元。

(2)中等城市1.2元至24元。

(3)小城市0.9元至18元。

（4）县城、建制镇、工矿区0.6元至12元。

（五）城镇土地使用税应纳税额的计算

1.计税依据

城镇土地使用税以纳税人实际占用的应税土地面积为计税依据，应税土地面积的计量标准为平方米。

纳税人实际占用的土地面积，以房地产管理部门核发的土地使用证书与确认的土地面积为准；尚未取得土地使用证书的，应由纳税人据实申报土地面积，并据以纳税，待核发土地使用证书后再作调整。

2.应纳税额的计算

城镇土地使用税的应纳税额可以通过纳税人实际占用应税土地面积乘以该土地所在地段的适用税额求得。其计算公式为：

全年应纳税额=实际占用应税土地面积（平方米）×适用税额

（六）城镇土地使用税的征收管理

1.纳税义务发生的时间

（1）以出让或转让方式有偿取得土地使用权的，应由受让方从合同约定交付土地时间的次月起缴纳城镇土地使用税；合同未约定交付时间的，由受让方从合同签订的次月起缴纳。

（2）纳税人购置新建商品房，自房屋交付使用之次月起，缴纳城镇土地使用税。

（3）纳税人购置存量房，自办理房屋权属转移、变更登记手续，房地产权属登记机关签发房屋权属证书之次月起，缴纳城镇土地使用税。

（4）纳税人出租、出借房产，自交付出租、出借房产之次月起，缴纳城镇土地使用税。

（5）纳税人新征用的耕地，自批准征用之日起满1年时开始缴纳城镇土地使用税。

（6）纳税人新征用的非耕地，自批准征用之次月起缴纳城镇土地使用税。

【互动话题6-6】

某开发公司作为政府融资平台，从事成片土地开发、基础设施开发建设等业务。2022年3月，税务部门检查发现该企业于2020年10月购得郊区一块40万平方米的土地，土地出让合同约定2020年11月底前交付给企业。企业取得该地块后暂未进行实质性开发，并认为土地没有投入使用也就不需要缴纳城镇土地使用税。企业的这种观点是否正确？

2.纳税期限

城镇土地使用税实行按年计算、分期缴纳的征收方法，具体纳税期限由各省、自治区、直辖市人民政府确定。

3.纳税地点

城镇土地使用税的纳税地点为土地所在地，由土地所在地主管税务机关负责征收。

五、印花税

（一）印花税的概念

印花税是对经济活动和经济交往中书立、领受、使用的应税经济凭证所征收的一种税。

印花税最早产生于1624年的荷兰，当时征收此税的方法是纳税人持政府规定的应税凭证到政府盖印缴税，所以称为印花税。其特点是覆盖面大、税源涉及面广、税率低、税负轻、征收手续简便，负税人不感繁杂。这一税制充分体现了“取微用宏”“简便易行”的立法精神。

中华人民共和国成立后，中央人民政府政务院于1950年制定了《全国税政实施要则》，规定在全国开征印花税。此后，随着我国经济的发展，税制几经调整、简并，最后被停征。党的十一届三中全会后，我国经济格局发生了重大变化，市场经济逐步确立，经济发展日益迅猛，国际国内经济交往频繁，为印花税的恢复征收提供了可行的经济环境和条件。1988年8月，国务院正式发布《中华人民共和国印花税暂行条例》（以下简称《印花税暂行条例》），恢复征收印花税。2021年6月10日，第十三届全国人民代表大会常务委员会第二十九次会议通过《中华人民共和国印花税法》（以下简称《印花税法》），自2022年7月1日起施行。

【税海拾贝 6-7】

印花税简史

从税史学理论上讲，任何一种税种的“出台”，都离不开当时的政治与经济的需要，印花税的产生也是如此，其间还有不少趣闻。公元1624年，荷兰政府发生经济危机，财政困难。当时执掌政权的统治者摩里斯（Maurs）为了解决财政上的需要，拟提出要用增加税收的办法来解决支出的困难，但又怕人民反对，便要求政府的大臣们出谋献策。众大臣议来议去，就是想不出两全其美的妙法来。于是，荷兰的统治阶级就采用公开招标办法，以重赏来寻求新税设计方案，谋求敛财之妙策。印花税，就是从千万个应征者设计的方案中精选出来的“杰作”。可见，印花税的产生较之其他税种，更具有传奇色彩。

印花税的设计者可谓独具匠心。他观察到人们在日常生活中使用契约、借贷凭证之类的单据很多，连绵不断。所以，一旦征税，税源将很大；而且，人们还有一个心理，认为凭证单据上由政府盖个印，就成为合法凭证，在诉讼时可以有法律保障，因而对交纳印花税也乐于接受。正是这样，印花税被资产阶级经济学家誉为税负轻微、税源畅旺、手续简便、成本低廉的“良税”。英国的哥尔柏（Kolebe）说过：“税收这种技术，就是拔最多的鹅毛，听最少的鹅叫。”印花税就是具有“听最少鹅叫”的税种。

从1624年世界上第一次在荷兰出现印花税后，由于印花税“取微用宏”，简便易行，欧美各国竞相效法。丹麦在1660年、法国在1665年、美国在1671年、奥地利在1686年、英国在1694年先后开征了印花税。它在不长的时间内，就成为世界上普遍采用的一个税种，在国际上盛行。

资料来源 佚名. 印花税的前世今生［EB/OL］.［2020-04-28］. https://shuo.news.esnai.com/article/202004/202363.shtml?mobile%26.有删减.

（二）印花税的纳税人

凡在我国境内书立应税凭证、进行证券交易的单位和个人，都是印花税的纳税义务人。

根据书立、领受应税凭证的不同，印花税的纳税人可以分别为立合同人、立账簿人、立据人、领受人。在国外书立或领受、在国内使用应税凭证的单位和个人也是印花税的纳税义务人。

（三）印花税的征税范围

现行印花税只对《印花税法》所附税目税率表列举的凭证征收，没有列举的凭证不征收。正式列举的凭证分为4类：合同、产权转移书据、营业账簿、证券交易。其中合同包括买卖合同、承揽合同、建设工程合同、租赁合同、融资租赁合同、运输合同、仓储合同、保管合同、借款合同、财产保险合同、技术合同11大类。产权转移书据包括土地使用权出让书据，土地使用权、房屋等建筑物和构筑物所有权转让书据，股权转让书据，商标专用权、著作权、专利权、专有技术使用权转让书据。

（四）印花税的税率

印花税的税率，依照《印花税法》所附税目税率表执行，采用比例税率，分为五档：

（1）1‰，主要适用于租赁合同、仓储合同、保管合同、财产保险合同、证券交易。

（2）0.5‰，主要适用于产权转移书据中的土地使用权出让书据，土地使用权、房屋等建筑物和构筑物所有权转让书据、股权转让书据。

（3）0.3‰，主要适用于买卖合同，承揽合同，建设工程合同，运输合同，技术合同，产权转移书据中商标专用权、著作权、专利权、专有技术使用权转让书据。

（4）0.25‰，主要适用于营业账簿。

（5）0.05‰，主要适用于借款合同、融资租赁合同。

（五）印花税应纳税额的计算

1.计税依据

印花税根据不同征税项目，实行从价计征征收方法。

（1）应税合同的计税依据，为合同所列的金额，不包括列明的增值税税款。

（2）应税产权转移书据的计税依据，为产权转移书据所列的金额，不包括列明的增值税税款。

（3）应税营业账簿的计税依据，为账簿记载的实收资本（股本）、资本公积合计金额。

（4）证券交易的计税依据，为成交金额。

2.应纳税额的计算

印花税的应纳税额按照计税依据乘以适用税率计算。

应纳税额=计税金额×适用税率

同一应税凭证载有两个以上税目事项并分别列明金额的，按照各自适用的税目税率分别计算应纳税额；未分别列明金额的，从高适用税率。

同一应税凭证由两方以上当事人书立的，按照各自涉及的金额分别计算应纳税额。

（六）印花税的征收管理

1.纳税期限

印花税的纳税义务发生时间为纳税人书立应税凭证或者完成证券交易的当日。证券交易印花税扣缴义务发生时间为证券交易完成的当日。

印花税按季、按年或者按次计征。实行按季、按年计征的，纳税人应当自季度、年度终了之日起15日内申报缴纳税款；实行按次计征的，纳税人应当自纳税义务发生之日起15日内申报缴纳税款。

证券交易印花税按周解缴。证券交易印花税扣缴义务人应当自每周终了之日起5日内申报解缴税款以及银行结算的利息。

2.缴纳方法

（1）自行贴花。由纳税人根据税法规定自行计算应纳税额，购买并一次贴足印花税票，自行完成纳税义务。

（2）汇贴缴纳。一份凭证应纳税额超过500元的，纳税人应向当地税务机关申请填写缴款书或完税凭证并纳税，然后将其中一联粘贴在凭证上或由税务机关在凭证上加注完税标记代替贴花。

（3）汇总缴纳。对同一种类应纳税凭证，需频繁贴花的，纳税人可以根据实际情况自行决定是否采用按期汇总缴纳印花税的方式，汇总缴纳的期限为一个月。采用按期缴纳方式的纳税人，应事先告知主管税务机关，缴纳方式一经选定，一年内不得改变。

【互动话题6-7】

小明2022年年初成立一家餐饮公司，2022年6月办理了卫生许可证。请问，小明是否需要缴纳印花税？

六、契税

（一）契税的概念

契税是以所有权发生转移的不动产为征税对象，向产权承受人征收的一种财产税，即买方纳税。对买方征税的主要目的，在于承认不动产转移生效，承受人纳税以后，便可拥有转移过来的不动产产权或使用权，法律保护纳税人的合法权益。

契税是一个古老的税种，至今有1 600多年的历史。中华人民共和国成立后颁布的第一个税收规定就是《中华人民共和国契税暂行条例》（以下简称《契税暂行条例》）。2020年8月全国人民代表大会常务委员会通过《中华人民共和国契税法》，并于2021年9月1日起施行。

【税海拾贝 6-8】

中国契税的历史沿革

我国契税起源于东晋时期的“估税”，至今已有1 600多年的历史。当时规定，凡买卖田宅、奴婢、牛马，立有契据者，每一万钱交易额官府征收四百钱，即税率为4%，其中卖方缴纳3%，买方缴纳1%。北宋开宝二年（公元969年），开始征收印契钱（性质上是税，只是名称为钱）。这次不再由买卖双方分摊，而是由买方缴纳了，并规定缴纳期限为两个月。从此，开始以保障产权为由征收契税。以后历代封建王朝对土地、房屋的买卖、典当等产权变动都征收契税，但税率和征收范围不完全相同。如清初顺治四年（公元1647年）规定，民间买卖、典押土地和房屋登录于官时，由买主依买卖价格，每一两银纳三分（即3%）。到清朝末年，土地、房屋的买卖契税税率提高到9%，典当契税税率提高到6%。

中华民国成立后，于1914年颁布《契税条例》。规定税率为：买契9%；典契6%。1927年国民政府公布《验契暂行条例》及章程，将契税划归地方收入。由于契税是以保障产权的名义征收的，长期以来都是纳税人自觉向政府申报缴纳，请求验印或发给契证。因此，契税在群众中影响较深，素有“地凭文契官凭印”“买地不税契，诉讼没凭据”的谚语。

中华人民共和国成立后，政务院于1950年发布《契税暂行条例》，规定对土地、房屋的买卖、典当、赠予和交换征收契税。1954年财政部经政务院批准，对《契税暂行条例》的个别条款进行了修改，规定对公有制单位承受土地、房屋权属转移免征契税。社会主义改造完成以后，土地禁止买卖和转让，征收土地契税也就自然停止了。改革开放以来，国家重新调整了土地、房屋管理方面的有关政策，房地产市场逐步得到了恢复和发展。为适应形势的要求，从1990年开始，全国契税征管工作全面恢复。

资料来源　张娜. 契税的历史沿革 [N]. 西安晚报，2013-03-26（10）.

（二）契税的纳税人

在中华人民共和国境内转移土地、房屋权属的承受单位和个人是契税的纳税义务人。土地、房屋权属是指土地使用权和房屋所有权；单位是指企业单位、事业单位、国家机关、军事单位和社会团体以及其他组织；个人是指个体经营者及其他个人，包括中国公民和外籍人员。

（三）契税的征税范围

契税的征税对象是境内发生土地使用权和房屋所有权权属转移的土地和房屋。

转移土地、房屋权属，是指下列行为：

（1）土地使用权出让。

（2）土地使用权转让，包括出售、赠与、互换。

（3）房屋买卖、赠与、互换。

其中，土地使用权转让，不包括土地承包经营权和土地经营权的转移。以作价投资（入股）、偿还债务、划转、奖励等方式转移土地、房屋权属的，应当按规定征收契税。

【互动话题6-8】

小王的爷爷去世了，留下一所住宅和一间商铺，去世前未立遗嘱。小王的奶奶、父母和叔叔经过协商，决定把商铺过户到小王名下，住宅则留给奶奶，待奶奶百年之后再做处理。小王和奶奶在办理过户手续时，是否应当缴纳契税？

（四）契税的税率

契税的税率实行3%～5%的幅度税率。由省、自治区、直辖市人民政府在规定的幅度内提出，报同级人民代表大会常务委员会决定，并报全国人民代表大会常务委员会和国务院备案。

（五）契税应纳税额的计算

1.计税依据

契税的计税依据为不动产的价格，由于土地、房屋权属转移方式不同，定价方法不同，因而具体计税依据视不同情况而决定。

（1）土地使用权出让、出售，房屋买卖，为土地、房屋权属转移合同确定的成交价格，包括应交付的货币以及实物、其他经济利益对应的价款。

（2）土地使用权互换、房屋互换，为所互换的土地使用权、房屋价格的差额。

（3）土地使用权赠与、房屋赠与以及其他没有价格的转移土地、房屋权属行为，为税务机关参照土地使用权出售、房屋买卖的市场价格依法核定的价格。

纳税人申报的成交价格、互换价格差额明显偏低且无正当理由的，由税务机关依照《中华人民共和国税收征收管理法》的规定核定。

2.应纳税额的计算

契税的应纳税额，依照规定的税率和计税依据计算征收。应纳税额的计算公式为：

应纳税额=计税依据×税率

（六）契税的征收管理

1.纳税义务发生时间

契税的纳税义务发生时间，为纳税人签订土地、房屋权属转移合同的当日，或者纳税人取得其他具有土地、房屋权属转移合同性质凭证的当日。

2.纳税期限

纳税人应当在依法办理土地、房屋权属登记手续前申报缴纳契税。

3.纳税地点

契税在土地、房屋所在地的契税征收机关缴纳。

课后练习

一、单项选择题

1.我国增值税的类型是（　　）。

A.收入型　　B.消费型　　C.生产型　　D.资本型

2.提供交通运输服务的税率为（　　）。

A.13%　　B.10%　　C.9%　　D.6%

3.下列各项中，属于视同销售行为应当计算销项税额的是（　　）。

A.将购买的货物用于非应税项目　　B.将购买的货物委托外单位加工

C.将购买的货物无偿赠送他人　　D.将购买的货物用于集体福利

4.下列行为中，所涉及的进项税额不得从销项税额中抵扣的是（　　）。

A.将外购的货物用于本单位集体福利

B.将外购的货物分配给股东和投资者

C.将外购的货物无偿赠送给其他个人

D.将外购的货物作为投资提供给其他单位

5.下列各项中，不属于消费税征收范围的是（　　）。

A.高档化妆品　　B.护肤品　　C.摩托车　　D.小轿车

6.下列各项中，不征收消费税的是（　　）。

A.用于本企业连续生产的应税消费品

B.用于奖励代理商的应税消费品

C.用于本企业生产性基建工程的应税消费品

D.用于捐助的应税消费品

7.采用复合计征方式征收消费税的是（　　）。

A.料酒　　B.烟丝　　C.卷烟　　D.钻石

8 根据《企业所得税法》的规定，（　　）是企业所得税纳税人。

A.个体工商户　　B.个人独资企业

C.合伙企业　　D.非居民企业

9.下列各项中，不属于企业所得税征税对象的是（　　）。

A.居民企业来源于境外的所得

B.设立机构、场所的非居民企业，其机构、场所来源于中国境内的所得

C.未设立机构、场所的非居民企业来源于中国境外的所得

D.居民企业来源于中国境内的所得

10.根据《企业所得税法》的规定，以下收入中属于不征税收入的是（　　）。

A.财政拨款

B.在中国境内设立机构、场所的非居民企业连续持有居民企业公开发行并上市流通的股票不足12个月取得的投资收益

C.非营利性组织从事营利性活动取得的收入

D.国债利息收入

11.根据《企业所得税法》的规定，（　　）在计算应纳税所得额时，准予扣除。

A.行政罚款　　B.被没收的财物

C.赞助支出　　D.违约金

12.税法规定，国家重点扶持的高新技术企业，适用的企业所得税税率是（　　）。

A.10%　　B.15%　　C.20%　　D.25%

13.根据《企业所得税法》的规定，下列项目中享受税额抵免政策的是（　　）。

A.企业综合利用资源，生产符合国家产业政策规定的产品取得的收入

B.创业投资企业从事国家需重点扶持和鼓励的创业投资的投资额

C.企业购置用于环境保护的专用设备的投资额

D.安置残疾人员及国家鼓励安置的其他就业人员所支付的工资

14.下列属于资源税征收范围的是（　　）。

A.氧气　　B.固体盐　　C.土地　　D.森林

15.土地增值税的征税范围包括（　　）。

A.出让国有土地使用权

B.转让国有土地使用权、地上建筑物及其附着物

C.以继承、赠予等方式无偿转让的房地产

D.转让集体土地使用权

16.土地增值税实行（　　）税率。

A.超额累进　　B.超率累进　　C.比例　　D.定额

17.纳税人委托施工企业建设的房屋，在办理验收手续前就已经出租的新建房屋，应纳房产税的规定是（　　）。

A.未验收则免税　　B.从使用当月起缴纳房产税

C.从交付出租次月起缴纳房产税　　D.从取得房产证之日起缴纳房产税

18.城镇土地使用税的计税依据是（　　）。

A.建筑物占用的实际面积　　B.实际占用的土地面积

C.建筑物的实际使用面积　　D.建筑物的实际居住面积

19.与应税合同有关的印花税纳税人是（　　）。

A.立合同人　　B.合同担保人　　C.合同鉴定人　　D.合同证人

20.适用定额税率的应税凭证，按件贴花，固定税额为（　　）。

A.0.5元　　B.1元　　C.5元　　D.10元

21.依据契税的相关规定，下列行为中，不属于契税征税范围的是（　　）。

A.房屋出租　　B.国有土地使用权转让

C.房屋买卖　　D.房屋赠予

22.纳税人应当在依法办理土地、房屋权属登记手续前，向（　　）所在地的契税征收机关办理纳税申报，并在契税征收机关核定的期限内缴纳税款。

A.纳税人住所　　B.纳税人税务登记

C.纳税人生产经营　　D.土地、房屋

二、多项选择题

1.下列各项中，应同时征收增值税和消费税的有（　　）。

A.批发环节销售的卷烟

B.零售环节销售的金基合金首饰

C.生产环节销售的普通护肤、护发品

D.进口环节取得的高尔夫球

2.下列各项中，属于卷烟的应征消费税税率的有（　　）。

A.150元/箱　　B.0.6元/条　　C.56%　　D.36%

3.以下关于企业所得税收入确认时间的表述，正确的有（　　）。

A.股息、红利等权益性投资收益，以投资方收到分配金额作为收入的实现

B.利息收入，按照合同约定的债务人应付利息的日期确认收入的实现

C.租金收入，在实际收到租金收入时确认收入的实现

D.接受捐赠收入，在实际收到捐赠资产时确认收入的实现

4.下列收入中，应计入企业收入总额计算征收所得税的有（　　）。

A.对外投资入股分得的股息、红利　　B.接受捐赠的货币性收入

C.物资及现金的溢余收入　　D.因意外事故而由保险公司给予的赔偿

5.企业实际发生的与取得收入有关的、合理的支出，准予在计算应纳税所得额时扣除，其中包括（　　）。

A.企业生产的成本、费用　　B.企业的税金

C.企业的损失　　D.赞助支出

6.下列各项中，属于免税收入的有（　　）。

A.国债利息收入

B.居民企业直接投资于其他居民企业取得的投资收益

C.在中国境内设立机构、场所的非居民企业从居民企业取得与该机构、场所有实际联系的股息、红利等权益性投资收益

D.财政拨款

7.下列各项中，符合企业所得税税前扣除标准的有（　　）。

A.企业发生的职工福利费支出，不超过工资薪金总额14%的部分准予扣除

B.企业拨缴的工会经费，不超过工资薪金总额2%的部分准予扣除

C.企业拨缴的职工教育经费，不超过工资薪金总额8%的部分准予扣除

D.企业发生的职工福利费、工会经费、职工教育经费都可以据实扣除

8.下列各项中，属于资源税纳税人的有（　　）。

A.开采原煤的国有企业

B.进口铁矿石的私营企业

C.开采石灰石的个体经营者

D.开采天然原油的外商投资企业

9.土地增值税的纳税人转让房地产取得的收入，包括（　　）。

A.租金收入　　B.货币收入　　C.实物收入　　D.其他收入

10.房产税是以房产为征税对象，依据（　　）向房产产权所有人或使用人征收的一种税。

A.房产计税余值　　B.房产租金

C.房产原值　　D.房产评估价值

11.下列关于城镇土地使用税的纳税人表述中，正确的有（　　）。

A.拥有土地使用权的单位和个人

B.土地出租的承租人

C.土地使用权未确定或权属纠纷未解决的，城镇土地使用税由土地的实际使用人或占有人缴纳

D.土地使用权共有的，由共有各方按其实际使用的土地面积占总面积的比例，分别计算缴纳城镇土地使用税

12.下列各项中，属于印花税列举应税合同范围的有（　　）。

A.采购合同　　B.运输合同　　C.保险合同　　D.咨询合同

13.契税的征税对象为发生土地使用权和房屋所有权转移的土地和房屋，其征税范围包括（　　）。

A.国有土地使用权出让　　B.房屋买卖

C.集体土地使用权出让　　D.房屋出租

14.以下需要自行申报个人所得税的情形有（　　）。

A.年所得12万元以上的

B.从中国境内两处或者两处以上取得工资、薪金所得的

C.从中国境外取得所得的

D.从中国境内两处或者两处以上取得劳务报酬的

三、判断题

1.只要取得增值税专用发票，就可以抵扣进项税额。（　　）

2.纳税人自产自用的应税消费品，用于连续生产应税消费品的，不纳税；用于其他方面的，于移送使用时纳税。（　　）

3.企业发生的符合条件的广告费和业务宣传费支出，除另有规定外，不超过当年销售收入15%的部分，准予扣除；超过部分，准予在以后纳税年度结转扣除。（　　）

4.《企业所得税法》规定，企业安置残疾人员所支付的工资，在据实扣除的基础上，按照支付给残疾职工工资的50%加计扣除。（　　）

5.企业所得税分月或分季预缴，年终汇算清缴。企业应当自月份或季度终了后15日内，向税务机关报送预缴企业所得税纳税申报表，预缴税款；年度终了后5个月内，向税务机关报送年度企业所得税纳税申报表，并汇算清缴，结清应缴应退税款。（　　）

6.对于由于技术进步产品更新换代较快的固定资产，以及常年处于强震动、高腐蚀状态的固定资产，可以采取缩短折旧年限或者采取加速折旧方法。（　　）

7.资源税的计税依据为应税产品的销售额或销售量。销售额是指纳税人销售应税产品向购买方收取的全部价款和价外费用，包括增值税销项税额和运杂费用。（　　）

8.纳税人转让旧房及建筑物，凡不能评估但能提供购房发票的，其扣除项目金额，可按发票所载金额并从购买年度起至转让年度止，每年加计5%计算扣除。（　　）

9.城镇土地使用税的应纳税额根据纳税人实际占有的土地面积乘以该土地所在地段的适用税额计算。（　　）

10.房产税在城市、县城、建制镇和工矿区征收，其中城市的征税范围为市区、郊区和农村。（　　）

11.个人销售普通住房所签订的合同按“购销合同”征收印花税。（　　）

12.个人出租房屋按照20%缴纳个人所得税。（　　）

13.对政府以零地价方式出让国有土地使用权的情况，对承受国有土地使用权所应支付的土地出让金，不计征契税。（　　）

四、计算题

1.某生产型企业为增值税一般纳税人，2021年12月发生以下业务：

（1）销售一批货物给某商场，取得不含税销售收入100万元；

（2）折扣销售甲产品给A商场，在同一张增值税专用发票上注明销售额80万元、折扣额8万元；

（3）将新研制的一批应税消费品赠送给客户，成本价20万元，成本利润率为10%，消费税税率为10%，该新产品无同类产品市场销售价格；

（4）外购原材料一批，取得增值税专用发票注明价款20万元；

（5）向农业生产者购进免税农产品一批，支付收购款30万元，取得农产品收购凭证。

要求：（1）计算该纳税人当月增值税销项税额；

（2）计算该纳税人当月可以抵扣的进项税额；

（3）计算该纳税人当月应纳增值税额。

2.甲企业8月份将一批原材料（成本60 000元）提供给乙厂委托其加工A种化妆品一批，当月加工完毕，货物交付。乙厂开具专用发票收取不含税加工费7 000元，乙厂没有同类化妆品的销售价格。甲企业将收回的化妆品，40%直接销售，取得不含税的销售额38 000元，60%用于连续生产高档化妆品。

要求：（1）计算乙厂当月代收代缴的消费税；

（2）计算甲企业当月应纳消费税（不包含代收代缴消费税）。

3.某化工企业2021年应付工资总额1 500万元，实际支付合理的工资总额1 000万元，实际发生职工福利费支出150万元，工会经费20万元、职工教育经费26万元。

要求：计算允许税前扣除的职工福利费、工会经费、职工教育经费金额。

4.2021年，李某每月工资5 000元；除此之外，李某每月在其他单位兼职，取得收入5 000元。

要求：计算李某当月应纳个人所得税。

5.2022年3月，某房地产开发公司转让5年前购入的一块土地，取得转让收入1 800万元，该土地购进价1 200万元，取得土地使用权时缴纳相关税费40万元，转让该土地时缴纳相关税费35万元。

要求：计算该房地产开发公司转让土地应缴纳的土地增值税。

6.某企业2022年1月1日的房产原值为3 000万元，4月1日将其中原值为1 000万元的临街房出租给某连锁商店，月租金5万元。当地政府规定允许按房产原值减除20%后的余值计税。

要求：计算该企业当年应缴纳的房产税。

第七章

中国现行税收征管法

学习目标

1. 掌握税务登记管理、账簿凭证管理、纳税申报管理的基本内容。
2. 掌握税款征收的原则和制度。
3. 熟悉税务检查的方式、方法及职责。
4. 掌握税收违法行为及其法律责任。
5. 熟悉税务机构及税务人员管理的基本内容。

学习重点

1. 税务登记的内容和一般纳税人的认定登记。
2. 延期纳税申报的规定。
3. 税额核定制度的适用范围、延期缴纳税款制度、税款的追征制度。
4. 税收违法行为及其法律责任、偷税行为与偷税罪的区别。

第一节　税务管理

税务管理是国家税务机关依照税收政策、法令、制度对税收分配全过程所进行的计划、组织、协调、监督和控制的一种管理活动。它是保证财政收入及时、足额入库，实现税收分配目标的重要手段。税务管理可分为两个层次：一是税收政策、法令、制度的制定，即税收立法；二是税收政策、法令、制度的执行，也就是税收的征收管理，即税收执法。税务管理主要包括税务登记管理、账簿和凭证管理、纳税申报管理等内容。

一、税务登记管理

（一）税务登记的概念

税务登记是指纳税人为依法履行纳税义务，就有关纳税事宜依法向税务机关办理登记的一种法定手续，它是整个税收征收管理的首要环节。纳税人必须按照税法规定的期限办理设立税务登记、变更税务登记、注销税务登记。

（二）税务登记的内容

2016年7月5日，国务院办公厅发布《国务院办公厅关于加快推进“五证合一、一照一码”登记制度改革的通知》。2015年10月1日各地全面实施工商营业执照、组织机构代码证、税务登记证“三证合一”登记制度改革，“五证合一”是在此基础上，整合社会保险登记证和统计登记证。2016年10月1日起实现“五证合一、一照一码”。

1.设立登记

企业，企业在外地设立的分支机构和从事生产、经营的场所，个体工商户和从事生产、经营的事业单位（统称从事生产、经营的纳税人）以及非从事生产、经营但依照法律、行政法规的规定负有纳税义务的单位和个人，均需办理设立登记。

工商登记统一受理申请后，申请材料和登记材料在部门间共享，各部门数据互换、档案互认。各省税务机关在交换平台获取“五证合一”企业登记信息后，依据企业住所（以统一代码为标识）按户分配至县（区）税务机关。新设立企业领取“一照一码”营业执照后，无须再办理税务登记证。纳税人凭加载统一信用代码的营业执照前往税务机关办理相关涉税事项，企业登记机关将信息上传至并联审批平台。

对于工商登记已采集的信息，税务机关不再重复采集；其他必要涉税基础信息，可在企业办理有关涉税事项时采集，陆续补齐。发生变化的，由企业直接向税务机关申报变更，税务机关及时更新税务系统中的企业信息。

2.一般纳税人资格登记

增值税一般纳税人资格实行登记制，登记事项由增值税纳税人向主管税务机关办理。小规模纳税人以及新开业的纳税人，可以向主管税务机关申请增值税一般纳税人登记。

3.涉税事项变更登记

“一照一码”企业的生产经营地、财务负责人、核算方式信息发生变化的，由企业向主管税务机关申请变更。除上述三项信息外，企业在登记机关新设时采集的信息发生变更的，均由企业向登记机关申请变更。

4.注销登记

（1）注销税务登记的适用范围。具体包括：①纳税人发生解散、破产、撤销的；②纳税人被市场监督管理机关吊销营业执照的；③纳税人因住所、经营地点或产权关系变更而涉及改变主管税务机关的；④纳税人发生的其他应办理注销税务登记情况的。

（2）注销登记流程。

“一照一码”企业办理注销登记，可以向主管税务机关提出清税申请，填报“清税申报表”。税务机关在结清税款、滞纳金、罚款，缴销发票和税控设备后，由税务机关向纳税人出具“清税证明”。其流程为：①企业提出清税申报；②主管税务机关核对企业清缴税款、缴销发票等；③由受理税务机关出具“清税证明”；④企业持“清税证明”向企业登记机关申请办理注销登记。

（三）税务登记的管理

1.税务登记证使用范围

除按照规定不需要税务机关的登记证件之外，纳税人办理下列事项时，必须持税务登记证件：

（1）开立银行账户。

（2）申请减税、免税、退税。

（3）申请办理延期申报、延期缴纳税款。

（4）领购发票。

（5）申请开具外出经营活动税收管理证明。

（6）办理停业、歇业。

（7）其他有关税务事项。

2.税务登记的审验

（1）税务机关对税务登记证件实行定期验证和换证制度。纳税人应当在规定的期限内持有关证件到主管税务机关办理验证或者换证手续。

（2）纳税人应当将税务登记证件正本在其生产、经营场所或者办公场所公开悬挂，接受税务机关检查。

（3）纳税人遗失税务登记证件的，应当在15日内书面报告主管税务机关，并登报声明作废。

（4）从事生产、经营的纳税人到外县（市）临时从事生产、经营活动的，应当持税务登记证副本和所在地税务机关填开的外出经营活动税收管理证明，向营业地税务机关报验登记，接受税务管理。

从事生产、经营的纳税人外出经营，在同一地累计超过180天的，应当在营业地办理税务登记手续。

【税海拾贝7-1】

“五证合一”便捷多多

“五证合一”（如图7-1、图7-2所示）后，只需要统一社会信用代码的营业执照即可。

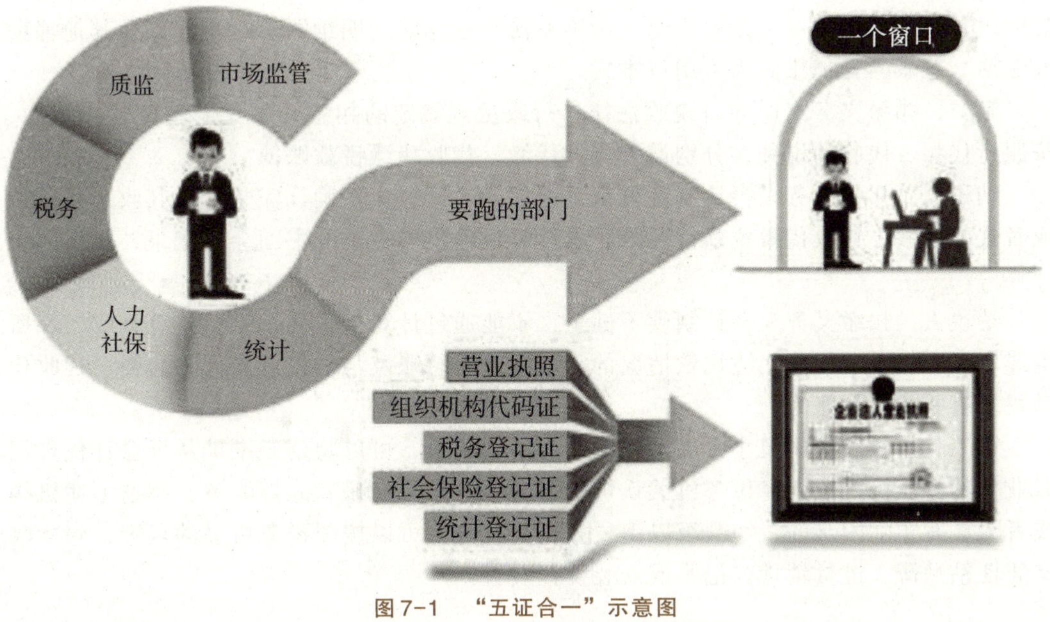

图7-1 “五证合一”示意图

图7-2　五证合一的三大变化

资料来源　郝薇. 9月起我省将实施"五证合一"，办证再不用跑断腿［EB/OL］.［2016-08-30］. https：//www.sohu.com/a/112801811_395112. 李婷婷. 北京将实行五证合一　社会保险登记证纳入五证合一［EB/OL］.［2016-09-26］. http：//insurance.hexun.com/2016-09-26/186186098.html.

二、账簿和凭证管理

纳税人、扣缴义务人应按照有关法律、行政法规和国务院财政、税务主管部门的规定设置账簿，根据合法、有效凭证记账，进行核算。

（一）设置账簿的范围

第一，从事生产、经营的纳税人应自其领取工商营业执照之日起15日内按照国务院财政、税务部门的规定设置账簿，所称账簿是指总账、明细账、日记账以及其他辅助性账簿。总账、日记账应当采用订本式。

第二，扣缴义务人应当自税收法律、行政法规规定的扣缴义务发生之日起10日内，按照所代扣、代收的税种，分别设置代扣代缴、代收代缴税款账簿。

纳税人、扣缴义务人会计制度健全，能够通过计算机正确、完整计算其收入和所得或者代扣代缴、代收代缴税款情况的，其计算机输出的完整的书面会计记录，可视同会计账簿。

纳税人、扣缴义务人会计制度不健全，不能通过计算机正确、完整计算其收入和所得或者代扣代缴、代收代缴税款情况的，应当建立总账及与纳税或者代扣代缴、代收代缴税款有关的其他账簿。

第三，生产经营规模小又确无建账能力的纳税人，可以聘请经批准从事会计代理记账业务的专业机构或者经税务机关认可的财会人员代为建账和办理账务。聘请上述机构或者人员有实际困难的，经县级以上税务机关批准，可以按照税务机关的规定，建立收支凭证粘贴簿、进货销货登记簿或安装税控装置。

（二）对纳税人财务会计制度及其处理办法的管理

从事生产、经营的纳税人应当自领取税务登记证件之日起15日内，将其财务、会计制度或者财务、会计处理办法和会计核算软件报送税务机关备案。纳税人使用计算机记账的，应当在使用前将会计电算化系统的会计核算软件、使用说明书及有关资料报送主管税务机关备案。纳税人建立的会计电算化系统应当符合国家有关规定，并能正确、完整核算其收入和所得。从事生产、经营的纳税人、扣缴义务人的财务、会计制度或者财务、会计处理办法与国务院或者国务院财政、税务主管部门有关税收的规定抵触的，依照国务院或者国务院财政、税务主管部门有关税收的规定计算应纳税款、代扣代缴和代收代缴税款。

（三）账簿、凭证的保存和管理

从事生产、经营的纳税人、扣缴义务人必须按照国务院财政、税务主管部门规定的保管期限保管账簿、记账凭证、完税凭证及其他有关资料。除法律、行政法规另有规定外，会计账簿、会计凭证、报表、完税凭证及其他有关资料应当保存10~30年，甚至更久。账簿、记账凭证、报表、完税凭证、发票、出口凭证及其他有关涉税资料应当合法、真实、完整，不得伪造、变造或者擅自损毁。

三、纳税申报管理

（一）纳税申报的概念

纳税申报是指纳税人按照税法规定定期就计算缴纳税款的有关事项向税务机关提出的书面报告，是税收征收管理的一项重要制度。

纳税人必须依照法律、行政法规规定的或者税务机关依照法律、行政法规确定的申报期限、申报内容如实办理纳税申报，报送纳税申报表、财务会计报表以及税务机关根据实际需要要求纳税人报送的其他纳税资料。具体包括：①财务会计报表及其他说明材料；②与纳税有关的合同、协议书及凭证；③税控装置的电子报税资料；④外出经营活动税收管理证明和异地完税凭证；⑤境内或者境外公证机构出具的有关证明文件；⑥税务机关规定应当报送的其他有关证件、资料。

扣缴义务人必须依照法律、行政法规规定的或者税务机关依照法律、行政法规确定的申报期限、申报内容如实报送代扣代缴、代收代缴税款报告表以及税务机关根据实际需要要求扣缴义务人报送的其他有关资料。具体包括：税种、税目，应纳税项目或者应代扣代缴、代收代缴税款项目，计税依据，扣除项目及标准，适用税率或者单位税额，应退税项目及税额，应减免项目及税额，应纳税额或者应代扣代缴、代收代缴税额，税款所属期限，延期缴纳税款、欠税、滞纳金等。

（二）纳税申报的方式

经税务机关批准，纳税人、扣缴义务人可以直接到税务机关办理纳税申报或者报送代扣代缴、代收代缴税款报告表，也可以按照规定采取邮寄、数据电文或代理方式办理上述申报、报送事项。

1.直接申报

纳税人、扣缴义务人按照规定的期限自行到主管税务机关办理纳税申报手续。

2.邮寄申报

经税务机关批准，纳税人、扣缴义务人可以采取邮寄申报的方式，将纳税申报表及有关的纳税资料通过邮局寄送主管税务机关。

3.数据电文方式

数据电文方式是指纳税人、扣缴义务人通过税务机关确定的电话语音、电子数据交换和网络传输等电子方式办理纳税申报手续。纳税人采取数据电文方式办理纳税申报的，应当按照税务机关规定的期限和要求保存有关资料，并定期书面报送主管税务机关。

4.代理申报

纳税人、扣缴义务人可以委托注册税务师办理纳税申报。

（三）纳税申报的具体要求

纳税申报的具体要求如下：

（1）纳税人、扣缴义务人，不论当期是否发生纳税义务，除经税务机关批准外，均应按规定办理纳税申报或者报送代扣代缴、代收代缴税款报告表。

（2）实行定期定额方式缴纳税款的纳税人，可以实行简易申报、简并征期等申报纳税方式。

（3）纳税人享受减税、免税待遇的，在减税、免税期间应当按照规定办理纳税申报。

（4）纳税人、扣缴义务人按照规定的期限办理纳税申报或者报送代扣代缴、代收代缴税款报告表确有困难，需要延期的，应当在规定的期限内向税务机关提出书面延期申请，经税务机关核准，在核准的期限内办理。

纳税人、扣缴义务人因不可抗力，不能按期办理纳税申报或者报送代扣代缴、代收代缴税款报告表的，可以延期办理。在不可抗力情形消除后应当立即向税务机关报告。税务机关应当查明事实，予以批准。

经核准延期办理前款规定的申报、报送事项的，应当在纳税期内按照上期实际缴纳的税额或者税务机关核定的税额预缴税款，并在核准的延期内办理税款结算。

【互动话题7-1】

某单位会计突然离职，当月没有按期申报和缴纳税款。你作为接替工作的财务人员，应该如何处理？

第二节　税款征收

税款征收是指税务机关依照法律、行政法规的规定，将纳税人应纳的税款组织入库的一系列活动的总称。它是税收征收管理工作的中心环节，是全部税收征管工作的目的和归宿，在整个税收工作中占据着极其重要的地位。

一、税款征收的原则

税款征收的原则包括：

（1）税务机关是征税的唯一行政主体。《税收征收管理法》第二十九条规定："除税务机关、税务人员以及经税务机关依照法律、行政法规委托的单位和人员外，任何单位和个人不得进行税款征收活动。"

（2）税务机关只能依照法律、行政法规的规定征收税款。税务机关代表国家向纳税人征收税款，不能任意征收，只能依法征收。

（3）税务机关不得违反法律、行政法规的规定开征、停征、多征、少征、提前征收或者延缓征收税款或者摊派税款。税务机关是执行税法的专职机构，既不得在税法生效之前先行向纳税人征收税款，也不得在税法尚未失效时，停止征收税款，更不得擅立章法，开征新税种。

（4）税务机关征收税款必须遵守法定权限和法定程序的原则。税务机关在征收税款时，必须遵守法定的权限和程序。

（5）税务机关征收税款或扣押、查封商品、货物或其他财产时，必须向纳税人开具完税凭证或开付扣押、查封的收据或清单。《税收征收管理法》第三十四条规定："税务机关征收税款时，必须给纳税人开具完税凭证。"

（6）税款、滞纳金、罚款统一由税务机关上缴国库。《税收征收管理法》第五十三条规定："国家税务局和地方税务局应当按照国家规定的税收征收管理范围和税款入库预算级次，将征收的税款缴入国库。"这也是税款征收的一个基本原则。

（7）税款优先的原则。《税收征收管理法》第四十五条在税收法律上明确了税款优先的地位，确定了税款征收在纳税人支付各种款项和偿还债务时的优先顺序：①税收优先于无担保债权，法律另有规定的除外；②纳税人发生欠税在前的，税收优先于抵押权、质权和留置权的执行；③税收优先于罚款、没收违法所得。纳税人欠缴税款，同时又被行政机关决定处以罚款、没收违法所得的，税收优先于罚款、没收违法所得。

二、税款征收的方式

科学合理的税款征收方式是确保税款顺利足额征收的前提条件。由于各类纳税人的具体情况不同，因而税款的征收方式也应有所区别。我国现阶段可供选择的税款征收方式主要有以下几种：

1.查账征收

查账征收是指税务机关对账务健全的纳税人，依据其报送的纳税申报表、财务会计报表和其他有关纳税资料，计算应纳税款，填写缴款书或完税凭证，由纳税人到银行划解税款的征收方式。

2.查定征收

查定征收是指对账务不健全，但能控制其材料、产量或进销货物的纳税单位或个人，由税务机关依据正常条件下的生产能力对其生产的应税产品查定产量、销售额并据以征收税款的征收方式。

3.查验征收

查验征收是指税务机关对纳税人的应税商品、产品，通过查验数量，按市场一般销售单价计算其销售收入，并据以计算应纳税款的一种征收方式。

4.定期定额征收

定期定额征收是指税务机关对小型个体工商户采取定期确定营业额、利润额并据以核定应纳税额的一种征收方式。

5.代扣代缴

代扣代缴是指按照税法规定，负有扣缴税款义务的单位和个人负责对纳税人应纳的税款进行代扣代缴的一种方式。由支付人在向纳税人支付款项时，从所支付的款项中依法直接扣收税款并代为缴纳。

6.代收代缴

代收代缴是指按照税法规定，负有收缴税款义务的单位和个人负责对纳税人应纳的税款进行代收代缴的一种方式。由与纳税人有经济业务往来的单位和个人在向纳税人收取款项时依法收取税款。

7.委托代征

委托代征是指受委托的有关单位按照税务机关核发的代征证书的要求，以税务机关的名义向纳税人征收零散税款的一种征收方式。

三、税款征收制度

税款征收制度是指税务机关按照税法规定将纳税人应纳的税款收缴入库的法定制度。

（一）代扣代缴、代收代缴税款制度

扣缴义务人依照法律、行政法规的规定履行代扣、代收税款的义务。

对法律、行政法规没有规定负有代扣、代收税款义务的单位和个人，税务机关不得要求其履行代扣、代收税款义务。

扣缴义务人依法履行代扣、代收税款义务时，纳税人不得拒绝。纳税人拒绝的，扣缴义务人应当及时报告税务机关处理。

税务机关按照规定付给扣缴义务人代扣、代收手续费。

（二）延期缴纳税款制度

纳税人和扣缴义务人必须在税法规定的期限内缴纳、解缴税款。但考虑到纳税人在履行纳税义务的过程中可能遇到特殊困难情况，为了保护纳税人的合法权益，《税收征收管理法》第三十一条第二款规定：“纳税人因有特殊困难，不能按期缴纳税款的，经省、自治区、直辖市国家税务局、地方税务局批准，可以延期缴纳税款，但是最长不得超过3个月。”

特殊困难的主要内容包括：一是因不可抗力导致纳税人发生较大损失，正常生产经营活动受到较大影响的；二是当期货币资金在扣除应付职工工资、社会保险费后，不足以缴纳税款的。

（三）税收滞纳金征收制度

《税收征收管理法》第三十二条规定：“纳税人未按照规定期限缴纳税款的，扣缴义务人未按照规定期限解缴税款的，税务机关除责令限期缴纳外，从滞纳税款之日起，按日加收滞纳税款万分之五的滞纳金。”

加收滞纳金的具体操作应按下列程序进行：

（1）先由税务机关发出催缴税款通知书，责令限期缴纳或解缴税款，告知纳税人、扣缴义务人如不按期履行纳税义务，将依法按日加收滞纳税款万分之五的滞纳金。

（2）从滞纳之日起加收滞纳金（加收滞纳金的起止时间为法律、行政法规规定或者税务机关依照法律、行政法规的规定确定的税款缴纳期限届满次日起至纳税人、扣缴义务人实际缴纳或者解缴税款之日止）。

（3）拒绝缴纳滞纳金的，可以按不履行纳税义务实行强制执行措施，强行划拨或者强制征收。

（四）减免税收制度

根据《税收征收管理法》第三十三条的有关规定，办理税收减免时应注意下列事项：

（1）减免税必须有法律、行政法规的明确规定（具体规定将在税收实体法中体现）。地方各级人民政府、各级人民政府主管部门、单位和个人违反法律、行政法规规定，擅自做出的减免税决定无效，税务机关不得执行，并向上级税务机关报告。

（2）纳税人申请减免税，应向主管税务机关提出书面申请，并按规定附送有关资料。税务机关受理或不受理减免税申请，都应当出具加盖本机关专用印章和注明日期的书面凭证。减免税的申请须经法律、行政法规规定的减免税审查批准机关审批。

纳税人在享受减免税待遇期间，仍应按规定办理纳税申报。减免税期满，纳税人应当自期满次日起恢复纳税。

（3）纳税人享受减免税的条件发生变化时，应当自发生变化之日起15日内向税务机关报告，经税务机关审核后，停止其减免税；对不报告的，又不再符合减免税条件的，税务机关有权追回已减免的税款。

（4）减免税分为报批类减免税和备案类减免税。报批类减免税是指应由税务机关审批的减免税项目，备案类减免税是指取消审批手续的减免税项目和不需税务机关审批的减免税项目。

（5）纳税人同时从事减免项目与非减免项目的，应分别核算，独立适用减免项目的计税依据以及减免税额度；不能分别核算的，不能享受减免税；核算不清的，由税务机关按合理方法核定。

（6）纳税人依法可以享受减免税待遇，但未享受而多缴税款的，凡属于无明确规定需经税务机关审批或没有规定申请期限的，纳税人可以在《税收征收管理法》第五十一条规定的期限内申请减免税，要求退还多缴的税款，但不加算银行同期存款利息。

（7）纳税人可以向主管税务机关申请减免税，也可以直接向有权审批的税务机关申请。由纳税人所在地主管税务机关受理、应当由上级税务机关审批的减免税申请，主管税务机关应当自受理申请之日起10个工作日内直接上报有权审批的上级税务机关。

减免税期限超过1个纳税年度的，进行一次性审批。

（五）税款核定和税收调整制度

1.税务机关有权核定纳税人应纳税额的情形

（1）依照法律、行政法规的规定可以不设置账簿的。

（2）依照法律、行政法规的规定应当设置但未设置账簿的。

（3）擅自销毁账簿或者拒不提供纳税资料的。

（4）虽设置账簿，但账目混乱或者成本资料、收入凭证、费用凭证残缺不全，难以查账的。

（5）发生纳税义务，未按照规定的期限办理纳税申报，经税务机关责令限期申报，逾期仍不申报的。

（6）纳税人申报的计税依据明显偏低，又无正当理由的。

2.关联企业纳税调整

纳税人与关联企业业务往来时，应当按照独立企业之间的业务往来收取或者支付价款、费用；不按照独立企业之间的业务往来收取或者支付价款、费用，而减少其应纳税的收入或者所得额的，税务机关有权进行合理调整。

3.责令缴纳

对未按照规定办理税务登记的从事生产、经营的纳税人以及临时从事经营的纳税人，由税务机关核定其应纳税额，责令缴纳；不缴纳的，税务机关可以扣押价值相当于应纳税款的商品、货物。扣押后缴纳应纳税款的，税务机关必须立即解除扣押，并归还所扣押的商品、货物；扣押后仍不缴纳应纳税款的，经县级以上税务局（分局）局长批准，依法拍卖或者变卖所扣押的商品、货物，以拍卖或者变卖所得抵缴税款。

对有些未取得营业执照从事经营的单位或个人，除由市场监督管理机关依法处理外，还应由主管税务机关核定其应纳税额，责令缴纳。

4.责令提供纳税担保

税务机关有根据认为从事生产、经营的纳税人有逃避纳税义务行为的，可以在规定的纳税期前责令纳税人限期缴纳应纳税额，在限期内发现纳税人有明显的转移、隐匿其应纳税的商品、货物以及其他财产或者应纳税收入的迹象的，税务机关可责成纳税人提供纳税担保。

5.采取税收保全措施

税务机关责令纳税人提供纳税担保而纳税人拒绝提供纳税担保或无力提供纳税担保的，经县级以上税务局（分局）局长批准，税务机关可以采取下列税收保全措施：

（1）书面通知纳税人开户银行或者其他金融机构冻结纳税人金额相当于应纳税款的存款。

（2）扣押、查封纳税人的价值相当于应纳税款的商品、货物或者其他财产。

纳税人在规定的限期内缴纳税款的，税务机关必须立即解除税收保全措施；限期期满仍未缴纳税款的，经县级以上税务局（分局）局长批准，税务机关可以书面通知纳税人开户银行或者其他金融机构从其冻结的存款中扣缴税款，或者依法拍卖或者变卖所扣押、查封的商品、货物或者其他财产，以拍卖或者变卖所得抵缴税款。以下情况除外：

（1）个人及其所扶养家属维持生活必需的住房和用品，不在税收保全措施范围之内。

（2）个人所扶养家属，是指与纳税人共同居住生活的配偶、直系亲属以及无生活来源并由纳税人扶养的其他亲属。

（3）个人及其所扶养家属维持生活必需的住房和用品不包括机动车辆、金银饰品、古玩字画、豪华住宅或者一处以外的住房。

（4）税务机关对单价5 000元以下的其他生活用品，不采取税收保全措施和强制执行措施。

6.采取强制执行措施

从事生产、经营的纳税人、扣缴义务人未按照规定的期限缴纳或者解缴税款，纳税担保人未按照规定的期限缴纳所担保的税款，由税务机关责令限期缴纳，逾期仍未缴纳的，经县级以上税务局（分局）局长批准，税务机关可以采取下列强制执行措施：

（1）书面通知其开户银行或者其他金融机构从其存款中扣缴税款。

（2）扣押、查封、依法拍卖或者变卖其价值相当于应纳税款的商品、货物或者其他财产，以拍卖或者变卖所得抵缴税款。

税务机关采取强制执行措施时，对纳税人、扣缴义务人、纳税担保人未缴纳的滞纳金同时强制执行。

个人及其所扶养家属维持生活必需的住房和用品，不在强制执行措施的范围之内。

7.阻止出境

欠缴税款的纳税人或者其法定代表人在出境前未按照规定结清应纳税款、滞纳金或者提供纳税担保的，税务机关可以通知出入境管理机构阻止其出境。阻止出境的具体办法，由国家税务总局会同公安部制定。

【税海拾贝7-2】

查封物品的损失谁来负担

【基本案情】

甲企业与该企业职工李某签订承包经营合同，将某车间租给李某生产经营，由李某按期付租金给甲企业。李某承租该车间后一直未办理工商登记和税务登记，并以甲企业的名义对外从事生产经营。2021年1月，其主管县税务局接到群众举报后，对李某一年来的账册进行了检查，发现此间李某偷逃税共计125 670元，遂于2月15日对李某下达了税务处理决定书。李某接到税务处理决定书后，将资金和货物转移后出逃，致使税务机关无法追缴其欠缴税款。4月5日，该县税务局对甲企业下达了税务处理决定书，要求其承担连带责任，缴纳李某欠缴的125 670元税款。甲企业以自己不是纳税义务人为由拒绝缴纳李某欠缴的税款。4月25日，该县税务局向甲企业下达责令限期缴纳税款通知书。在限期内，甲企业仍未缴纳税款。5月20日，经局长批准，该县税务局对甲企业采取税收强制执行措施，查封了甲企业的价值相当于应纳税款的一辆小汽车，将小汽车放在该企业仓库保管并责令企业有关人员看管。5月25日小汽车被盗。该企业对县税务局的税务处理决定和税收强制执行措施不服，于6月20日向该县税务局的上级机关市税务局申请行政复议，要求撤销县税务局的税务处理决定，并赔偿企业被盗小汽车。

【复议结果】

该市税务局复议人员经过细致的审查，于2021年8月15日，做出了如下决定：

（1）因甲企业未缴清应纳税款，拒绝受理甲企业提出撤销税务处理决定的复议申请。

（2）县税务局的强制执行措施程序合法、手续完备，确认强制执行措施合法。

（3）甲企业应承担保管被查封物资的责任，被盗小汽车的损失，不属于县税务局赔偿的范围。

【法理分析】

首先，《中华人民共和国税收征收管理法实施细则》（以下简称《实施细则》）第四十九条规定："发包人或者出租人应当自发包或者出租之日起30日内将承包人或者承租人的有关情况向主管税务机关报告。发包人或者出租人不报告的，发包人或者出租人与承包人或者承租人承担纳税连带责任。"本案中出租方甲企业未能履行向税务机关报告的义务，对于李某欠缴的税款应承担连带纳税责任。因此税务机关可向甲企业追缴李某欠缴的应纳税款。

《税收征收管理法》第八十八条规定："纳税人、扣缴义务人、纳税担保人同税务机关在纳税问题上发生争议时，必须先依照税务机关决定缴纳或者解缴税款及滞纳金或者提供相应的担保，然后可以依法申请行政复议；对行政复议决定不服的，可以依法向人民法院起诉。"因此，对该县税务局的税务处理决定，在没有缴清税款或没有提供纳税担保前，当事人无权向上级税务机关提出行政复议申请，上级税务机关有权拒绝受理当事人提出的行政复议申请。

其次，《税收征收管理法》第六十八条规定："纳税人、扣缴义务人在规定期限内不缴或少缴应纳或应解缴的税款，经税务机关责令限期缴纳，逾期仍未缴纳的，税务机关可依照本法第四十条规定采取强制执行措施追缴其不缴或少缴的税款。"本案中，税务机关采取税收强制执行措施前按规定程序下达了税务处理决定书、责令限期缴纳税款通知书，并经该县税务局局长批准。因此该县税务局采取的强制执行措施程序合法、手续完备，没有违法和不当之处，应予维持。

再次，企业应该承担小汽车被盗的保管责任。依照《实施细则》第六十七条第一款的规定："对查封的商品、货物或者其他财产，税务机关可以指令被执行人负责保管，保管责任由被执行人承担。"税务机关查封的小汽车在该企业仓库保管，因此保管责任应由企业负责。《税收征收管理法》第四十三条规定："税务机关滥用职权违法采取税收保全措施、强制执行措施，或者采取税收保全措施、强制执行措施不当，使纳税人、扣缴义务人或者纳税担保人的合法权益遭受损失的，应当依法承担赔偿责任。"《实施细则》第七十条规定："《税收征收管理法》第三十九条、第四十三条所称的损失，是指因税务机关的责任，使纳税人、扣缴义务人或者纳税担保人的合法利益遭受的直接损失。"可见本案中损失的责任不是由税务机关造成的，因此不应该由税务机关赔偿。

（六）税收优先的规定

税务机关征收税款，税收优先于无担保债权，法律另有规定的除外；纳税人欠缴的税款发生在纳税人以其财产设定抵押、质押或者纳税人的财产被留置之前的，税收应当先于抵押权、质权、留置权执行。

纳税人欠缴税款，同时又被行政机关决定处以罚款、没收违法所得的，税收优先于罚款、没收违法所得。

税务机关应当对纳税人欠缴税款的情况定期予以公告。

纳税人有欠税情形而以其财产设定抵押、质押的，应当向抵押权人、质权人说明其欠税情况。抵押权人、质权人可以要求税务机关提供有关的欠税情况说明。

（七）纳税人有合并、分立情形的税收规定

纳税人有合并、分立情形的，应当向税务机关报告，并依法缴清税款。纳税人合并时未缴清税款的，应当由合并后的纳税人继续履行未履行的纳税义务；纳税人分立时未缴清税款的，分立后的纳税人对未履行的纳税义务应当承担连带责任。

欠缴税款数额在5万元以上的纳税人在处分其不动产或者大额资产以前，应当向税务机关报告。

欠缴税款的纳税人因怠于行使到期债权，或者放弃到期债权，或者无偿转让财产，或者以明显不合理的低价转让财产而受让人知道该情形，给国家税收造成损害的，税务机关可以按照《合同法》第七十三条、第七十四条的规定行使代位权、撤销权。

税务机关依照前款规定行使代位权、撤销权的，不免除欠缴税款的纳税人尚未履行的纳税义务和应承担的法律责任。

【互动话题7-2】

张某是一家公司的法定代表人。由于工作需要，张某被派往国外学习一个月。在将要起程时，张某被出境管理机关阻止，说是接到税务机关的通知不让其出境。原因是张某的公司还没有缴清所欠税款，缴清所欠税款后，张某方能出境。为此，张某委托部下结清了全部所欠税款。可是，出境管理机构还是阻止张某出境，说是滞纳金还没有缴清。结果，张某出国的日期被耽误了，张某失去了出国学习的机会。张某觉得税务机关是故意跟自己过不去，找自己的茬儿，因为在一些纳税事宜上，张某曾经跟税务机关发生过争执。请问，税务机关的做法是不是侵犯了张某的人身自由构成了侵权行为？张某可以到法院起诉税务机关吗？

第三节　税务检查

税务检查是税务机关依照税收法律、行政法规的规定，对纳税人、扣缴义务人履行纳税义务或者扣缴义务及其他有关税务事项进行审查、核实、监督活动的总称。税务检查与税务管理、税款征收共同构成了税收征收管理法律制度中的三个重要环节。税务管理是基础，税务征收是核心，税务检查是保障。纳税人缴纳税款后，税务机关依法实施税务检查，既可以发现税务登记、申报等事前监控中的漏洞和问题，也可以检查核实税款征收的质量，成为事后监控的一道重要环节。

一、税务检查的形式和方法

（一）税务检查的形式

税务检查的形式，按组织形式可以分为：纳税人自查、税务机关专业检查、部门联合检查等。纳税人自查是指由纳税人的财会人员自行检查纳税情况的一种形式；税务机关专业检查是指由税务机关主持进行的税务稽查，包括日常稽查、专项稽查和专案稽查三种，这是税务检查中最主要的形式；部门联合检查是指由税务稽查机构联合市场监督

管理机关、银行等部门，对税源较大、业务复杂或纳税意识不强、偷漏税较严重的纳税人所进行的重点检查。

（二）税务检查的方法

税务检查是一种政策性和技术性极强的业务工作，涉及纳税人大量的财务会计资料，必须讲究科学的检查方法和技巧，才能减少盲目性，克服混乱性，提高效率，保证检查的质量和效果。

税务检查的方法是实现税务检查目的、完成税务检查任务的重要手段。在税务检查工作中，采用何种方法，应视检查的目的和要求及被查单位的生产经营特点、财务管理水平和会计核算水平的具体情况而定。税务检查的方法很多，但一般说来，其基本方法有以下几种：

1.税务检查的技术方法

税务检查的技术方法是税务检查工作中最基本、最常用的方法，按检查的方式不同，可分为审阅法和核对法；按检查的详细程度不同，可分为详查法和抽查法；按检查的顺序不同，可分为顺查法和逆查法。

（1）审阅法和核对法。审阅法是对被检查纳税人的会计账簿、凭证等财务资料，通过直观地审查阅览，发现在纳税方面存在问题的一种方法。核对法是指通过对被检查纳税人的各种相关联的会计凭证、账簿、报表及实物进行相互核对，验证其在纳税方面存在问题的一种方法。

（2）详查法和抽查法。详查法是对被检查纳税人一定时期所有会计凭证、账簿、报表及各种存货进行全面、系统检查的一种方法。抽查法是对被检查纳税人一定时期内的会计凭证、账簿、报表及各种存货，抽取一部分进行检查的一种方法。

（3）顺查法和逆查法。顺查法是对被检查纳税人按照其会计核算的顺序，依次检查会计凭证、账簿、报表，并将其相互核对的一种检查方法。逆查法是指逆会计核算的顺序，依次检查会计报表、账簿及凭证，并将其相互核对的一种稽查方法。

2.税务检查的分析方法

税务检查的分析方法是对被检查的会计报表、账簿、凭证等资料和情况进行审查分析，以查证落实或确定进一步检查线索的一种检查方法。它又可分为比较分析法、推理分析法和控制计算法三种。

（1）比较分析法。比较分析法是将被检查纳税人检查期有关财务指标的实际完成数进行纵向或横向比较，分析其异常变化情况，从中发现纳税问题线索的一种方法。

（2）推理分析法。推理分析法又称推理判断法，是根据已掌握的事实，运用逻辑学原理去推想事物形成的原因或可能产生的结果或可能有类似事实的一种分析方法。进行推理时，应注意以事实为依据，按照事物发展的规律，合乎逻辑，不能脱离实际凭空臆想，也要注意避免钻牛角尖，把事情复杂化，不利于快速得出检查结论。

（3）控制计算法。控制计算法又称逻辑审查法，是指根据有关数据之间相互制约的关系，用某一可靠的或科学测定的数据来验证另一核算资料或申报资料是否正确，或以某一经济事项的核算资料来审定另一经济事项的核算资料的一种检查分析方法。在税务检查工作中经常采用的控制计算法有：材料检查中的定额控耗，产品检查中的以耗控产，销售检查中的以产控销、以支控销，以及计算企业的偿债能力和缴税能力等。

3.税务检查的调查方法

在税务检查工作中，不能只局限于就账查账，还必须运用辅助的检查方法来发现问题和证实问题。查账为调查提供线索，调查则为查账证实问题，两者互为补充，方能查得彻底。常用的调查方法有观察法、询问法和外调法三种。

（1）观察法。观察法是指通过被检查纳税人的生产经营场所、仓库、工地等现场，实地观察其生产经营及存货等情况，以发现纳税问题或验证账目中可疑问题的一种检查方法。

（2）询问法。询问法是指根据查账提供的线索和群众举报的情况，通过向被查单位内外部有关人员调查询问，取得一些可靠的资料来证实某些问题的一种调查方法。《税收征收管理法》规定：税务机关有权询问纳税人、扣缴义务人与纳税或代扣代缴、代收代缴税款有关的问题和情况。采用这种方法，事前要明确询问哪些问题，做到有的放矢。询问法又包括面询和函询两种形式。

（3）外调法。外调法是指对被检查纳税人有怀疑或已掌握一定线索的经济事项，通过向与其有经济联系的单位和个人进行调查，予以查证核实的一种方法。

4.税务检查的盘存方法

盘存法是指通过对货币资金、存货、固定资产和其他物资进行盘点和清查，并与账面记录相对照来确定有无盈余、亏损和损坏的一种检查方法。

采用盘存法检查时，由于盘点工作量大，可结合企业季末或年末盘点工作一并进行。盘点时，着重盘点产成品、库存商品和贵重物资。对品种繁多、量大的原材料等物资，可只对可疑部分进行抽查。对必须进行重点检查的大宗货物或者需要进行全面盘存时，需组织得力的盘点人员，采用适当的盘点方法，以加速盘点进度，保证盘点质量。

5.交叉稽核法

国家为了加强增值税专用发票管理，应用计算机将开出的增值税专用发票与存根联进行交叉稽核，以查出虚开及假开发票的行为，避免国家税款流失。目前，这种方法的优势通过“金税工程”更好地体现出来，对利用增值税专用发票偷逃税款行为起到了极大的遏制作用。

6.人工和计算机技术结合运用的税务检查方法

面对越来越多的企业实现会计电算化的情况，税务检查人员仅靠传统的手工检查方法是难以完成检查任务的，应该逐步适应以人工和计算机技术结合的税务检查方法，提高税务检查的效率和质量。因此，税务检查人员应加强计算机审计技术知识的学习培训，尽力将丰富有效的传统税务检查思维、方法与现代高效率的计算机审计技术、方法巧妙地结合起来，针对各种具体情况运用多种方法进行检查。根据实践经验，较有成效的方法一般包括对会计电算化指标资料的分析比较，对会计电算化应用系统、内部控制系统和会计电子数据等几方面的审查分析，在此基础上确定检查对象。

二、税务检查的职责

第一，税务机关有权进行税务检查的范围。

税务机关有权进行税务检查的范围如下：

（1）检查纳税人的账簿、记账凭证、报表和有关资料，检查扣缴义务人代扣代缴、代收代缴税款账簿、记账凭证和有关资料。因检查需要，经县级以上税务局（分局）局长批准，可以将纳税人、扣缴义务人以前会计年度的账簿、记账凭证、报表和其他有关资料调回税务机关检查，但是税务机关必须向纳税人、扣缴义务人开付清单，并在3个月内完整退还；有特殊情况的，经设区的市、自治州以上税务局局长批准，税务机关可以将纳税人、扣缴义务人当年的账簿、记账凭证、报表和其他有关资料调回检查，但是税务机关必须在30日内退还。

（2）到纳税人的生产、经营场所和货物存放地检查纳税人应纳税的商品、货物或者其他财产，检查扣缴义务人与代扣代缴、代收代缴税款有关的经营情况。

（3）责成纳税人、扣缴义务人提供与纳税或者代扣代缴、代收代缴税款有关的文件、证明材料和有关资料。

（4）询问纳税人、扣缴义务人与纳税或者代扣代缴、代收代缴税款有关的问题和情况。

（5）到车站、码头、机场、邮政企业及其分支机构检查纳税人托运、邮寄应税商品、货物或者其他财产的有关单据凭证和资料。

（6）经县级以上税务局（分局）局长批准，凭全国统一格式的检查存款账户许可证明，查询从事生产、经营的纳税人、扣缴义务人在银行或者其他金融机构的存款账户。税务机关在调查税收违法案件时，经设区的市、自治州以上税务局（分局）局长批准，可以查询案件涉嫌人员的储蓄存款。税务机关查询所获得的资料，不得用于税收以外的用途。

上述所称的“经设区的市、自治州以上税务局局长”包括地（市）一级（含直辖市下设区）的税务局局长。

税务机关查询的内容，包括纳税人存款账户余额和资金往来情况。查询时应当指定专人负责，凭全国统一格式的检查存款账户许可证明进行，并有责任为被检查人保守秘密。

第二，税务机关对纳税人以前纳税期的纳税情况依法进行税务检查时，发现纳税人有逃避纳税义务的行为，并有明显的转移、隐匿其应纳税的商品、货物、其他财产或者应纳税收入迹象的，可以按照批准权限采取税收保全措施或者强制执行措施。这里的批准权限是指县级以上税务局（分局）局长批准。税务机关采取税收保全措施的期限一般不得超过6个月；重大案件需要延长的，应当报国家税务总局批准。

第三，纳税人、扣缴义务人必须接受税务机关依法进行的税务检查，如实反映情况，提供有关资料，不得拒绝、隐瞒。

第四，税务机关依法进行税务检查时，有权向有关单位和个人调查纳税人、扣缴义务人和其他当事人与纳税或者代扣代缴、代收代缴税款有关的情况，有关单位和个人有义务向税务机关如实提供有关资料及证明材料。

第五，税务机关调查税务违法案件时，对与案件有关的情况和资料，可以记录、录音、录像、照相和复制。

第六，税务人员进行税务检查时，应当出示税务检查证和税务检查通知书；无税务检查证和税务检查通知书的，纳税人、扣缴义务人及其他当事人有权拒绝接受检查。税务机关对集贸市场及集中经营业户进行检查时，可以使用统一的税务检查通知书。

税务机关对纳税人、扣缴义务人及其他当事人处以罚款或者没收违法所得时，应当开付罚没凭证；未开付罚没凭证的，纳税人、扣缴义务人以及其他当事人有权拒绝给付。

对采用电算化会计系统的纳税人，税务机关有权对其会计电算化系统进行检查，并可复制与纳税有关的电子数据作为证据。

税务机关进入纳税人电算化系统进行检查时，有责任保证纳税人会计电算化系统的安全性，并保守纳税人的商业秘密。

【税海拾贝7-3】

税务机关能查涉案人员存款吗

某纳税人问：我是一家私营企业的老板。2022年5月，市税务局稽查分局到我公司进行日常税收检查时，发现我公司有偷税嫌疑，并立案，然后到中国工商银行对我的个人存款账户进行了检查。在检查当中，稽查人员又到中国银行，对在我公司帮我打理业务的我妻子的私人存款账户也进行了检查。检查结果虽然发现我公司有几笔账外收入，但这几笔账外收入都是在我的存款账户中查出来的，在我妻子的存款账户中没有发现与业务有关的款项。最后，该稽查分局依法做出了对我公司进行补税罚款的处理决定。

作为纳税人，我对市税务局稽查分局的处罚无异议，但对检查我妻子的私人存款账户却想不通。请问，税务机关是否有权查询她的私人存款账户？

税务局答：你市税务局稽查分局有权查询你和你妻子的银行存款账户。但是，市税务局稽查分局的检查要符合有关规定，具备相应的手续，才可进行查询。根据《税收征管法》第五十四条第六项规定：经县以上税务局（分局）局长批准，凭全国统一格式的检查存款账户许可证明，税务机关有权查询从事生产、经营的纳税人、扣缴义务人在银行或者其他金融机构的存款账户。税务机关在调查税收违法案件时，经设区的市、自治州以上税务局（分局）局长批准，可以查询案件涉嫌人员的储蓄存款。

也就是说，市稽查分局在检查你的银行存款账户时，必须经过市税务局局长的批准，并持全国统一格式的检查存款账户许可证明，否则，你所在的存款银行有权拒绝他们的检查。

由于你妻子也属于涉案人员，所以属于银行存款账户的检查范围，市稽查分局办理了有关的手续后，有权查询你妻子的银行存款账户。

【互动话题7-3】

前不久的一个星期日，个体户张老板的服装专卖店里来了两个人。他们先是打听了几款服装的价格，然后自称是区税务局的工作人员，要求张老板提供营业执照和发票给他们检查，并说张老板没有将税务登记证挂出来，属于违法行为。

由于来人没有穿制服，张老板怀疑他们要么不是税务人员，要么就是违规税务人员为压价而有意为难他，所以张老板就没将他们要看的证件和发票拿出来，并与他们发生了口角。于是两人说张老板拒绝检查，按规定将处以罚款，并向张老板下达了“税务询问通知书”，让张老板签了“送达回证”，上面有区税务局的公章，最后责令张老板15天以内带着上述证件、发票到区税务局接受处理。张老板自认这件事有问题，对自己是否应该去接受处理犹豫不定。

张老板的怀疑也不是没有道理，那么张老板应该怎么做呢？

第四节　法律责任

一、违反税务管理基本规定行为的法律责任

《税收征收管理法》第六十九条和《实施细则》第九十条规定，纳税人有下列行为之一的，由税务机关责令限期改正，可以处2 000元以下的罚款；情节严重的，处2 000元以上1万元以下的罚款。

（1）未按照规定的期限申报办理税务登记、变更登记或者注销登记的。

（2）未按照规定设置、保管账簿或者保管记账凭证和有关资料的。

（3）未按照规定将财务、会计制度或者财务、会计处理办法和会计核算软件报送税务机关备查的。

（4）未按照规定将其全部银行账号向税务机关报告的。

（5）未按照规定安装、使用税控装置，或者损毁或擅自改动税控装置的。

（6）纳税人未按照规定办理税务登记证件验证或者换证手续的。

纳税人不办理税务登记的，由税务机关责令限期改正；逾期不改正的，由市场监督管理机关吊销其营业执照。纳税人未按照规定使用税务登记证件，或者转借、涂改、损毁、买卖、伪造税务登记证件的，处2 000元以上1万元以下的罚款；情节严重的，处1万元以上5万元以下的罚款。

【税海拾贝7-4】

只办营业执照不做税务登记行吗？

某纳税人问：2022年1月，我开了一家快餐店（私营企业），已取得营业执照，由于没赚到钱，一直未去税务局办理税务事项。税务机关于5月30日作出下列处理决定：责令在6月10日前申报办理税务登记，并处1 000元罚款。请问，税务机关的做法对吗？

税务局答：《中华人民共和国税收征收管理法》第十五条规定：“企业，企业在外地设立的分支机构和从事生产、经营的场所，个体工商户和从事生产、经营的事业单位（以下统称从事生产、经营的纳税人），自领取营业执照之日起30日内，持有关证件，向税务机关申报办理税务登记。税务机关应当于收到申报的当日办理登记并发给税务登记证件。”该法第六十条规定了应承担的法律责任：对纳税人未按照规定的期限申报办理税务登记、变更或者注销登记的，由税务机关责令限期改正，可以处2 000元以下的罚款；情节严重的，处2 000元以上1万元以下的罚款。

由此可见，主管税务机关的处理是有法律依据的。

二、扣缴义务人违反账簿、凭证管理的法律责任

《税收征收管理法》第六十一条规定：“扣缴义务人未按照规定设置、保管代扣代缴、代收代缴税款账簿或者保管代扣代缴、代收代缴税款记账凭证及有关资料的，由税务机关责令限期改正，可以处2 000元以下的罚款；情节严重的，处2 000元以上5 000元以下的罚款。”

三、纳税人、扣缴义务人未按规定进行纳税申报的法律责任

《税收征收管理法》第六十二条规定：“纳税人未按照规定的期限办理纳税申报和报送纳税资料的，或者扣缴义务人未按照规定的期限向税务机关报送代扣代缴、代收代缴税款报告表和有关资料的，由税务机关责令限期改正，可以处2 000元以下的罚款；情节严重的，可以处2 000元以上1万元以下的罚款。”

【税海拾贝7-5】

简易申报不等于不申报

【基本案情】

个体工商户张某2021年8月8日开业，当地税务机关依法核定其每月营业额为40 000元，每月缴纳的增值税为1 200元；同时税务机关在通知书上详细注明：该定期定额户的纳税期限为1个月，当月的增值税款应在次月的1日～10日依法缴纳。然而，一直到9月10日，张某仍未依法缴纳税务机关核定的应纳税款。为此，税务机关在9月11日对张某下达了“责令限期改正通知书”。

但张某却认为税法明文规定：实行定期定额缴纳税款的纳税人可以实行简易申报，简易申报也就不需要纳税申报，因此也就不存在逾期申报罚款问题，推迟几天纳税，大不了多缴几毛钱的滞纳金，所以迟迟不到税务机关缴纳税款。一直到9月20日，张某才缴纳了8月份应缴的1 200元增值税。令他万万想不到的是，在履行了必要程序后，税务机关于9月23日对其做出了罚款1 000元的行政处罚决定。张某对此不服，在接到处罚通知的当日就向当地人民法院提起了行政诉讼，请求人民法院撤销税务机关做出的行政处罚决定。人民法院做出了维持当地税务机关做出的具体行政行为的判决。

【法理分析】

显然，此案是一件非常简单的行政诉讼案。本案的关键是：作为定期定额户的张某对《实施细则》中关于简易申报的规定不十分理解，错误地认为自己每月缴税时不需要填写申报表，因此自己就不存在申报行为，税务机关也不应该对自己按未申报行为进行处罚。《税收征收管理法》第二十五条明确规定：“纳税人必须依照法律、行政法规规定或者依据税务机关依照法律、行政法规的规定确定的申报期限、申报内容如实办理纳税申报，报送纳税申报表、财务会计报表以及税务机关根据实际需要要求纳税人报送的其他纳税资料。”而这里的申报期限是指法律、行政法规规定或者税务机关依照法律、行政法规规定的纳税人向税务机关申报应纳税款的期限。申报期限因纳税人缴纳的税种和法律、行政法规确定的纳税期限的不同而不同。比如《增值税暂行条例》第二十三条规

定，增值税纳税期限分别为1日、3日、5日、10日、15日或者1个月；纳税人以1个月为一期纳税的，自期满之日起10日内申报纳税；以1日、3日、5日、10日、15日为一期纳税的，自期满之日起5日内预缴税款，于次月1日～10日内申报纳税并结清上月应纳税款。

由此可见，纳税申报是纳税人将发生的税款等事项向税务机关提出书面报告的一项税务管理制度，也是纳税人的一项法定义务。《税收征收管理法》第六十二条规定："纳税人未按规定期限办理纳税申报和报送纳税资料的，由税务机关责令限期改正，可以处2 000元以下的罚款；情节严重的，可以处2 000元以上1万元以下的罚款。"

那么作为实行定期定额缴纳税款的纳税户，该如何进行纳税申报呢？有没有特殊的规定呢？《实施细则》第三十六条对此做出了具体规定："实行定期定额缴纳税款的纳税人，可以实行简易申报、简并征期等申报纳税方式。"但这里的"简易申报"是指实行定期定额缴纳税款的纳税人在法律、行政法规规定的期限内或者税务机关依照法律、行政法规的规定确定的期限内缴纳税款的，税务机关可以视同申报。而"简并征期"是指实行定期定额缴纳税款的纳税人，经税务机关批准，可以采取将纳税期限合并为按季、按半年、按一年的方式缴纳税款，具体期限由省级税务机关根据具体情况确定。

综上所述，实行定期定额缴纳税款的纳税人，可以实行简易申报，但不等于就不需要到税务机关进行申报。显然，根据税法规定，纳税人只有在依法缴清了税务机关给自己核定的应纳税款后，才算是进行了纳税申报，否则就等于没有依法履行纳税申报义务，仍然是一种未按规定期限纳税申报的行为。根据《税收征收管理法》第六十二条规定，未按规定期限申报纳税是一种违反日常税收征管的违法行为，理应受到行政处罚。

四、对偷税的认定及其法律责任

《税收征收管理法》第六十三条规定："纳税人伪造、变造、隐匿、擅自销毁账簿、记账凭证，或者在账簿上多列支出或者不列、少列收入，或者经税务机关通知申报而拒不申报或者进行虚假的纳税申报，不缴或者少缴应纳税款的，是偷税。对纳税人偷税的，由税务机关追缴其不缴或者少缴的税款、滞纳金，并处不缴或者少缴的税款50%以上5倍以下的罚款；构成犯罪的，依法追究刑事责任。"

2009年2月修订通过的《中华人民共和国刑法》（以下简称《刑法》）第二百零一条规定："纳税人采取欺骗、隐瞒手段进行虚假纳税申报或者不申报，逃避缴纳税款数额较大并且占应纳税额10%以上的，处3年以下有期徒刑或者拘役，并处罚金；数额巨大并且占应纳税额30%以上的，处3年以上7年以下有期徒刑，并处罚金。"

扣缴义务人采取前款所列手段，不缴或者少缴已扣、已收税款，数额较大的，依照前款的规定处罚。

对多次实施前两款行为，未经处理的，按照累计数额计算。

有第一款行为，经税务机关依法下达追缴通知后，补缴应纳税款，缴纳滞纳金，已受行政处罚的，不予追究刑事责任；但是，5年内因逃避缴纳税款受过刑事处罚或者被税务机关给予两次以上行政处罚的除外。

五、进行虚假申报或不进行申报行为的法律责任

《税收征收管理法》第六十四条规定："纳税人、扣缴义务人编造虚假计税依据的，由税务机关责令限期改正，并处5万元以下的罚款。纳税人不进行纳税申报，不缴或者少缴应纳税款的，由税务机关追缴其不缴或者少缴的税款、滞纳金，并处不缴或者少缴税款50%以上5倍以下的罚款。"

六、逃避追缴欠税的法律责任

《税收征收管理法》第六十五条规定："纳税人欠缴应纳税款，采取转移或者隐匿财产的手段，妨碍税务机关追缴欠缴的税款的，由税务机关追缴欠缴的税款、滞纳金，并处欠缴税款50%以上5倍以下的罚款；构成犯罪的，依法追究刑事责任。"

《刑法》第二百零三条规定："纳税人欠缴应纳税款，采取转移或者隐匿财产的手段，致使税务机关无法追缴欠缴的税款，数额在1万元以上不满10万元的，处3年以下有期徒刑或者拘役，并处或者单处欠缴税款1倍以上5倍以下罚金；数额在10万元以上的，处3年以上7年以下有期徒刑，并处欠缴税款1倍以上5倍以下罚金。"

七、骗取出口退税的法律责任

《税收征收管理法》第六十六条规定："以假报出口或者其他欺骗手段，骗取国家出口退税款的，由税务机关追缴其骗取的退税款，并处骗取税款1倍以上5倍以下的罚款；构成犯罪的，依法追究刑事责任。对骗取国家出口退税款的，税务机关可以在规定期间内停止为其办理出口退税。"

《刑法》第二百零四条规定："以假报出口或者其他欺骗手段，骗取国家出口退税款，数额较大的，处5年以下有期徒刑或者拘役，并处骗取税款1倍以上5倍以下罚金；数额巨大或者有其他严重情节的，处5年以上10年以下有期徒刑，并处骗取税款1倍以上5倍以下罚金；数额特别巨大或者有其他特别严重情节的，处10年以上有期徒刑或者无期徒刑，并处骗取税款1倍以上5倍以下罚金或者没收财产。"

八、抗税的法律责任

《税收征收管理法》第六十七条规定："以暴力、威胁方法拒不缴纳税款的，是抗税，除由税务机关追缴其拒缴的税款、滞纳金外，依法追究刑事责任。情节轻微，未构成犯罪的，由税务机关追缴其拒缴的税款、滞纳金，并处拒缴税款1倍以上5倍以下的罚款。"

《刑法》第二百零二条规定："以暴力、威胁方法拒不缴纳税款的，处3年以下有期徒刑或者拘役，并处拒缴税款1倍以上5倍以下罚金；情节严重的，处3年以上7年以下有期徒刑，并处拒缴税款1倍以上5倍以下罚金。"

九、在规定期限内不缴或者少缴税款的法律责任

《税收征收管理法》第六十八条规定："纳税人、扣缴义务人在规定期限内不缴或者

少缴应纳或者应解缴的税款，经税务机关责令限期缴纳，逾期仍未缴纳的，税务机关除依照本法第40条规定采取强制执行措施追缴其不缴或者少缴的税款外，可以处不缴或者少缴税款50%以上5倍以下的罚款。”

十、扣缴义务人不履行扣缴义务的法律责任

《税收征收管理法》第六十九条规定：“扣缴义务人应扣未扣、应收而不收税款的，由税务机关向纳税人追缴税款，对扣缴义务人处应扣未扣、应收未收税款50%以上3倍以下的罚款。”

十一、不配合税务机关依法检查的法律责任

《税收征收管理法》第七十条规定：“纳税人、扣缴义务人逃避、拒绝或者以其他方式阻挠税务机关检查的，由税务机关责令改正，可以处1万元以下的罚款；情节严重的，处1万元以上5万元以下的罚款。”

逃避、拒绝或者以其他方式阻挠税务机关检查的情形：

（1）提供虚假资料，不如实反映情况，或者拒绝提供有关资料的。

（2）拒绝或者阻止税务机关记录、录音、录像、照相和复制与案件有关的情况和资料的。

（3）在检查期间，纳税人、扣缴义务人转移、隐匿、销毁有关资料的。

（4）有不依法接受税务检查的其他情形的。

依照《税收征收管理法》第五十四条第五项的规定，税务机关到车站、码头、机场、邮政企业及其分支机构检查纳税人有关情况时，有关单位拒绝的，由税务机关责令改正，可以处1万元以下的罚款；情节严重的，处1万元以上5万元以下的罚款。

十二、非法印制发票的法律责任

《税收征收管理法》第七十一条规定：“违反本法第二十二条规定，非法印制发票的，由税务机关销毁非法印制的发票，没收违法所得和作案工具，并处1万元以上5万元以下的罚款；构成犯罪的，依法追究刑事责任。”

《刑法》第二百零六条规定：“伪造或者出售伪造的增值税专用发票的，处3年以下有期徒刑、拘役或者管制，并处2万元以上20万元以下罚金；数量较大或者有其他严重情节的，处3年以上10年以下有期徒刑，并处5万元以上50万元以下罚金；数量巨大或者有其他特别严重情节的，处10年以上有期徒刑或者无期徒刑，并处5万元以上50万元以下罚金或者没收财产。

单位犯本条规定之罪的，对单位判处罚金，并对其直接负责的主管人员和其他直接责任人员，处3年以下有期徒刑、拘役或者管制；数量较大或者有其他严重情节的，处3年以上10年以下有期徒刑；数量巨大或者有其他特别严重情节的，处10年以上有期徒刑或者无期徒刑。”

《刑法》第二百零九条规定：“伪造、擅自制造或者出售伪造、擅自制造的可以用于骗取出口退税、抵扣税款的其他发票的，处3年以下有期徒刑、拘役或者管制，并处2

万元以上20万元以下罚金；数量巨大的，处3年以上7年以下有期徒刑，并处5万元以上50万元以下罚金；数量特别巨大的，处7年以上有期徒刑，并处5万元以上50万元以下罚金或者没收财产。

伪造、擅自制造或者出售伪造、擅自制造的前款规定以外的其他发票的，处2年以下有期徒刑、拘役或者管制，并处或者单处1万元以上5万元以下罚金；情节严重的，处2年以上7年以下有期徒刑，并处5万元以上50万元以下罚金。”

非法印制、转借、倒卖、变造或者伪造完税凭证的，由税务机关责令改正，处2 000元以上1万元以下的罚款；情节严重的，处1万元以上5万元以下的罚款；构成犯罪的，依法追究刑事责任。

【税海拾贝7-6】

非法印制发票后果严重

2011年，被告人陆某院与妻子在甲区西胪镇的两间出租屋内居住，并从事耳机线加工生产。2015年8月，其表弟陆某北向陆某院租用其中一间房间并运来一批印刷机械，雇用黄某及其他几名工人印制假发票。2016年6月，陆某北停止印制假发票外出，但机械和印制材料仍留在上述地点没有搬走。2016年7月，陆某院见印制假发票能赚钱，且有现成的机械和材料，遂串通黄某一起合伙印制假发票。陆某院根据陆某北留下的电话号码，联系到李某，李某随后邮寄了一张“贵州省地方税务局通用定额发票”的样板叫陆某院试印。陆某院拿着该样板到乙区两英镇，找到一名叫龙某的人，询问印制假发票纸张尺寸并向龙某购买了15令印制假发票的专用纸张。从那之后，陆某院、黄某利用陆某北留下的机械和材料，开始在西胪镇非法印制假发票。2016年8月7日，该假发票印制点被公安机关查获，现场缴获印刷机、晒版机等机械设备5台，“贵州省地方税务局通用定额发票”（经鉴定属伪造发票）97 800份，印制假发票的纸张、油墨一批，现场抓获陆某院、黄某等人。涉案人龙某在乙区两英镇墙新村紫云路被公安机关抓获归案。

甲区法院认为，陆某院、黄某无视国家法律，结伙伪造发票，侵犯国家对发票的管理制度，其行为均已构成非法制造发票罪。在共同犯罪中起主要作用，系主犯。龙某明知他人非法制造发票仍出售纸张等印制假发票的原材料，为同案非法制造发票起帮助作用，对其行为应以非法制造发票罪的共犯认定，其行为也已构成非法制造发票罪，在共同犯罪中起次要作用，系从犯，依法予以从轻处罚。依照《中华人民共和国刑法》的规定，对涉案三人判决如下：

1.陆某院犯非法制造发票罪，判处有期徒刑14个月，并处罚金20 000元。

2.黄某犯非法制造发票罪，判处有期徒刑1年，并处罚金15 000元。

3.龙某犯非法制造发票罪，判处有期徒刑8个月，并处罚金10 000元。

4.随案移送的全自动晒版机1台、印刷机3台、切纸机1台、手动冲压机2台、手机8部、人民币5 600元，予以没收。

十三、有税收违法行为而拒不接受税务机关处理的法律责任

《税收征收管理法》第七十二条规定："从事生产、经营的纳税人、扣缴义务人有本法规定的税收违法行为，拒不接受税务机关处理的，税务机关可以收缴其发票或者停止向其发售发票。"

十四、银行及其他金融机构拒绝配合税务机关依法执行公务的法律责任

银行和其他金融机构未依照《税收征收管理法》的规定在从事生产、经营的纳税人的账户中登录税务登记证件号码，或者未按规定在税务登记证件中登录从事生产、经营的纳税人的账户账号的，由税务机关责令其限期改正，处2 000元以上2万元以下的罚款；情节严重的，处2万元以上5万元以下的罚款。

为纳税人、扣缴义务人非法提供银行账户、发票、证明或者其他方便，导致未缴、少缴税款或者骗取国家出口退税款的，税务机关除没收其违法所得外，可以处未缴、少缴或者骗取的税款1倍以下的罚款。

《税收征收管理法》第七十三条规定："纳税人、扣缴义务人的开户银行或者其他金融机构拒绝接受税务机关依法检查纳税人、扣缴义务人存款账户，或者拒绝执行税务机关做出的冻结存款或者扣缴税款的决定，或者在接到税务机关的书面通知后帮助纳税人、扣缴义务人转移存款，造成税款流失的，由税务机关处10万元以上50万元以下的罚款，对直接负责的主管人员和其他直接责任人员处1 000元以上1万元以下的罚款。"

十五、擅自改变税收征收管理范围的法律责任

《税收征收管理法》第七十六条规定："税务机关违反规定擅自改变税收征收管理范围和税款入库预算级次的，责令限期改正，对直接负责的主管人员和其他直接责任人员依法给予降级或者撤职的行政处分。"

十六、不移送的法律责任

《税收征收管理法》第七十七条规定："纳税人、扣缴义务人有本法第六十三条、第六十五条、第六十六条、第六十七条、第七十一条规定的行为涉嫌犯罪的，税务机关应当依法移送司法机关追究刑事责任。

税务人员徇私舞弊，对依法应当移送司法机关追究刑事责任的不移送，情节严重的，依法追究刑事责任。"

十七、税务人员不依法行政的法律责任

《税收征收管理法》第八十条规定："税务人员与纳税人、扣缴义务人勾结，唆使或者协助纳税人、扣缴义务人有本法第六十三条、第六十五条、第六十六条规定的行为，构成犯罪的，依法追究刑事责任；尚不构成犯罪的，依法给予行政处分。"

税务人员私分扣押、查封的商品、货物或者其他财产，情节严重，构成犯罪的，依

法追究刑事责任；尚不构成犯罪的，依法给予行政处分。

十八、渎职行为

《税收征收管理法》第八十一条规定："税务人员利用职务上的便利，收受或者索取纳税人、扣缴义务人财物或者谋取其他不正当利益，构成犯罪的，依法追究刑事责任；尚不构成犯罪的，依法给予行政处分。"

《税收征收管理法》第八十二条规定："税务人员徇私舞弊或者玩忽职守，不征收或者少征应征税款，致使国家税收遭受重大损失，构成犯罪的，依法追究刑事责任；尚不构成犯罪的，依法给予行政处分。

税务人员滥用职权，故意刁难纳税人、扣缴义务人的，调离税收工作岗位，并依法给予行政处分。

税务人员对控告、检举税收违法违纪行为的纳税人、扣缴义务人以及其他检举人进行打击报复的，依法给予行政处分；构成犯罪的，依法追究刑事责任。"

《刑法》第四百零四条规定："税务机关的工作人员徇私舞弊，不征或者少征应征税款，致使国家税收遭受重大损失的，处5年以下有期徒刑或者拘役；造成特别重大损失的，处5年以上有期徒刑。"

《刑法》第四百零五条规定："税务机关的工作人员违反法律、行政法规的规定，在办理发售发票、抵扣税款、出口退税工作中，徇私舞弊，致使国家利益遭受重大损失的，处5年以下有期徒刑或者拘役；致使国家利益遭受特别重大损失的，处5年以上有期徒刑。"

十九、不按规定征收税款的法律责任

《税收征收管理法》第八十三条规定："违反法律、行政法规的规定提前征收、延缓征收或者摊派税款的，由其上级机关或者行政监察机关责令改正，对直接负责的主管人员和其他直接责任人员依法给予行政处分。"

《税收征收管理法》第八十四条规定："违反法律、行政法规的规定，擅自做出税收的开征、停征或者减税、免税、退税、补税以及其他同税收法律、行政法规相抵触的决定的，除依照本法规定撤销其擅自做出的决定外，补征应征未征税款，退还不应征收而征收的税款，并由上级机关追究直接负责的主管人员和其他直接责任人员的行政责任；构成犯罪的，依法追究刑事责任。"

此外，《税收征收管理法》第七十四条还对行政处罚的权限做出了规定，指出"罚款额在2 000元以下的，可以由税务所决定"。

二十、违反税务代理的法律责任

税务代理人违反税收法律、行政法规，造成纳税人未缴或者少缴税款的，除由纳税人缴纳或者补缴应纳税款、滞纳金外，对税务代理人处纳税人未缴或者少缴税款50%以上3倍以下的罚款。

【互动话题7-4】

李先生于2016年2月18日成立了个人独资装潢公司。从开业至2017年年底，公司的生意一直非常好，缴纳了近百万元的税款。然而，由于一场意想不到的经济纠纷，公司背上了债务包袱，2018年6—10月拖欠了营业税和城市维护建设税共11.79万元。市税务局多次派人上门催缴，但公司都因银行账上没钱而未能缴纳。2019年3月17日，税务局再次派人向公司下达“限期缴纳税款通知书”，限李先生在2019年3月21日前缴纳税款，李先生无奈地告诉他们：“公司马上就要解散了，我哪里还有钱缴税呢！”

税务局在派人查看后，发现李先生公司银行账上没钱，又没有可以扣押的货物，于2019年3月24日扣押了李先生个人的一部价值40多万元的宝马轿车，并于2019年4月28日通过市融新拍卖行将该轿车拍卖，价款42.50万元。紧接着，市税务局便将拍卖的车款划缴了11.79万元的税款和9 020元的滞纳金，并于2019年4月30日将税票交给了李先生公司会计。

此后，税务局迟迟未将拍卖轿车剩余的款项退还给李先生。李先生每次催要，税务局均以“正在研究如何罚款”为由拒绝退还。

请问：公司欠税，税务局扣押李先生的私人轿车合法吗？公司的欠税只有11.79万元，而税务局却扣押了李先生个人价值40多万元的轿车，合法吗？税务局已经拍卖轿车，抵缴了税款和滞纳金，还能再对李先生公司罚款吗？税务局有权继续扣留拍卖轿车剩余的款项而留待抵缴罚款吗？

课后练习

一、单项选择题

1.我国《税收征收管理法》是（　　）。

A.实体法　　B.程序法　　C.处罚法　　D.争讼法

2.我国从2016年10月1日起正式实施（　　）。

A.“五证合一”　　B.“四证合一”

C.“三证合一”　　D.“二证合一”

3.纳税人必须依照法律、行政法规规定确定的申报期限、申报内容如实办理纳税申报，报送的纳税资料不包括（　　）。

A.财务会计报表及其他说明材料　　B.与纳税有关的合同、协议书及凭证

C.税控装置的电子报税资料　　D.会计账簿

4.从事生产、经营的纳税人应当自领取营业执照或者发生纳税义务之日起（　　）内，按照国家有关规定设置账簿。

A.10日　　B.15日　　C.20日　　D.30日

5.除法律、行政法规另有规定外，账簿、会计凭证、报表、完税凭证及其他有关资料应当保存（　　）年。

A.3　　B.5~15　　C.10　　D.20

6.对那些经营品种比较单一，经营地点、时间和商品来源不固定的纳税单位，通常采用（　　）征收税款。

A.查账征收　　B.查定征收

C.查验征收　　D.定期定额征收

7.纳税人根据税法的规定申请延期纳税的期限，最长不得超过（　　）。

A.3个月　　B.半年　　C.1年　　D.2年

8.纳税人未按规定期限缴纳税款，税务机关从滞纳税款之日起按日加收应纳税款的（　　）为滞纳金。

A.1%　　B.2%　　C.2‰　　D.0.5‰

9.扣缴义务人未按照规定的期限向税务机关报送代扣代缴、代收代缴税款报告表和有关资料的，由税务机关责令限期改正，情节严重的，可以处（　　）的罚款。

A.500元至1 000元　　B.1 000元至2 000元

C.2 000元至5 000元　　D.2 000元至10 000元

10.扣缴义务人应扣未扣、应收而不收税款的，由税务机关向纳税人追缴税款，对扣缴义务人处应扣未扣、应收未收税款（　　）的罚款。

A.5倍以下　　B.3倍以下

C.50%以上5倍以下　　D.50%以上3倍以下

二、多项选择题

1.下列纳税申报方式中，符合《税收征收管理法》规定的有（　　）。

A.直接申报　　B.口头申报

C.网上申报　　D.邮寄申报

2.实行定期定额缴纳税款的纳税人，可以实行（　　）等申报纳税方式。

A.简易申报　　B.正常征收

C.正常申报　　D.简并征期

3.税务机关可以采取的税款征收方式有（　　）。

A.查账征收　　B.查定征收

C.查验征收　　D.定期定额征收

4.下列事项中，必须经县以上税务局（分局）局长批准的有（　　）。

A.纳税人领购发票　　B.采取税收保全措施

C.采取税收强制执行措施　　D.责令纳税人提供纳税担保

5.《税收征收管理法》所称可以申请延期纳税的特殊困难是指（　　）。

A.因不可抗力导致纳税人发生较大损失，正常生产经营活动受到较大影响的

B.当期货币资金在扣除应付职工工资、社会保险费后，不足以缴纳税款的

C.周转资金困难

D.其他困难

6.《税收征收管理法》所说的纳税保证人，是指在中国境内具有纳税担保能力的（　　）。

A.自然人　　B.法人

C.其他经济组织　　D.国家机关

7.税务检查的调查方法主要有（　　）三种。

A.核对法　　B.观察法

C.询问法　　D.外调法

8.下列各项中，属于构成逃跑追缴欠税罪应当具备的条件的有（　　）。

A.行为人没有按照规定期限纳税

B.行为人为了不缴纳税款实施了转移或隐匿财产的行为

C.由于行为人转移或隐匿财产致使税务机关无法追缴到欠缴的税款

D.税务机关无法追缴的欠税数额达到了10 000元以上

9.纳税人不进行纳税申报，不缴或者少缴应纳税款的，由税务机关（　　）。

A.追缴其不缴或者少缴的税款

B.追缴其不缴或者少缴的滞纳金

C.并处不缴或者少缴税款50%以上5倍以下的罚款

D.并处不缴或者少缴税款50%以上3倍以下的罚款

10.税务检查的形式可以分为（　　）。

A.纳税人自查　　B.税务机关专业检查

C.公安机关检查　　D.部门联合检查

三、判断题

1.扣缴义务人应当自税收法律、行政法规规定的扣缴义务发生之日起15日内，按照所代扣代收的税种，分别设置代扣代缴、代收代缴税款账簿。（　　）

2.实行定期定额缴纳税款的纳税人，可以实行简易申报、简并征期等申报纳税方式。（　　）

3.纳税人享受减税、免税待遇的，在减税、免税期间可以不办理纳税申报。（　　）

4.纳税人可以自行选择纳税申报方式。（　　）

5.纳税人欠缴了税款，税务机关可以责令其提供纳税担保。（　　）

6.地方政府可以为纳税人提供纳税担保。（　　）

7.税务机关扣押纳税人的应税货物或财产应当通知被执行人或他的成年家属到场。（　　）

8.纳税人、扣缴义务人逃避、拒绝或者以其他方式阻挠税务机关检查的，由税务机关责令改正，可以处1万元以下的罚款；情节严重的，处1万元以上5万元以下的罚款。（　　）

9.纳税人、扣缴义务人编造虚假计税依据的，由税务机关责令限期改正，并处5万元以下的罚款。（　　）

10.《税收征收管理法》规定，非法印制发票的，由税务机关销毁非法印制的发票，没收违法所得和作案工具，并处1万元以上5万元以下的罚款；构成犯罪的，依法追究刑事责任。（　　）

四、简述题

1.在哪些情形下税务机关有权核定纳税人的应纳税额？

2.税款优先原则具体包含哪些方面内容？

3.简述不配合税务机关依法检查情形及法律责任。

4.简述违反税务管理基本规定的行为及处罚措施。

5.简述对偷税的认定及其法律责任。

主要参考文献及资料

（一）主要参考文献

[1] 马国强. 中国税收 [M]. 9版. 大连：东北财经大学出版社，2019.

[2] 王玮. 税收学原理 [M]. 3版. 北京：清华大学出版社，2019.

[3] 韦宁卫，覃庆寅. 中国税制 [M]. 2版. 大连：东北财经大学出版社，2021.

[4] 钟大辉，杨光. 财政与税收 [M]. 成都：西南财经大学出版社，2016.

[5] 杨斌. 税收学原理 [M]. 北京：高等教育出版社，2013.

[6] 赵书博. 税收学 [M]. 北京：首都经济贸易大学出版社，2014.

[7] 张亮，刘彩霞. 税法 [M]. 5版. 大连：东北财经大学出版社，2020.

[8] 林江，温海滢. 税收学 [M]. 大连：东北财经大学出版社，2009

[9] 国家税务总局教材编写组. 税收基础知识 [M]. 北京：中国税务出版社，2019.

[10] 李发展. 税收概念的内涵与外延研究 [J]. 社科纵横，2011（12）：31-33.

[11] 高军，白林. 税收概念的法理探析 [J]. 广州大学学报（社会科学版）2011，10（5）：33-38.

[12] 王鸿貌，王任之. 税收概念的法理探析 [J]. 税收经济研究，2016（2）：37-43.

（二）主要参考资料

[1]《中华人民共和国增值税暂行条例》（2008年11月5日中华人民共和国国务院令〔2008〕第538号发布，根据2017年11月19日中华人民共和国国务院令〔2017〕第691号《国务院关于废止〈中华人民共和国营业税暂行条例〉和修改〈中华人民共和国增值税暂行条例〉的决定》修订）。

[2]《中华人民共和国增值税暂行条例实施细则》（2008年12月18日中华人民共和国财政部、国家税务总局令〔2008〕第50号发布，根据2011年10月28日财政部、国家税务总局令〔2011〕第65号公布的《关于修改〈中华人民共和国增值税暂行条例实施细则〉和〈中华人民共和国营业税暂行条例实施细则〉的决定》修订）。

[3]《财政部 国家税务总局关于全面推开营业税改征增值税试点的通知》（2016年3月23日财税〔2016〕36号）。

[4]《中华人民共和国消费税暂行条例》（2008年11月10日中华人民共和国国务院令〔2008〕第539号）。

[5]《中华人民共和国消费税暂行条例实施细则》（2008年12月15日中华人民共和国财政部、国家税务总局令〔2008〕第51号）。

[6]《中华人民共和国资源税法》（2019年8月26日中华人民共和国主席令〔2019〕第33号）。

[7]《中华人民共和国土地增值税暂行条例》（1993年12月13日中华人民共和国国务院令〔1993〕第138号，根据2011年1月8日《国务院关于废止和修改部分行政法规的规定》修订）。

[8]《中华人民共和国企业所得税法》（2008年1月1日中华人民共和国主席令〔2008〕第63号发布，根据2017年2月24日第十二届全国人民代表大会常务委员会第二十六次会议《关于修改〈中华人民共和国企业所得税法〉的决定》修订）。

[9]《中华人民共和国企业所得税法实施条例》（2008年1月1日中华人民共和国国务院令〔2008〕第512号，根据2019年4月23日中华人民共和国国务院令〔2019〕第714号对《中华人民共和国企业所得税法实施条例》部分条款予以修改）。

[10]《中华人民共和国个人所得税法》（2007年12月6日中华人民共和国主席令〔2007〕第9号）。

[11]《中华人民共和国个人所得税法实施条例》（2018年12月18日中华人民共和国国务院令〔2018〕第707号）。

[12]《中华人民共和国房产税暂行条例》（1986年9月15日国发〔1986〕90号）。

[13]《中华人民共和国城镇土地使用税暂行条例》（1988年9月27日中华人民共和国国务院令〔1988〕第17号发布，根据2006年12月31日《国务院关于修改〈中华人民共和国城镇土地使用税暂行条例〉的决定》修订）。

[14]《中华人民共和国印花税法》（中华人民共和国主席令〔2021〕第89号）。

[15]《中华人民共和国契税法》（2020年8月11日中华人民共和国主席令〔2020〕第52号）。

[16]《中华人民共和国税收征收管理法》（中华人民共和国主席令〔2015〕第23号）。

[17]《中华人民共和国税收征收管理法实施细则》（2002年9月7日中华人民共和国国务院令第362号发布，根据2016年2月6日中华人民共和国国务院令〔2016〕第666号修订）。